Um Nível Acima
Construindo organizações que estimulem a excelência

Lance H. K. Secretan

Um Nível Acima
Construindo organizações que estimulem a excelência

Tradução
GILSON CÉSAR CARDOSO DE SOUSA

EDITORA CULTRIX
São Paulo

Título do original: *Reclaiming Higher Ground.*

Copyright © 1997 The McGraw-Hill Companies.

Todos os direitos reservados. Nenhuma parte deste livro pode ser reproduzida ou usada de qualquer forma ou por qualquer meio, eletrônico ou mecânico, inclusive fotocópias, gravações ou sistema de armazenamento em banco de dados, sem permissão por escrito, exceto nos casos de trechos curtos citados em resenhas críticas ou artigos de revistas.

Se você quiser fazer contato com o autor ou se quiser pedir vídeos, fita cassete, seminários, fazer consultas, retiros, ou qualquer de seus outros livros, pedimos que escreva para o seguinte endereço:

Dr. Lance H. K. Secretan
The Secretan Center Inc.
R. R. #2
Alton, Ontario, L0N 1A0
CANADA
E-mail: 73002,3575@compuserve.com
Site: http://www.secretan.com

Para solicitação de comunicações em público, por favor, entre em contato com:
Leigh Bureau
50 Division Street, Suite 200
Sommerville, New Jersey, 08876-2955
USA
Telefone: (908) 253-8601

O primeiro número à esquerda indica a edição, ou reedição, desta obra. A primeira dezena
à direita indica o ano em que esta edição, ou reedição, foi publicada.

Edição	Ano
1-2-3-4-5-6-7-8-9-10	02-03-04-05-06-07-08

Direitos de tradução para a língua portuguesa
adquiridos com exclusividade pela
EDITORA PENSAMENTO-CULTRIX LTDA.
Rua Dr. Mário Vicente, 368 — 04270-000 — São Paulo, SP
Fone: 272-1399 — Fax: 272-4770
E-mail: pensamento@cultrix.com.br
http://www.pensamento-cultrix.com.br
que se reserva a propriedade literária desta tradução.

Impresso em nossas oficinas gráficas.

Sumário

Agradecimentos 10

INTRODUÇÃO 11
  Que há de errado com esse quadro? 13
  Perguntas e respostas 14
  De costas para a parede — o declínio da personalidade 16
  De que modo perdemos a alma? 17
  A falácia da progressão geométrica 19
  Os perigos da anorexia empresarial 24
  A pessoa evoluída 25
  A organização evoluída 27
  A quem isso beneficia? 28

PRIMEIRA PARTE: O CORAÇÃO 31
  1. Corpo e Alma 33
    Da personalidade à alma 33
    Façamos as perguntas certas 34
    Por que a alma foi excluída? 36
    O que é a alma, exatamente? 37
    Equilíbrio: como restaurar nossa energia feminina 38
    Tão ricos e tão pobres 40
    A organização mecânica 41
    A organização caótica 44
    Possibilidades e vazios 46
    O Santuário: uma comunidade de almas 47
    O papel da democracia empresarial na libertação da alma 48
    Como criar um Santuário 49

  2. Liderança Calcada em Valores 52
    O ciclo de valores — um modelo para o trabalho e a vida 54
    Valores transferidos 58
    Amor e kaizen 63
    O vetor 64

  3. Dizer a Verdade e Cumprir as Promessas 67
    As equipes dependem da confiança 70

6 | Sumário

As mentiras corroem a alma 72
Veracidade e burocracia 72
A economia da veracidade 74
"Dizer a verdade é problema dos outros" 75
Prefira a verdade 76
Cumprimento de promessas 78

4. A Coragem de Viver com Graça 82
Graça com empregados 82
A vida deve ser vista como sagrada 83
Retorno à civilidade: relacionamentos, etiqueta e "sinto muito" 84
Como criar um território tátil 85
Como recuperar a coragem da intimidade 85
A força do "muito obrigado" 86
Nunca saia irritado do trabalho 87
Como conduzir nossa conversa com graça 89
Graça com os consumidores 90
A teoria de Madre Teresa 90
Qualidade como confiança sagrada 91
O consumidor em segundo lugar 92
Um programa de qualidade total para as pessoas 92
A singularidade num mundo uniforme 94
A graça com os parceiros 95

5. A Alquimia da Alma 99
Por que o trabalho está nos deixando doentes? 99
Somos alquimistas 101
O corpo é uma farmácia 101
O neurônio 101
A mão ou o punho 102
Os efeitos bioquímicos do Ciclo de Medo e Stress 103
Os efeitos psicológicos do Ciclo de Medo e Stress 104
Os efeitos bioquímicos do Ciclo de Amor e Euforia 105
Os efeitos psicológicos do Ciclo de Amor e Euforia 106
Lições de um rato 106
A bioquímica da língua 107
Amor e não medo 109
O que Vince Lombardi disse realmente 110
A força do pensamento 110

6. Espírito Jovial 112
Por que fizemos do trabalho uma palavra de oito letras 113
A perda do senso de comunidade 115
Redução da sobrecarga de informações 115
Escolhas casuais de profissão ou propósito definido 117
Missão pessoal 118
Os males do stress 122
Trabalho artístico, não mecânico 126

Sumário | 7

7. O Fornecedor da Alma 129
   A dogtrina 129
   Um tamanho só não serve para todos 130
   O programa de qualidade total para as pessoas 132
   Intrex 132
   Significado e alma 133
   Ouvir a alma 133
   Pense cor-de-rosa 135
   Como criar sistemas de recompensa para a alma 136
   Uma alma, uma recompensa 138

8. Espaço Anímico 139
   A Body Shop 142
   Ambientes que fazem a alma adejar 145

9. O Espírito Competitivo 147
   O efeito disfuncional da competição 148
   Vitória sem competição 150
   Proficiência: jogar para vencer 151
   Acordos do tipo jogar-para-vencer 152
   Recebemos o que esperamos 155
   Dar antes de receber 156
   Competição interna 156

SEGUNDA PARTE: A MENTE 159
10. Primeiro, a Cabeça 161
    Abertura para inspirar a alma 162
    Tomada de decisões – uma canção para a alma 166

11. O Código Invisível 169
    O mito da capacitação 169
    A rede emaranhada que tecemos 171
    Os valores substituem as regras 171
    A confiança substitui o controle 172

12. A Forma Segue a Função 175
    A energia da organização 175
    O silo sufoca a alma 176
    De posse do processo 180

13. A Alma e a Musa 182
    A alma transcende 183
    Remoção de barreiras à criatividade 183
    O editor interior 186
    Como romper as amarras 187
    Sonhos e intuição 188
    Kaizen — como fazer o melhor 189

8 | Sumário

Liberdade para a alma 189
Amor e criatividade 191

14. Combustível para a Alma 192
    A organização incompetente 192
    O empregado incompetente 193
    O contrato de manutenção de aprendizado vitalício de 10% 194
    Aprendizado e auto-estima 195
    O teste do aprendizado 198
    Responsabilidade pelo aprendizado 198

TERCEIRA PARTE: E OS RESULTADOS 201
15. O Proprietário da Alma 203
    Hollywood e a alma 204
    Participação nos lucros 205

16. Quando os Membros da Equipe Entram e Saem 209
    A noite escura da reengenharia 210
    Não deve ser assim 211
    Como capacitar a equipe e inspirar a alma 214
    Seleção de membros de equipe 215
    Eliminação dos membros da equipe 217

17. A Comunidade 220
    Se tem de ser feito, cabe a mim fazê-lo 220
    Como implementar o compromisso com a comunidade 223
    Boletim escolar político a médio prazo 224
    Como está agindo o seu representante? 226
    Como transformar comunidades em Santuários 229

18. Lucro com Honra 231
    Lucro: dólares ou valor? 232
    A força do coração e da mente no balanço 234
    O custo por trás do lucro 237

Epílogo
    Algumas Reflexões sobre a Construção de um Santuário e Perguntas
    sobre os Missionários Dotados de Alma 242
    Congruência 243
    Maturidade emocional 243
    Como administrar com graça o poder, o controle e o medo 244
    Escutar 244
    Ponto de referência 245
    Paciência 245
    Coragem 246
    Observações sobre a terminologia 250
    Notas 254

O que mais tememos não é ser fracos.
O que mais tememos é ser exageradamente poderosos.
Nossa luz, não a nossa treva, é o que nos amedronta.
Perguntamo-nos: "Quem sou eu para ser brilhante,
Atraente, talentoso, espetacular?"
No fundo, quem não devemos ser?
Tu és filho de Deus. Tua insignificância
Não ajuda o mundo.
Nada há de luminoso
Em encolher-te para que os outros
Não se sintam inseguros ao teu lado.
Nascemos para manifestar a glória
Do Deus que existe em nós.
Não em alguns de nós, mas em todos nós.
Quando deixamos que a nossa luz brilhe,
Inconscientemente damos ao próximo
Permissão para fazer o mesmo.
Quando nos libertamos de nossos medos,
Nossa presença, automaticamente,
Liberta os semelhantes.

Marianne Williamson, *A Return to Love*

Agradecimentos

Um Nível Acima foi um projeto extraordinário. Não sei ao certo se ele surgiu durante uma caminhada por uma praia paradisíaca na companhia de Trish ou em meio ao meu gratificante trabalho com clientes maravilhosos do mundo inteiro. Talvez não passe de uma mensagem da alma. Só sei que, tão logo surgiu, a idéia tomou conta da minha vida. Foi como se uma mão misteriosa vasculhasse a minha aljava e disparasse uma única seta contra o alvo. A reação de meus amigos e sócios espantou-me. Cada qual descreveu, à sua maneira, o intenso anelo por esperança, cura e equilíbrio que pressentia na nossa sociedade. Fui influenciado e educado por grandes pensadores, alguns dos quais cito no livro. Sou grato às pessoas que revisaram os primeiros manuscritos, ofereceram sugestões preciosas e aguçaram o meu engenho, entre as quais Dave Blair, Dan Bollom, Dale Brewster, Clare Cremer, Vern Dale-Johnson, Simon Dean, Bob Dryburgh, Cameron Fellman, Margot Franssen, David Fugate, Anky Graydon, Lynne Hallinan, Ed Hardison, Alan Harman, Steve Heise, Roberta Kent, Rocky Kimball, Rob Kozinets, Scott Ladd, Janet Laughton MacKay, Carole e Malcolm MacLeod, Patrick McCabe, Ross Morton, Christine Moss, Karen Neal, Brenda Nylund, Ray Patrick, Ray Pedersen, Kathy Schultz, David Sersta, Denis Shackel, Sue Sheldon, Peter Somers, Hugo Sorensen, Ralph Stayer, Bill Sutton, Frank Syer, Michael Trueman, Donn Winn, Warner Woodley e Mark Yeatman. Sinceros agradecimentos à equipe da Macmillan no Canadá, especialmente Denise Schon, Karen O'Reilly, Liza Algar e Anne Nelles, e também à equipe da McGraw-Hill: Susan Barry, Claudia Rainer Butote, Lynda Luppino, Claire Stanley e minha colega Zorina Swallow, que me conduziram com grande Maestria ao longo da produção do livro, e a Ron Szymanski, do Leigh Bureau. Agradecimentos especiais ao meu maravilhoso cão Spirit, que supervisionou boa parte do trabalho. Certamente, nada que eu fizesse neste planeta teria sentido ou importância real sem Trish, minha maior crítica, editora, auxiliar, amiga e amante. Eu sou o seu Cavalinho de Pau (ver página 51).

Que há de errado com esse quadro?

Quatro quintos da população mundial padecem fome no corpo e um quinto padece fome da alma. Algo de estranho vem acontecendo: nossa personalidade fica cada vez mais rica enquanto nossa alma vai ficando cada vez mais pobre. Nossa personalidade é arrastada pelo turbilhão do adquirir mais, fazer mais e ir mais depressa, ao passo que nossa alma se sente vazia e anseia por renovação. Vozes interiores nos alertam para o conflito entre alma e personalidade. Estamos em equilíbrio instável num momento de grandes perigos e grandes esperanças. *Um Nível Acima* é um livro sobre a esperança.

> A solidão e o sentimento de sermos indesejados constituem o sofrimento mais terrível.
> MADRE TERESA

Em algum ponto da jornada da experiência humana, abandonamos nossa alma em favor da nossa personalidade. Em parte alguma isso é mais verdadeiro que no nosso trabalho, resultando daí um enorme vazio no espírito humano. Todavia, nosso sentimento de perda e de não-realização é temporário. Se reverenciarmos novamente nossa alma, reintroduziremos a alegria e a graça no nosso trabalho e nas outras esferas de nossa vida.

Nos tempos modernos, isso será um desafio para muitos de nós, pois moldamos a nossa experiência aperfeiçoando ao máximo a nossa capacidade de manipulação e exploração. Embora o culto da personalidade tenha orientado nossa vida por duzentos anos, podemos exigir um patamar mais elevado voltando a reverenciar a alma. Essa será uma experiência nova nos tempos que correm e, conseqüentemente, uma mudança difícil; mas, se transformarmos o trabalho numa experiência espiritual, daremos um salto quantitativo na realização humana, gerando uma mudança tão profunda que mais parecerá uma revolução.

> Acho que em toda firma, hoje, haverá pelo menos uma pessoa enlouquecendo aos poucos.
> JOSEPH HELLER

Perguntas e respostas

Ao longo de toda a minha carreira profissional, tenho sido um "profeta" empresarial e quero crer que minhas receitas contribuíram para a boa fortuna de meus clientes. Nos últimos anos, entretanto, passei a questionar o valor das respostas prontas. Sabemos responder, mas talvez tenhamos respostas demais. Parece-me que o maior desafio é fazer a pergunta certa. Isso não é fácil porque, embora o especialista tenha um rol de respostas, não existe um rol de perguntas. Saber e lembrar-se de fazer as perguntas certas exige sabedoria e tirocínio. *Um Nível Acima* sugere algumas perguntas e indica a fonte de muitas respostas.

Nas lendas arturianas, a mãe do jovem Percival ensina-lhe a importância de fazer perguntas. A lição foi aprendida em seus verdes anos, quando ele se safou de um grupo de cavaleiros fazendo perguntas em vez de dar respostas. Mais tarde, Percival tornou-se um bravo cavaleiro da Távola Redonda do rei Artur, e seus mestres induziram-no a moderar seu questionamento. Esse conselho aparentemente razoável prejudicou em muito a Percival, pois, seguindo-o e vivendo segundo regras alheias, começou a levar uma vida sem autenticidade. Certa noite, achando-se no Castelo do Graal, só visível àqueles que têm mérito, ele ceava com o impotente Rei Pescador, que sofria de uma ferida incurável. Enquanto o rei e o convidado conversavam, passou-lhes ao lado uma procissão na qual Percival vislumbrou o Santo Graal. O cavaleiro estava sendo testado, já que, se fizesse a pergunta mais importante de todas, "A quem isso beneficia?", o Rei Pescador ficaria curado e a circundante paisagem devastada se tornaria um paraíso na Terra. Mas ele não a fez. Em castigo por adotar regras alheias e não ser fiel para com suas exigências íntimas, Percival ficou encantado por cinco anos, durante os quais teve de enfrentar uma série de aventuras estranhas e terríveis. Por fim, cansado, farto e desanimado, sem consciência dos dias, do tempo ou das estações — embora fosse Sexta-feira Santa —, Percival deteve-se e perguntou a um estranho: "Que dia é hoje?" No mesmo instante o ato de perguntar desfez o encanto e logo depois o cavaleiro foi reencontrar o rei Artur para continuar sua vida de façanhas e romance.

Hoje estamos sob um encanto semelhante. Todos os anos, consultores, escritores e professores de administração nos oferecem respostas, insinuando que se fizermos "mais a mesma coisa" (*"more-of-the same"*, MOTS), porém com mais rapidez e menos recursos, curaremos os males atuais das empresas modernas e mitigaremos a dor das almas que ali definham. Dão-nos um feixe de respostas prontas e soluções rápidas: excelência, *Total Quality Management* (TQM), equipes, "enxugamento", reestruturação, melhor serviço ao consumidor, capacitação, reengenharia, etc., etc.

Se a reengenharia é a resposta, qual foi a pergunta? Reengenharia é, por definição, o ato de "repensar pela base e redefinir os processos empresariais a fim de obter significativos aperfeiçoamentos em medidas de desempenho críticas e contemporâneas como custo, qualidade, serviço e rapidez"[1] — problemas clássicos contemplados pela personalidade. A reengenharia é o protótipo quintessencial da "resposta" que nada tem a ver com o problema da alma. Nos nossos níveis atuais de ansiedade, não precisamos de outra resposta e, sim, da pergunta certa.

O fluxo incessante de "respostas" que vimos produzindo não logrou eliminar o que nos apoquenta, porque é justamente ele a causa da nossa atual condição. São respostas que não condizem com as perguntas e que propõem soluções específicas para problemas genéricos. Quem as utiliza são tanto os que agem por "modismo" quanto os que se vêem possuídos pela necessidade de "imobilizar". Mas os modismos não detêm os fracassos. Não precisamos de reengenharia, mas de *regeneração*. O dicionário define regeneração como "*renascimento espiritual; infusão de vida ou de energia nova; renovação ou restauração após queda numa condição baixa ou abjeta*". Já não precisamos de respostas para a personalidade. Precisamos, isso sim, de buscar a alma e fazer as perguntas certas.

> Não se pode cavar um buraco num lugar diferente aprofundando o mesmo buraco.
> EDWARD DE BONO

Não precisamos também de uma ulterior confirmação de que as velhas perguntas deixaram de funcionar. A American Quality Foundation foi dissolvida. As inscrições para o Prêmio Baldrige de qualidade caíram um terço em três anos. Mais de três milhões de americanos foram dispensados do trabalho em cinco anos. Só a IBM, que se gabava de não despedir ninguém, mandou embora duzentos mil funcionários a um custo financeiro (para não mencionar o custo humano) de cerca de vinte bilhões de dólares.[2]

A verdade é que o encanto sob o qual estamos vivendo não poderá ser desfeito enquanto não começarmos a fazer as perguntas certas e a ouvir a nossa voz interior. As perguntas certas revelam muito mais do que as respostas certas. Sócrates ensinou geometria a um escravo questionando-o. Ele fingia ignorância, incitava os interlocutores a discorrer e, finalmente, por análise cruzada, expunha-lhes as inconsistências: eis o chamado método socrático. Os gregos tinham tanto medo dos interrogatórios de Sócrates que, em 399 a. C., quando ele já era o maior filósofo de sua época, eles o acusaram de impiedade e de corromper a juventude, sentenciando-o à morte pela ingestão de cicuta. Nós não temos medo das respostas. Temos medo de fazer perguntas. Nós nos assustamos com aqueles que têm a coragem de fazê-las. Em conseqüência, por mui-

16 | Introdução

to tempo, só confiamos na orientação de respostas. Teremos melhores informações, aprenderemos, cresceremos e quebraremos o encanto quando soubermos perguntar com a mesma desenvoltura com que oferecemos respostas.

Um Nível Acima é um livro que suscita perguntas condizentes com a transformação básica que vem ocorrendo nas atitudes das pessoas cientes da inutilidade das velhas respostas. Há necessidade de um novo caminho para o futuro, no qual sejamos guiados mais pelas perguntas certas do que pelas respostas prontas.

De costas para a parede — o declínio da personalidade

Muitos métodos convencionais de administração fornecem respostas que apenas maquilam o que já vínhamos fazendo, ensejando ganhos pelo mero acréscimo da velocidade. Os empregados que sobreviveram ao "enxugamento" das empresas, nos últimos quinze anos, simplesmente não podem dançar mais depressa. Hoje, a verdadeira ruptura é feita pelos que compreendem que as pessoas, em toda parte, estão exigindo mais de sua vida profissional — algo que inspire a alma em vez da personalidade. Os líderes inspirados não impingem respostas velhas aos novos problemas; fazem perguntas atemporais, mas ainda assim contemporâneas, para uma nova era. Estão verdadeiramente decididos a desfazer o encanto.

Conseguimos, muito mais do que o esperado, atender às necessidades da personalidade; todavia, ao fazê-lo, renunciamos à alma. Percy Barnevik, ex-diretor e presidente da Asea Brown Boveri, afirma: "Nossas organizações são montadas de modo a exigir, da maioria dos empregados, de 5 a 10% de sua capacidade de trabalho. Só quando essas pessoas voltam para casa é que põem em ação os outros 90 a 95% — para administrar o lar, dirigir um grupo de escoteiros ou construir uma casa de verão. Temos de aprender a reconhecer e aproveitar essa reserva de capacidade que toda pessoa leva diariamente para o local de trabalho".[3]

> O cérebro é um órgão maravilhoso; começa a trabalhar quando acordamos de manhã e só pára quando chegamos ao escritório.
> ROBERT FROST

As pessoas estão fartas de arrastar a mente exausta para o trabalho e deixar o coração em casa. Também estão fartas de receber ordens de chefes que compareceram a seminários sobre capacitação, mas ainda não sabem sequer o que essa palavra significa. Durante anos, os empregados fizeram mais com menos, aumentando a produtividade, a qualidade e o serviço ao consumidor mesmo sentindo-se usados e abusados. Agora, fomos premidos contra a parede e eles exigem: "É a minha vez, quero alguma coisa." *Chegamos ao ponto final da teoria da administração.* Em suma, é tempo de adotar um programa de qualidade para as pessoas. Nunca houve tanta necessidade de mudança e o MOTS não é uma opção.

A triste verdade é que o trabalho vem degenerando há trinta anos. Para a maioria das pessoas, ele deixou de ser fonte de inspiração, alegria, liderança, integridade e autenticidade.

Para muitas pessoas, as empresas adotaram uma abordagem anti-humana, com seus líderes vendo nos clientes nada mais que oportunidades de manipulação e exploração. Uma grande companhia de produtos de consumo ameaçou o repórter de um jornal de Cincinnati por ele ter escrito artigos que a desabonavam. As empresas de petróleo continuam aumentando os preços da gasolina, embora o preço do petróleo caia no mundo inteiro — por coincidência, à mesma taxa e no mesmo dia. A indústria do tabaco contribui para a poluição e a morte de milhões. Os bancos cobram dos portadores de cartões de crédito tarifas que chegam a 300% da taxa básica. Uma multinacional do ramo alimentício exigiu da Food and Drug Administration, nos tribunais, o direito de ostentar no rótulo de um produto processado, com permanência em gôndola de dois anos, a palavra "fresco".

> Um esplêndido palácio, abandonado pelos moradores, parece uma ruína; dá-se o mesmo com o homem sem caráter, apesar de todos os seus bens materiais.
>
> MOHANDAS K. GANDHI

De que modo perdemos a alma?

Como se deu isso e quais as soluções? Examinaremos diversas peças desse quebra-cabeça ao longo do livro, peças que são, todas elas, resultado da ênfase na personalidade à custa da alma e da incapacidade de formular as perguntas certas. Um exemplo é a maneira como comprimimos o tempo na nossa vida. Os quadros de tempo vêm encolhendo consistentemente nos últimos 25 anos, a tal ponto que hoje em dia, sobretudo nas empresas, dois deles governam nossa vida. O primeiro é o balancete trimestral: as instituições financeiras exigem que as empresas prestem contas de seu desempenho a cada noventa dias. Realizada a tarefa, outros tantos dias se passarão até que sejamos convocados novamente para repeti-la. Assim, todas as decisões dependem de um ritual trimestral e, a cada quatro trimestres, convidam-nos para uma cerimônia chamada "fim de ano fiscal", que é celebrada ou racionalizada no relatório anual.

Introdução

A vida gira em torno dos balancetes. Assumimos o comportamento que recompensamos; e, como recompensamos muito bem um comportamento baseado no tempo, não devemos nos surpreender com o comportamento que ele gera. Que acontece quando somos dirigidos por critérios de curto prazo? Orange County, na Califórnia, amargou a maior bancarrota municipal da história dos Estados Unidos. O ex-secretário de Finanças, Robert L. Citron, adquiriu ações no valor de sete bilhões e meio de dólares baseado, principalmente, nas recomendações da Merrill Lynch, corretora de Wall Street, que em alguns casos chegou mesmo a subscrever os papéis vendidos. Alguns dos investimentos eram da espécie bizarra conhecida como "derivativos de flutuação inversa". A crermos num relatório de 1992, a Merrill Lynch "advertiu Citron de que sua tática de investimento era imprudente e, por duas vezes, ofereceu-se para readquirir alguns dos papéis mais arriscados". Obviamente, enquanto os corretores davam esse conselho, continuavam a vender os mesmos investimentos de alto risco, arrecadando milhões em gratificações anuais e comissões. O resultado dessa estratégia de curto prazo foi um prejuízo de um bilhão e setecentos milhões de dólares, diversos processos, o corte de quatrocentos empregados e o fechamento de trezentos postos de trabalho. "Eu não tive responsabilidade alguma por essas decisões financeiras e não é justo que seja agora punido", declarou Manucheh Yazdi, analista de pesquisa do Gabinete Administrativo do Condado, de 62 anos, despedido após catorze de trabalho.

O xerife Brad Gates cortou 129 empregos no seu departamento, além de 98 telefones, seis aparelhos de fax, dez celulares e o fornecimento de água engarrafada, limitando ainda a alimentação dos presidiários ao café da manhã. Disse ele: "Morreu alguém na família chamada Orange County." O que aprendemos desse tipo de acontecimento, como se já não o soubéssemos, é que as pessoas ficam prejudicadas quando existe extrema pressão para agir a curto e não a longo prazo.

> Há três momentos na vida do homem: quando compra uma casa, um carro e um novo televisor em cores. É tudo o que acontece na América.
>
> ARCHIE BUNKER

O outro ciclo de tempo a que aferramos nossa vida é o período de oito minutos. Em maior ou menor grau, fomos todos alimentados com uma dieta de televisão. Embora os formatos variem, sobretudo nos canais a cabo, os intervalos entre comerciais (chamados "programas") são usualmente de oito minutos. Isso significa que os telespectadores em geral não assistem aos programas por mais de oito minutos antes de perder a concentração. Em conseqüência, nosso período de atenção foi programado para esses oito minutos, e poucos de nós conseguimos nos concentrar numa coisa por mais tempo. Nossa vida profissional pulsa no ritmo do balancete e do oitavo minuto, resultando daí uma geração de pessoas que só pensam a curto prazo — muitas das quais ocupam, atualmente, cargos executivos nas empresas modernas.

Os problemas ambientais não são medidos por desempenhos trimestrais — são eternos. A vida dos seres humanos não se enriquece com a reengenharia, a reestruturação ou o "enxugamento", coisas que perseguem objetivos de curto e não de longo prazo. Lograr velhinhas transferindo seus fundos de pensão para carteiras de poupança ou crédito fraudulentas pode ter saciado a fome urgente dessas instituições, mas não viabilizou a longo prazo a indústria de serviços financeiros e não criou riqueza sustentada para os idosos. E, para acrescentar o insulto à astúcia, custou aos contribuintes americanos a bagatela de 150 bilhões de dólares. Vendo-se isso em perspectiva: o governo dos Estados Unidos gasta, por ano, cerca de dezessete bilhões na assistência familiar, dez bilhões nos subsídios agrícolas e sete bilhões na alimentação infantil. Mais importante, essas perspectivas de curto prazo inspiram-se na necessidade de nutrir a personalidade e o ego — cobiça e poder —, o que é freqüentemente expresso pela tendência a explorar a sociedade em lugar de servi-la. Hoje, em nosso local de trabalho, quase não se percebe a necessidade de atender às exigências da alma, que não cultiva interesses de curto prazo.

A falácia da progressão geométrica

Nos últimos duzentos anos, o crescimento foi a pedra angular indiscutível da teoria da administração. Tente convencer os líderes, os banqueiros e os políticos de que o crescimento não deve ser mais a sua preocupação perene, e observe o ar de espanto e incredulidade em seu rosto.

Essa é uma mensagem que não queremos receber porque, simplesmente, não temos a menor idéia de como dirigir empresas ou, no caso, a nossa própria vida se elas não estiverem em constante crescimento. Todas as modernas teorias de administração e liderança, ou mesmo as atividades do nosso sistema financeiro e da nossa sociedade, dependem disso.

> A verdade que liberta os homens é, quase sempre, a verdade que eles preferem não ouvir.
> HERBERT AGAR

Ora, a idéia de um crescimento infinito é absurda. Os parafusos da psicose, disfunção, *stress* e exaustão empresarial já não podem ser apertados mais, caso contrário, ocorrerá a implosão dos homens e das organizações. Simplesmente, não é possível continuar crescendo para sempre em progressão geométrica. A fim de ilustrar esse ponto, selecionei alguns dados ao acaso e os converti nos diagramas abaixo. Quaisquer outros dados serviriam igualmente bem, mas esses bastam para demonstrar a desfaçatez de nossa ilusão.

A Figura 1 mostra que o consumo médio *per capita* de recursos, no mundo ocidental, é cem vezes maior do que era no começo da Revolução Industrial, há dois séculos. A persistirem as taxas atuais de crescimento, nosso consumo será duzentas vezes maior por volta do ano 2110.

Figura 1
300 Anos de Utilização Crescente de Recursos

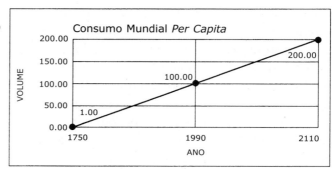

Figura 2
300 Anos de Crescimento Populacional

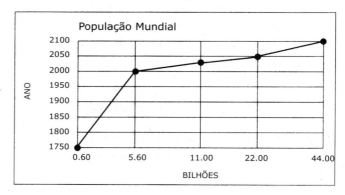

Durante esse mesmo tempo, conforme se vê na Figura 2, a população cresceu dez vezes. Fatore juntas essas duas curvas de expansão e o resultado será um aumento de mil vezes no crescimento, poluição, lixo, biodeterioração, *stress*, etc.[4] Extrapole esses números para o futuro, com uma população mundial prevista de onze bilhões, e ficará evidente que os seres humanos correm o risco de arruinar a si mesmos e ao planeta, mesmo que se aperfeiçoe o controle das emissões de lixo e poluição.

Dostoiévski disse que as prisões são o barômetro da sociedade e Lorde Brougham descreveu o advogado como aquele que resgata o nosso dinheiro de nossos adversários e o coloca no próprio bolso. As Figuras 3 e 4 mostram como o aumento do número de ambos ameaça a nossa sociedade.

Em 1960, havia 260.000 advogados nos Estados Unidos. Em 1980, esse número saltou para 541.000 e em 1990 chegou a 756.000. O número de advo-

Figura 3
30 Anos de Aumento
da Criminalidade...

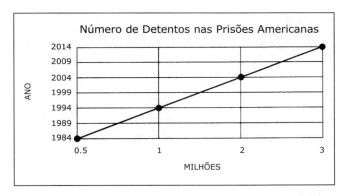

Figura 4
...aumentaram o
Número de Litígios

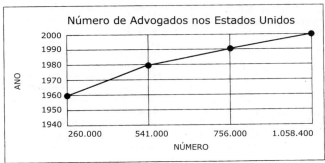

gados para cada 100.000 habitantes era de 120 em 1970; hoje, passa de 300, mas o número de processos federais triplicou. Em 1950, a Ordem dos Advogados do Distrito de Colúmbia tinha 1.000 membros; hoje, são 61.000. Cada um dos 116.000 advogados da Califórnia gasta em média uma tonelada de papel por ano — um total de dois milhões de árvores.

> Não há falta de advogados. Em Washington, onde moro, talvez haja atualmente mais advogados que pessoas.
>
> JUÍZA SANDRA DAY O'CONNOR

Atualmente, é grande a insatisfação com a síndrome do *trabalhe mais, gaste mais, divirta-se menos*. Pelas taxas correntes de crescimento, a duração média da semana de trabalho pode comprometer mais a saúde que as drogas, o trânsito ou a guerra. Ao mesmo tempo, não é nada realista aceitar que quarenta milhões de norte-americanos fiquem ociosos, enquanto o resto de nós goza os frutos materiais do excesso de trabalho.

As Figuras 5 e 6 simplesmente ilustram o que acontece quando somos ingênuos a ponto de esperar uma extrapolação das atuais taxas de crescimento: não podemos, de forma alguma, continuar crescendo a essas taxas geométricas — é absolutamente ilógico.

Figura 5
Alguns Morrerão
por Excesso de
Trabalho...

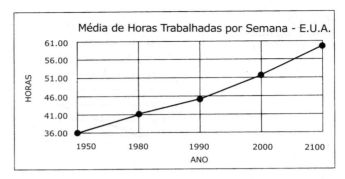

Figura 6
... enquanto outros
Morrerão por Falta
Dele

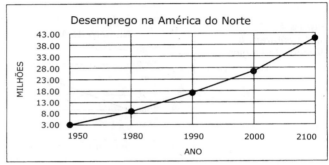

Figura 7
Proliferação de
Novos Produtos

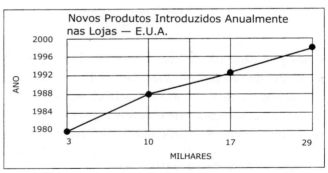

A Figura 7 mostra a taxa de proliferação de produtos novos nos últimos dezoito anos. Em 1980, 3.000 novos produtos foram introduzidos; em 1988, o número passou para 10.000 e chegou a 17.000 em 1993.[5] A manter-se essa taxa de progressão, teremos 29.000 novos produtos sendo introduzidos a cada ano nas lojas americanas até 1998. O número de itens (chamados unidades de manutenção de estoque, UME) presentes numa loja de porte médio subiu de 15.000 em 1980 para 30.000 em 1994. Existem 57 tipos diferentes de dentifrício. Ficaremos muito confusos na hora da escolha se esse ritmo perdurar.

Se pensarmos racionalmente no assunto, a matemática do crescimento constante não vigora, razão pela qual as cifras que extrapolei antes não serão con-

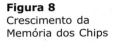

Figura 8
Crescimento da
Memória dos Chips

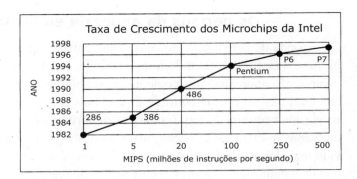

cretizadas. O crescimento sem freio, como no caso da célula cancerosa (outro exemplo do triunfo do indivíduo ganancioso à custa dos demais), leva ao colapso do sistema e à morte. Ora, nós não somos o câncer do planeta: somos a sua esperança.

Uma taxa de crescimento anual de 5% na produção ou nos lucros, considerada modesta por muitas empresas, quando composta durante vinte anos resulta num crescimento de 165%, chegando em cem anos a 13.000%. São cifras absurdas, vistas a longo prazo.

A história de inovação e introdução de produtos da Intel (Figura 8) revela o dilema do crescimento para a empresa. Ainda que o crescimento geométrico contínuo seja sustentável para uma organização, não o é para todas ou mesmo para a maioria delas. O crescimento não pode subir aos ombros do crescimento anterior para sempre. Se continuarmos enfeitiçados, essas extrapolações desenharão um quadro assustador do futuro. Mas estamos nos livrando do feitiço. Eis por que há mais motivos de esperança, hoje, do que em qualquer período dos últimos cem anos.

Queremos o que não podemos ter: o crescimento contínuo. Ainda assim, ficamos co-dependentes dele. Essa co-dependência corrói nossa alma porque sabemos, do fundo do coração, que é uma condição terminal para qualquer forma de vida. Somos viajantes temporários naquilo que Buckminster Fuller chamou de "uma pequena Espaçonave Terra automatizada", construída não para ser consumida, mas posta em equilíbrio com nosso coração, nossa mente, nosso balanço patrimonial. Chegou o tempo da regeneração, de redesenhar o trabalho para harmonizar nossas aspirações materiais e espirituais, integrando-as num quadro maior e de mais longo prazo: nossa vida e nossa alma dependem disso. Chegou o tempo de escolher entre padrões de vida e qualidade de vida. Na Espaçonave Terra, não somos os passageiros — somos a tripulação.

Os perigos da anorexia empresarial

A onda do "enxugamento" e da reengenharia, que assolou a América do Norte e quase todo o mundo industrializado, espoliou a alma. Nós criamos a organização anoréxica que, como a pessoa anoréxica, mostra-se firme e sólida por fora, mas carece de controle e equilíbrio por dentro. A pesquisa médica revela que a gordura do corpo auxilia o sistema imunológico, fortalece-nos quando nossas reservas estão baixas, mantém-nos aquecidos e contribui para uma vida mais longa. Com as organizações acontece a mesma coisa. A "gordura", que deveríamos chamar mais propriamente de regeneração, é o tempo livre de que precisamos para a reflexão e o lazer; nossa liberdade para experimentar, correr riscos e cometer erros sem castigo; nossa capacidade de ser criativos, sonhadores e brincalhões; e nossa cultura empresarial. A empresa do tipo "magra e avarenta" perdeu essa oportunidade, juntamente com seu espírito, e já não é capaz de inspirar a alma que restou lá no fundo.

Alguns administradores tradicionais sustentam que o "enxugamento" e a reengenharia podem ser conduzidos de maneira humana — mas o "enxugamento humano" continua a ser um oxímoro. A própria palavra "enxugar" não passa de um feio eufemismo que oculta uma mentira — não pode camuflar o ato de dispensar, demitir, descartar um colega. Muito esforço tem sido feito para amenizar o trauma pessoal por intermédio do remanejamento de postos (outro eufemismo), da assistência psicológica e de numerosas outras técnicas paliativas, tal como sucede às vítimas da guerra ou do terrorismo, que recebem cuidados pós-traumáticos. Entretanto, a causa do trauma continua a ser um ato de violência. Temos necessidade de cura, não de amputação; de regeneração, não de reengenharia.

Esse terrorismo contra a alma pode ser evitado. Os esforços da governadora de Nova Jersey, Christine Todd Whitman, para reduzir os custos do governo constituem um exemplo disso. Quando um lar de veteranos foi indicado para privatização, os funcionários sindicalizados elaboraram um plano para manter a instituição reduzindo os custos operacionais em mais de seiscentos mil dólares por ano. Ela continua a ser dirigida e possuída pelo Estado, mas ninguém perdeu o emprego. Todos temos imaginação para regenerar em vez de reengenhar — nossa alma depende disso.

Talvez o maior mal causado por anos de "enxugamento" e reengenharia seja a trágica perda de sabedoria nas organizações. Ao reestruturá-las, dispensamos os mais velhos, que eram os guardiães da sabedoria empresarial. Nos próximos anos voltaremos a reverenciá-los e recontrataremos os que ainda quiserem trabalhar, pois, tendo reestruturado nossas empresas de modo a dar-lhes o máximo de eficiência, a ponto de ficarem todas parecidas, a espiritualidade e a sabedoria serão os únicos traços distintivos entre elas.

A pressão por desempenho ainda melhor a cada trimestre é agravada pela competição crescente por empregos. Quando "enxugamos", demitimos nossos próprios consumidores, muitos dos quais não encontrarão mais o mesmo nível de renda; e, assim fazendo, reduzimos as oportunidades de criação de empregos e mercados. Toda vez que aumentamos a aposta para permanecer no jogo dos negócios, aumenta também o desespero dos administradores, obrigando-os a cortar mais gastos e a buscar padrões mais baixos de moral e ética. Segue-se daí que a empresa se isola da sociedade e de seus próprios funcionários, dos quais depende para seu sucesso. Muitas organizações renunciaram a subir, contentando-se com o terreno baixo da mediocridade. *O medíocre é aquele que deixou de escalar.*

A pessoa evoluída

Evolução: desdobramento, progresso ou aperfeiçoamento;
processo de desenvolvimento, por exemplo, de uma forma simples
para uma forma complexa, ou de mudança gradual e constante,
como por exemplo numa estrutura social ou econômica

Tradicionalmente, tentamos mudar nossas circunstâncias pessoais alterando o ambiente — isto é, mudando o que está fora e não dentro.

> O amor do espírito aumenta com a vontade de aprender, não com o dogmatismo. Os caminhos são muitos, mas o objetivo é um só, alcançado por toda alma que realmente busca o Divino.
> ANNIE BESANT

Tentamos reforçar nossa auto-estima, que é uma dimensão interior, ostentando uma roupa nova ou um novo penteado, que são dimensões exteriores. Do mesmo modo, esperamos que uma mudança na nossa empresa, que é uma dimensão exterior, melhorará nossa auto-estima. Eis aí uma abordagem retrógrada, porquanto a evolução pessoal deve preceder a evolução empresarial.

Para reclamar o patamar superior onde possamos renovar nossa alma, temos primeiro de completar a obra interior. Depois de nos abrirmos à auto-renovação e à regeneração, a evolução pessoal poderá ter início, habilitando-nos a fazer as importantes perguntas da vida contemporânea: Por que isso está acontecendo comigo? Que se passa? Por que tudo é tão caótico? Como me protegerei? Como obterei sucesso? Qual é meu objetivo? Qual será o meu legado? De que maneira poderei contribuir? Como serei útil?

A evolução pessoal é o caminho da transformação pessoal. Em meu trabalho, noto que muitas pessoas são aquilo que chamo de "buscadores perpétuos".

> É um erro imaginar que a evolução significa uma tendência constante à perfeição crescente. Sem dúvida, esse processo implica uma perpétua readaptação do organismo a novas condições; mas a direção das mudanças — para cima ou para baixo — depende da natureza dessas condições.
>
> THOMAS HENRY HUXLEY

São gente que, embora compareça a seminários, devore livros e estude com grandes mestres, não consegue *integrar o aprendizado* à vida. *Conhecem todas as respostas mas nenhuma pergunta.* Parecem paralisadas e, a despeito de suas experiências, não evoluem. A chave para o desenvolvimento e a evolução pessoal não está fora, mas dentro de nós. Descobri que outros nascem, vivem e morrem sem sequer se deter no caminho para conhecer a própria alma.

A evolução pessoal é resultado da reinvenção emocional e espiritual. Ela é autogerada. Dando-nos permissão para mudar nossas atitudes e habilidades, e permitindo que também os demais o façam, podemos encetar o trabalho interior que conduz à renovação espiritual. Todos evoluímos, quer gostemos disso ou não. Alguns evoluem mais e mais depressa que outros, mas cada qual opta por evoluir positiva ou negativamente e dirigir ou não a própria evolução. Não esperemos, dentro de uma empresa, forçar a equipe a tornar-se o que nós próprios ainda não nos tornamos. A evolução pessoal precede a evolução empresarial.

O caminho da evolução pessoal se faz em três etapas:

Imatura: Na Fase Imatura, nós não exploramos a consciência, apenas cedemos ao poder e ao castigo.

Tradicional: Na Fase Tradicional, nossas dúvidas e inseguranças nos induzem a agir segundo a personalidade e o ego, o que nos torna "adequados" e aptos a ser aceitos pelos outros. Muitos jamais vão além dessa fase. Persistem em compensar suas inseguranças em vez de arriscar-se a experimentar e descobrir. Certos executivos detêm-se aí: eu os chamo Administradores Tradicionais.

Evoluída: A Fase Evoluída representa a condição humana mais avançada, na qual adquirimos uma cota de consciência ao desafiar a lógica tradicional, concatenar nossas crenças, ao procurar o vínculo entre plenitude de alma e trabalho e ao buscar um significado mais profundo em nossa vida. Quando pensamos numa "pessoa evoluída", estamos pensando num pioneiro — um buscador —, mais interessado em fazer as perguntas certas do que em oferecer respostas. A pessoa evoluída deixou a mediocridade para trás a fim de tomar o rumo de um patamar mais elevado — o rumo da regeneração. Tais pessoas são os novos missionários da vida empresarial;

fazem as perguntas desafiadoras que nos levam a examinar os paradigmas vigentes, responsáveis pela penúria espiritual. As perguntas dos missionários conduzem à regeneração.

Na Lenda do Santo Graal, Percival empreende a mesma jornada heróica, da carência juvenil de consciência (Imatura) à dúvida provocada pela ausência de questionamento e aprendizado (Tradicional) e, finalmente, à transformação e iluminação pessoal (Evoluída).

A organização evoluída

Não existem organizações evoluídas — ou, no caso, éticas e bem-sucedidas —, apenas pessoas evoluídas, éticas e bem-sucedidas, que as criam. No meu trabalho, nove vezes em dez, nossa pesquisa mostra que as pessoas se julgam mais confiáveis, honestas, dedicadas, espertas e leais que seus colegas de firma. Pesquisa após pesquisa, a soma dos escores dos indivíduos é maior que a soma dos escores que atribuem à organização. Vivemos na ilusão de que as empresas são "elas", quando na verdade somos "nós". Se quisermos trabalhar em organizações evoluídas, devemos todos encetar primeiro a jornada.

Inúmeros administradores tradicionais tratam a liderança pessoal e a liderança empresarial como um processo do intelecto — algo que a mente sabe conduzir melhor. Achamos que, se formos capazes de articular uma teoria racional da liderança, ela será adotada graças à sua lógica e elegância imbatíveis. O Movimento pela Qualidade é um bom exemplo disso. O TQM (*Total Quality Management*) costuma ser tratado como um processo fundamentado em fórmulas matemáticas, instrumentos de medição, controles, análises estatísticas, bancos de dados, sistemas cibernéticos e circuitos de informação. O TQM tornou-se um "programa" "bom para as empresas", freqüentemente defendido por executivos do primeiro escalão como o presidente, o qual, numa bela manhã de segunda-feira, anuncia a um grupo perplexo de funcionários céticos o "Programa de Qualidade Empresarial".

Durante muitos anos, trabalhei lado a lado com líderes de uma poderosa cooperativa agrícola, orientando-os numa jornada de renovação estratégica. O vice-presidente de recursos humanos foi instado a apresentar uma proposta para transformar a cultura empresarial numa cultura que inspirasse e motivasse os empregados. As sugestões oferecidas à equipe executiva, algumas semanas depois, delineavam um projeto meticuloso, que propunha a contratação de consultores encarregados de redefinir os sistemas de recompensa ao mérito e o plano de pensões! Muito mais que ajustes técnicos ao plano de pensões seria necessário para modificar a cultura empresarial, sem falar na inspiração da alma!

Muitos processos, como reengenharia, melhoria de serviços ao consumidor, "enxugamento" e levantamento do estoque dentro do prazo, são vistos da mesma maneira: como problemas da mente que ameaçam as organizações à moda de um jogo intelectual. *Todavia, a mente só fará o que o coração lhe disser.* Nós nos esquecemos do fato de que o trabalho é um jogo do coração tanto quanto da mente. Jogar bem o jogo tem efeito benéfico sobre a produtividade, mas não é o único, ou sequer o principal objetivo. A união entre o que chamo de "Coração, Mente e Balanço Patrimonial" e o alvo da organização evoluída é que inspira a alma — daí, a organização deste livro em três partes similares e simbólicas. Não podemos continuar separando os três componentes — Coração, Mente e Balanço Patrimonial — se quisermos desenvolver pessoas e organizações de alto desempenho, ao mesmo tempo que devolver a alegria ao trabalho. Só pela integração dos três ajudaremos as pessoas a evoluir no nível pessoal, capacitando-as assim a montar equipes esclarecidas e a transformar suas empresas. Por meio dessa integração, conseguiremos criar organizações que inspirem a alma e, portanto, o planeta.

A quem isso beneficia?

A idéia de reaproximar os negócios da alma exige, dos empresários ocidentais, uma enorme cota de fé e coragem. *Um Nível Acima* revela que a era da personalidade passou e outra era vai começar, na qual precisaremos redesenhar completamente o trabalho e a empresa, bem como o nosso estilo de liderança, para que respondam às necessidades da alma. Para muitos, será um osso duro de roer. Eles terão medo de afastar-se das crenças cômodas, embora superadas, do vale, para tomar o caminho desconhecido que leva às alturas — onde reinam as idéias radicais, o pensamento contrário e novas formas de ser.

Muitos oporão a essas idéias o cinismo, cuja definição é *criatividade reprimida.* Os cínicos não conseguem imaginar uma alternativa que contrarie suas crenças entranhadas. Eles temem a mudança; mas nós precisamos nos mostrar sensíveis a seus medos, pois para eles são medos reais. Na qualidade de missionários empresariais, é nossa responsabilidade tomá-los pela mão e conduzi-los em segurança ao patamar superior. Trata-se de uma responsabilidade de todos nós, já que todos somos missionários.

> A coragem é a graça
> sob pressão.
> ERNEST HEMINGWAY

Nossa alma clama por menos pressões, menos coações, mais capacidade. Ansiamos pela regeneração, que se obtém por meio da veracidade, da coragem, da alegria, do reconhecimento, da beleza, da colaboração, do conhecimento, da liberdade, da criatividade, da comunidade e do humor — os temas deste livro. A alma não gosta de disputar uma maratona vestida com um cilício. Hoje, para muitas pessoas, os tremendos benefícios obtidos dos negócios, dos quais os menores não são os proporcionados pelas maravilhas da moderna tecnologia, vêm com demasiadas restrições. Funcionários, consumidores e fornecedores (a quem prefiro chamar de *sócios*, pois são membros da nossa equipe) encaram as organizações com um misto curioso de esperança e desconfiança. Por um lado, nenhum outro setor de nossa sociedade tem tamanho potencial de devastar a alma e o planeta. Em sua forma atual, votada como é ao culto da personalidade, a organização caminha para um beco evolutivo sem saída. Por outro, não existe setor de nossa sociedade capaz de, como este, fazer tanto para provocar mudanças positivas e soerguer o espírito humano.

> Minha grande religião é a crença no sangue e na carne, que são mais sábios que o intelecto. Podemos errar em espírito. Mas aquilo que nosso sangue sente, aquilo em que acredita e aquilo que diz são sempre coisas verdadeiras.
>
> D. H. LAWRENCE

A organização reinventada da atualidade tem o alcance global, a influência, o talento, os predicados e a tecnologia para tornar o mundo um lugar melhor a serviço da humanidade. Mais que qualquer outro grupo social, ela possui o potencial para reivindicar um patamar superior e inspirar a alma.

Ninguém se sente à vontade quando inicia a jornada do conhecido ao desconhecido; entretanto, talvez nos console a idéia de que o cume não é realmente novo. Não estamos abandonando o lar: estamos voltando para ele. Outrora, vivíamos naquelas alturas: agora, simplesmente as reivindicamos. Elas nos chamam. Assim, em primeiro lugar, devemos aprender a fazer as perguntas certas, a começar de: "A quem isso beneficia?"

PRIMEIRA PARTE

O CORAÇÃO

Somos demais no mundo; dentro em breve,
Dando e recebendo, perderemos as forças:
Pouco há, na natureza, que nos pertença;
Entregamos o nosso coração, sórdida dádiva.
WILLIAM WORDSWORTH

1 | Corpo e Alma

Da personalidade à alma

Nossa personalidade é o nosso exterior. Para muitas pessoas, é tudo o que vêem nos outros. Ela é moldada pelo ambiente, os genes, os pais, as experiências de vida. Expressamos nossa personalidade por meio do nosso modo de vida (ocupação, *status*, bens materiais, carro, casa e brinquedos semelhantes), pela forma como agimos uns para com outros, pela nossa presença física (saúde, moda e estilo) e pelos nossos valores e crenças. Nossa personalidade reage à satisfação das necessidades e atendemos a elas utilizando a personalidade a fim de manipular e controlar o ambiente, bem como o próximo, graças ao uso de cinco sentidos: paladar, audição, olfato, tato e visão.

Desde o século XVII e especialmente nos últimos cem anos, que deram origem à psicologia moderna e aos estudos comportamentais, a teoria empresarial vem privilegiando o aumento da eficiência na manipulação, no controle e no atendimento das necessidades de empregados, consumidores e sócios. O mercado consumidor se baseia em apelos à personalidade e nós administramos as organizações quase da mesma maneira — para e pela personalidade. Queremos que as pessoas se apressem (você ganhará um prêmio se preencher sua quota de vendas), sejam mais eficientes (você fará jus a um bônus caso implemente logo este projeto), atendam às necessidades dos clientes (você fechará a venda caso mencione a garantia) e por aí além. Apelamos ao *status*, ego, sobrevivência e necessidade de aceitação da personalidade.

A história de nossa teoria da liderança se enraíza firmemente na psicologia da personalidade — com exclusão da alma. Em recente carta aos jornais, uma das maiores clínicas de psicologia industrial do mundo escreveu: "Alguns executivos permitem que a emoção subjugue a razão. Suas conclusões se baseiam mais nos sentimentos que experimentaram por ocasião da decisão do que em fatos relevantes. Os executivos mais eficientes, por sua vez, conseguem sofrear a emoção e baseiam suas conclusões antes em fatos que em sentimentos."[1] Deduz-se que as "boas" decisões não devem contaminar-se de emoções e sentimentos. No entanto, por toda parte, funcionários estão exigindo *mais* e não *menos* emoção — *maior* e não *menor* atenção aos sentimentos. Querem que sua alma seja *incluída*, não *excluída*. Acima de tudo, o que as pessoas mais detestam é o fato de seu trabalho ser excessivamente orientado pela mente e quase nada pelo coração. Damos respostas a partir da mente e esquecemo-nos de fazer perguntas que brotem do coração. Temos ainda de aprender as vantagens de conceder aos outros parte do controle.

De um modo geral, vivemos numa época em que a personalidade eclipsou a alma. Passamos a acreditar que o valor que as pessoas se atribuem é o único que possuem. Embora os campos da psicologia e da psicanálise tenham amealhado um imenso acervo de conhecimentos, boa parte desse trabalho limita-se a meros conceitos de motivação, desempenho e liderança baseados na personalidade. Todas as nossas técnicas pouco mais fazem que apurar esses apelos.

Mas, e se substituirmos esse surrado paradigma por uma nova compreensão das pessoas, não apenas como egos e personalidades, mas também como almas? Suponhamos que adaptemos as organizações de modo a atender às necessidades da alma do consumidor, e não apenas de sua personalidade. Suponhamos que nos seja possível tratarmos uns aos outros por intermédio de um sexto sentido — uma comunicação alma-a-alma. E se pudermos integrar a alma à personalidade em nosso trabalho e ao longo de nossa vida? Dado que não há precedentes de semelhante ruptura na história empresarial, torna-se difícil compreender suas implicações para a transformação das pessoas e, conseqüentemente, das empresas. Os novos panoramas abertos para nós a partir do ponto de vista desse patamar superior são realmente de tirar o fôlego.

Façamos as perguntas certas

O caminho do missionário da alma está semeado de tropeços. Mas quem os colocou ali, os outros ou nós mesmos? Essa pergunta precisa ser aclarada por outras. Vejamos agora se somos capazes de, juntos, fazer algumas perguntas pertinentes.

Relaxe um pouco. Respire fundo e livre-se das tensões. Sinta a energia positiva fluindo pelo seu corpo. Reflita sobre a sua empresa e sobre o papel que você desempenha nela. Passe os olhos pelas perguntas que se seguem. Mergulhe no seu próprio coração e sinta suas respostas. Expanda-se — seja o mais ambicioso possível em relação à sua alma. Quando estiver pronto, escreva cada resposta utilizando uma ou, no máximo, duas palavras.

Agora vá mais fundo e faça a si mesmo algumas perguntas adicionais. O que seria necessário para realizar as mudanças que planeja? O que estará de fato impedindo que isso aconteça? Afora as desculpas dos pensadores tradicionais de nosso ambiente de trabalho e a nossa maneira bitolada de agir, o que impede você de operar uma ruptura para a alma?

1. Defendo aquilo em que acredito?	
2. Respeito igualmente minhas energias femininas e masculinas?	
3. Considero sagradas as pessoas de dentro e de fora de nossa organização?	
4. Minha organização é uma expressão de amor?	
5. De que modo meu trabalho ajuda a cuidar do planeta?	
6. O que tornaria meu trabalho mais cheio de alma?	
7. O que eu poderia fazer para ter mais alma?	
8. Qual é a pessoa mais cheia de alma no meu ambiente de trabalho? De que maneira poderei ajudar as almas de todos a crescer da mesma maneira?	
9. O que, realmente, inspiraria minha alma?	
10. Mais alguma coisa?	
11. ...e o que mais — algo que jamais contei a ninguém?	
12. O que minha empresa poderia fazer de diferente para atingir minha alma?	
13. O que poderiam fazer meus funcionários para inspirar minha alma?	
14. Como poderiam meus colegas criar magia para minha alma?	
15. De que modo posso transformar meu ambiente de trabalho num local mais cheio de alma para meus funcionários?	

Sua personalidade ou sua alma? O que está disposto a arriscar para tornar sua vida mais cheia de alma? Valeria a pena? Ou será mais vantajoso proteger os ganhos materiais até agora obtidos? Ao dar cada resposta, pergunte *por quê?* Faça-o até que as respostas passem a brotar do coração.

As decisões que tomamos na vida tendem a refletir tanto os nossos valores materiais quanto os espirituais. As instruções e os conselhos que recebemos da personalidade tendem a ser inspirados pela necessidade de gratificar nosso ego: conforto material, valor pessoal, progresso na carreira, aprovação, *status*, poder, controle e reputação — coisas que nos preocupam quando perdemos de vista o essencial. Já nossa alma dá instruções que fluem da sacralidade, reverência, integridade, amor, significação, compaixão e valores. Tomamos decisões, diariamente, com base nessas diferentes escolhas, e nossa ênfase varia de acordo com o ponto que atingimos na nossa jornada de aprendizado pessoal, descoberta e envolvimento. Uma maneira proveitosa de optar é considerar as seguintes perguntas:

1. "Quais são as instruções oriundas da minha personalidade? Se devo seguir as instruções da personalidade, como chegarei a essa decisão?"
2. "Quais são as instruções oriundas da minha alma? Se devo seguir as instruções da alma, como chegarei a essa decisão?"
3. "Qual desses dois tipos de instrução seguirei?"

Uma adaptação da pergunta de Percival pode ser um guia útil: "A quem isso beneficia — à alma ou à personalidade?" Nossa faculdade de opção é ilimitada e fazemos escolhas diariamente, seguindo as instruções da personalidade ou da alma. Os resultados podem redirecionar e mudar nossa vida, assim como a dos outros — para sempre. Nós *podemos* escapar ao feitiço que nos lançaram.

Por que a alma foi excluída?

Os administradores tradicionais não querem ouvir falar de ambientes de trabalho com alma, que prefiro chamar de Santuários, alegando que esse papel quadra melhor à religião organizada. (Para mais detalhes sobre os Santuários, ver página 47.) Essa atitude baseia-se na concepção equivocada de que a espiritualidade e outras "baboseiras" não têm lugar nas empresas. *Um Nível Acima* mostrará que uma grande oportunidade aguarda aqueles que estão cansados da abordagem MOTS à liderança e têm a coragem de enveredar por uma nova senda promissora.

Acreditamos, tradicionalmente, que "negócios são negócios" e que a espiritualidade não deve fazer parte do trabalho. Essa crença, obviamente, não

> A ignorância espiritual muitas
> vezes é tão crassa que as pessoas
> sequer se apercebem de que são
> ignorantes.
>
> T. D. MUNDA

condiz com a experiência de milhões de almas singelas que anseiam por uma nova geração de líderes evoluídos, capazes de assumir seu papel de guardiães do espírito humano. Queremos líderes que regenerem nossas organizações e criem o ambiente apropriado onde nossa alma possa florescer.

As pessoas evoluídas, que oferecem uma visão superior dos objetivos de sua organização neste planeta, criarão locais de trabalho cheios de alma — Santuários —, que convidem os funcionários a levar para lá não apenas a mente, mas também a alma. O alvo dessa abordagem é a necessidade de recompensar as pessoas tanto na carteira *quanto* na alma. Até o momento, parece que insistimos apenas na primeira medida.

O que é a alma, exatamente?

O psicoterapeuta Thomas Moore escreveu: "É impossível definir a alma. A definição é apenas um empreendimento intelectual; a alma prefere imaginar. Sabemos, intuitivamente, que a alma tem algo a ver com autenticidade e profundidade, como quando dizemos que uma música tem alma ou que uma pessoa notável está cheia de alma. Quando observamos de perto a imagem da plenitude anímica, vemos que ela se prende à vida em todos os seus aspectos — boa comida, conversação satisfatória, amigos sinceros e experiências que, permanecendo na memória, tocam o coração. A alma se revela tanto no apego, no amor e na comunidade quanto no recolhimento interior."[2]

> Nem quatro mil volumes de
> metafísica nos ensinarão o que
> vem a ser a alma.
>
> VOLTAIRE

Diante de algo tão intenso à definição quanto a alma, como haveremos de prescrever um caminho para uma maior presença dela? Muitos de nós temos uma compreensão inata da alma, embora cada qual a defina de maneira diferente e pessoal. Nós, intuitivamente, compreendemos que temos um corpo e uma alma, e que ambos precisam de nutrição. Zelar apenas pelo corpo deixa-nos vazios e frustrados. Esse é um sentimento difícil de descrever, mas que se experimenta com freqüência.

Para mim, a alma é a parte imortal ou espiritual do homem. É a nossa essência — nossa fibra moral e emocional, nosso calor, nossa força. É a parte vital do ser humano que transcende a existência temporária; é o que há de mais nobre em nós. Somos alma revestida de corpo, não corpo dotado de alma, ou, como afirma Pierre Teilhard de Chardin, almas em busca de uma experiência humana, não humanos em busca de uma experiência espiritual. A alma persegue valores que respeitam a sacralidade de todas as coisas, inclusive os homens. Ela reverencia a verdade e honra as promessas. A alma encerra um estado contínuo de graça, rejeita a violência e a competição, e celebra a harmonia, a cooperação, a partilha, o respeito à vida — pois percebe o caráter sagrado das coisas. Procura o equilíbrio e a liberdade; quer formar um todo com o universo.

Nossa mente é limitada frente às possibilidades, mas nossa alma pode ir além do tradicional e captar o sonho mágico e profusamente elaborado. Aquilo que a mente limitada considera milagre, a alma considera rotina.

> Este país não será um bom lugar para nenhum de nós viver a menos que o tornemos um bom lugar para todos viverem.
>
> THEODORE ROOSEVELT

A alma floresce na beleza. A alma anseia por informação, saber e crescimento, tanto quanto pela oportunidade de partilhar sua essência com os semelhantes. A alma é o "mais" essencial que existe em nosso trabalho, lazer, amigos, família, ambiente, objetos materiais e todas as atividades da vida. E é esse "mais", essa magia que inspira a alma, ora apartada de nosso trabalho e, portanto, de nossa vida. Todos devemos tentar reivindicá-la.

A palavra "espírito", à qual o dicionário empresta a mesma acepção de alma, deriva do latim *spiritus* ou *spirare*, "respirar", "dar vida". "Inspirar" é da mesma raiz e significa "tomar respiração". A menos que respiremos, não existe vida, assim como vida não há sem espírito ou alma.

Equilíbrio: como restaurar nossa energia feminina

Os chineses acreditam que existem duas forças no universo: yin (feminina, passiva, negativa) e yang (masculina, ativa e positiva). Yin e yang baseiam-se nos princípios de equilíbrio e interdependência, e um sistema perfeito é regularmente representado por ambas. Constituem um sistema unificado, onde todas as coisas apresentam aspectos yin e yang, e sua força dirige tudo no mundo material. Nas lendas arturianas, o cálice representa a energia masculina (yang) e a lâmina, a feminina (yin).

Embora ligada à personalidade, com a qual idealmente se alinha, a alma é diferente dela. Enquanto a alma tem uma vida que transcende o corpo, precedendo-o e sobrevivendo a ele, a personalidade é temporária e expira quando o corpo morre. A personalidade é um acúmulo de condicionamentos externos e sociais, e os valores de nosso tempo mesclam-se às tendências e aspirações do ego. A personalidade capacita-nos a empreender as tarefas fundamentais da vida e é suscetível às influências dos outros. *Uma personalidade bem-sucedida segundo todos os parâmetros exteriores não é indício de uma alma realizada.* E uma personalidade que irradie a confiança da energia masculina pode ocultar a verdade da alma: a de que ela anseia pelo equilíbrio que inclui a energia feminina.

Na lenda arturiana do Santo Graal, o jovem Percival aprende o código cavalheiresco de religião, ética, cavalaria e manejo de armas do baronete Gurnemant de Gohort, que lhe recomenda ser misericordioso para com os cavaleiros que acaso derrote, observe sua fé, evite a tagarelice e ajude a todos os necessitados. Percival observa a Gurnemant que sua mãe lhe dera os mesmos conselhos. O mestre adverte-o então de que, para tornar-se um dos grandes cavaleiros do país, não deve dizer jamais que aprendeu o código da cavalaria de sua mãe, pois as pessoas o achariam tolo. Deverá, ao contrário, esclarecer que o aprendeu de Gurnemant. Ao seguir semelhante recomendação, Percival, como muitos de nós, deixou de ser autêntico. Negou sua energia feminina e tornou-se uma pessoa fragmentada.

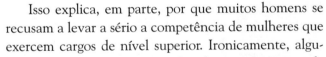

Figura 9
Yin e Yang

Nós continuamos a seguir esse conselho — assim entre homens como entre mulheres. Nossa sociedade julga o costume de fazer perguntas (yin) um sinal de fraqueza e a prática de oferecer respostas, um sinal de força.

Isso explica, em parte, por que muitos homens se recusam a levar a sério a competência de mulheres que exercem cargos de nível superior. Ironicamente, algumas delas, quando prosperam na carreira empresarial e alcançam posições de destaque, distanciam-se da energia feminina de sua alma. As energias masculina e feminina não são determinadas pelo sexo, mas pelo equilíbrio entre yin e yang em cada um de nós. A energia yang é evidente em características como ambição, ímpeto, competição e poder; a energia yin manifesta-se na compaixão, no amor, nos relacionamentos e na natureza. Alcançamos o equilíbrio em nossa vida graças à harmonia entre yin e yang; mas, tradicionalmente, a personalidade expele a energia feminina da alma e obriga yin a ceder a yang.

> Talvez aquilo que nos amedronte seja, no fundo, algo de desamparado que procure o nosso amor.
> RAINER MARIA RILKE

Costumamos temer a energia que complementa o nosso sexo. A personalidade do homem tradicional evita parecer frágil aos outros. A personalidade da mulher tradicional teme a rejeição provocada pelo comportamento machista.

40 | O Coração

No entanto, só conseguimos alcançar o equilíbrio pessoal quando yin e yang estão em harmonia — não logramos a plenitude antes de lograr o equilíbrio. Assim, a pergunta para os homens é: Como valorizarei minha energia feminina? E para as mulheres: Como valorizarei minha energia masculina? Tais perguntas, quando respondidas à maneira de cada um, levam à evolução e ao desenvolvimento pessoal, gerando a paz e o equilíbrio interior, imprescindíveis em nossos dias.

Tão ricos e tão pobres

Nossa sociedade enfrenta um paradoxo de riqueza: nunca fomos tão ricos e nunca fomos tão pobres. Vivemos não só o maior período de prosperidade material e êxito científico como o maior período de abalo social. Em janeiro de 1995, uma pesquisa da Time/CNN mostrou que 53% dos americanos achavam que o país passava por "uma crise séria e profunda", contra 40% na década anterior.[3]

Por um lado, somos ricos de bens materiais que amenizam nossa existência física: dinheiro, tempo livre, férias, tecnologia e ciência. Por outro, padecemos as misérias extremas da alma: *stress*, desemprego, isolamento, drogas, preconceitos, crime, falta de equilíbrio e sentido na vida.

À medida que a mudança se acelera, nos sentimos mais alienados e confusos. Há vazio em nossa vida — de fato, em nossa alma — e ansiamos por significação. No trabalho, queremos mais e estamos colhendo menos. Em nossa busca de um sentido pessoal, não nos identificamos com a essência de nosso trabalho, mas com os ornamentos que apelam à personalidade: o *status* da companhia, a proximidade da sala do chefe, o título, a renda, em suma, tudo o que se usa para medir nossa aceitação, realização e valor pessoal. Chegamos a ganhar identidade pelo simples fato de sobreviver no perigoso mundo do "enxugamento" e da reestruturação. Há pouquíssimo significado no valor intrínseco de nosso trabalho, assim como no efeito benéfico sobre os homens e o planeta.

> Era o melhor dos tempos, era o pior dos tempos. Era a idade da sabedoria, era a idade da insensatez, era a época da fé, era a época da incredulidade, era a estação da Luz, era a estação da Treva, era a primavera da esperança, era o inverno do desespero. Tínhamos tudo à nossa frente, não tínhamos nada à nossa frente...
>
> CHARLES DICKENS,
> *UM CONTO DE DUAS CIDADES*

Esse paradoxo encerra outro dilema: ainda confiamos nas recompensas materiais como o meio principal de sensibilizar e motivar a personalidade dos outros, a despeito da evidência cada vez maior e cada vez mais clara de que nossa alma anseia pela regeneração espiritual, não por presentes. Voltaremos a tratar desse assunto, com mais abrangência, no Capítulo 7, "O Fornecedor da Alma".

Estamos ficando cada vez mais ricos...	
Sucesso	Poder
Riqueza	Opção de compra
Ambição	Tecnologia
Orgulho	Entretenimento
Prestígio	Ciência
Velocidade	Custos baixos
Informação	Liberdade
Férias	

...e estamos ficando cada vez mais pobres	
Desemprego	Perda de espírito
Stress	Perda da admiração
Falta de equilíbrio	Crime
Solidão	Preconceito
Medo	Ausência de significado
Menos tempo	Degradação ecológica
Infelicidade	Egoísmo
Falta de renovação	Menos alegria

Figura 10: Tão ricos e tão pobres

A organização mecânica

Atualmente, as organizações podem ser enquadradas em três tipos:

- a organização mecânica
- a organização caótica
- o Santuário

Devemos muito de nossa visão de vida a Sir Isaac Newton. No século XVII, ele nos ensinou as leis da gravidade e do movimento, o teorema do binômio, o cálculo diferencial e integral, e a importância de uma humilde maçã. Ele iniciou também a Revolução Científica. Antes de Newton, os mistérios da existência eram amplamente explicados pela sabedoria que existe dentro de cada um de nós. Místicos, curadores, mestres espirituais, teólogos, sacerdotes, magos e contadores de histórias — os guardiães da energia feminina — eram os nossos guias. Nossas decisões baseavam-se no conhecimento interior, na intuição, na meditação, na prece e no serviço. Confiávamos mais no folclore, na sabedoria e no mito.

A partir de Newton, o modelo científico, fundado nas características yang da observação controlada, na experimentação e na mecânica, passou a governar a nossa vida. Pedimos provas antes de aceitar uma explicação, evidências científicas antes de tomar uma decisão. Dizemos: "Só acredito vendo." Essa abordagem causal e lógica da ciência, portanto, da vida, introduzida por Newton, ensinou-nos a buscar significado e percepção fora, e não dentro de nós. Acabamos por substituir o instinto, a metafísica e a autoconsciência pela prova científica: "Se você provar, acreditarei."

A mundivisão newtoniana fundamenta-se mais na mecânica que na metafísica. Compreendemos e respeitamos o universo como uma máquina feita de partes separadas, e desprezamos outros métodos de aprendizado e conhecimento.

> **Mude seus pensamentos e você mudará o mundo.**
> NORMAN VINCENT PEALE

Conseqüentemente, tendemos a considerar todas as coisas como engenhos ou mecanismos gigantes — a natureza, a religião, o governo, o bem-estar, a oferta-e-procura no mercado, e mesmo a educação dos filhos ou o adestramento de um cachorrinho.

A mundivisão newtoniana inspira-se na energia masculina da noção científica e mecânica de causa e efeito: se você fizer isto, acontecerá aquilo; se você for bom, irá para o céu; se lhe pagarmos uma comissão, você venderá mais; se você gostar de meu comercial, comprará o meu produto. Dado que essa abordagem causal nos induz a vazar nossas experiências em modelos mecânicos de causa e efeito, nossa capacidade de explicar fica limitada. Só vemos "partes", nunca percebemos o yin e o yang do todo nem aceitamos o que não somos capazes de explicar segundo o nosso raciocínio mecânico.

Guiadas pela lógica newtoniana, as organizações mecânicas são construídas sobre as mesmas estruturas de comando e controle adotadas pelo exército romano e aperfeiçoadas pela Igreja Católica Romana. Essas culturas da máquina fornecem manuais de política, hierarquias, cargos, títulos e objetivos. Tipicamente, as organizações mecânicas desenvolvem padrões financeiros e avaliações de desempenho, modelos de planejamento estratégico, organogramas, diagramas PERT e sistemas elaborados — em suma, meios de coletar informações com vistas ao controle. Os líderes carismáticos lançam as idéias e todos seguem suas políticas e manuais de procedimento. A metáfora da "corporação-máquina" tornou-se a base do nosso atual modelo empresarial, o assunto de inúmeras pesquisas de administração, o arquétipo dos programas MBA e o estereótipo de mídia do executivo moderno.

As organizações-máquinas permitem que engenheiros e especialistas em finanças (em sua maioria homens) apliquem as teorias newtonianas do movimento à administração. Planejamento, organização, implementação e controle passaram a integrar o currículo de todos os cursos e a embasar as teses de todos os textos. Há pouco espaço para atividades que promovem a alma nas organizações mecânicas, onde a inovação, a criatividade, a alegria e a aventura são, às vezes, admiradas, mas raramente incentivadas. Tendem a ser denegridas como "frioleiras". Nós ridicularizamos nossa energia feminina essencial e, conseqüentemente, suprimimo-la. Desse modo, nas organizações mecânicas, a alma não tem inspiração no trabalho; só recupera essa inspiração e revive quando penetra num Santuário.

Entre acionistas e administradores tradicionais, quase não vigora a noção de que uma mudança de abordagem é necessária. Segundo as avaliações ortodoxas, as organizações mecânicas foram muito bem-sucedidas. Controlando-se os ingressos, os processos e as saídas, tal como uma máquina, alguns resultados podem ser previstos, inclusive os lucros dos acionistas e as taxas de produtividade dos empregados. John Bryan, presidente da Sara Lee por mais de vinte anos, acredita que "Existe um problema nas companhias grandes e bem-sucedidas. Seus funcionários querem escapar ao controle e é preciso combatê-los o tempo todo".[5] Bryan transformou seus alimentos congelados e marcas famosas como Playtex, Hanes e Coach, de artigos de couro, numa usina de dezesseis bilhões de dólares. Capacitar, inspirar e soerguer o espírito dos 138.000 empregados da Sara Lee será provavelmente pouco palatável para os acionistas da companhia, que têm recebido lucros de mais de 20%. *A música é irrelevante quando a audiência é surda.*

Não haverá mudança enquanto não respeitarmos a energia feminina em nós mesmos e nas nossas organizações. Refletindo sobre as mudanças que precisamos levar a cabo, percebemos que os empregados já foram encostados à parede e agora exigem um novo programa de qualidade — desta vez para as pessoas. Não temos, pois, muito tempo. O movimento revolucionário em prol da restauração do direito de reverenciarmos nossa alma já começou. O líder evoluído adaptará, libertará a energia feminina há tanto reprimida e ajudará os outros a fazerem o mesmo, enquanto os administradores tradicionais ficarão para trás.

A organização caótica

No início dos anos 1970, um recém-chegado apareceu para desafiar, no campo da ciência, as Leis de Newton. Seu nome é Teoria do Caos. A concepção newtoniana segundo a qual a natureza opera em termos de causa e efeito presumia que, se os cientistas conseguissem identificar os principais componentes de um evento, poderiam prever todos os seus resultados potenciais. Edward Lorenz, meteorologista do Instituto de Tecnologia de Massachusetts, descobriu que variações mínimas de dados são capazes de produzir desvios enormes — e não só pequenos, como acreditava antes — nos sistemas de clima. Lorenz deu a esse fenômeno o nome de "efeito borboleta" porque, mediante simulações de computador, descobriu que o bater de asas de uma borboleta na China poderia, materialmente, afetar o clima da América do Norte. Ele provou, assim, que existe uma espécie de ordem na desordem.[6]

A Teoria do Caos sustenta que o caráter aparentemente aleatório de ocorrências simples não é tão aleatório assim. Um fio de fumaça saindo pela chaminé parece contorcer-se e dispersar-se de maneira caótica, mas as equações que regem seu comportamento, caso compreendidas em toda a sua complexidade, podem explicar cada redemoinho aparentemente caótico. Quando as crianças constroem um montículo de areia em forma de cone e lhe acrescentam mais alguns punhados, um pouco da areia desliza pelas paredes. A mesma fórmula matemática que explica a atividade da espiral de fumaça saindo pela chaminé descreve atividades em toda parte: os grãos de areia; a colisão de elétrons com átomos num resistor elétrico; o brilho das manchas solares; as variações do preço das ações ou da taxa de câmbio; e a maneira como as pessoas se comportam nas organizações. Segundo o Dr. Per Bak, do Brookhaven National Laboratory de Nova York, o montículo de areia tenta constantemente organizar-se, de onde a expressão "criticalidade auto-organizada". Nesse exemplo, os grãos de areia apresentam o que os físicos definem como "grande número de graus de liberdade". No entanto, apenas umas poucas forças parecem atuar: punhados de areia são aplicados e deslizam aproximadamente no mesmo ponto, em intervalos variados.

As organizações dinâmicas são híbridas, compartilhando muitas características dos modelos newtoniano, mecânico, e da Teoria do Caos. Só alguns fatores-chave atuam: alta energia, entusiasmo, inovação, assunção de riscos, sobrevivência, crescimento, estratégia concentrada, dedicação ao cliente, delegação de responsabilidades, ausência de complexidade. À primeira vista, apenas estas e algumas outras coisas aparentemente simples e facilmente mensuráveis acontecem; mas, de fato, a complexidade e, portanto, o caos por

Corpo e Alma | 45

sob a superfície são quase infinitos. A organização não tem capacidade ou experiência para implementar a ordem e o controle, segundo o modelo "saber tudo e predizer o futuro" — a organização mecânica. Dou-lhe o nome de organização caótica.

Apesar dessas limitações, a organização caótica, no seu ímpeto de crescer e sobreviver, mistura inconscientemente os traços da prática mecânica (comportamento autocrático, centrado em objetivos, intencional e linear) com os da prática da alma (alegria, recompensa, fluxo, aprendizado e crescimento, integridade, amizade e camaradagem, culto da proficiência e algo mais que ganhar dinheiro).

A alegria e a energia geradas enquanto transformamos recursos mínimos em satisfação e proveito dos consumidores inspiram um trabalho mecânico, embora cheio de alma, e portanto caótico. Se o controle e o poder são as características definidoras das organizações mecânicas, a alegria e a espontaneidade são as características das organizações caóticas. Diferentes tipos de personalidade são atraídos para esses ambientes muitíssimo diversos.

> Nossa suprema satisfação deriva, não da capacidade de amealhar coisas ou obter poder superficial, mas da capacidade de nos identificarmos com os outros e participar plenamente de suas necessidades e esperanças. Em suma, para nos realizarmos, buscamos a identificação e não a aquisição.
>
> NORMAN COUSINS

A organização caótica, ao menos nos primeiros anos, pode inspirar a alma como nenhuma outra. A Microsoft é uma organização caótica. De seus quase vinte mil empregados, muitos dos que lá estão há mais de seis anos podem ser considerados financeiramente independentes, e mais de dois mil são milionários, pois adquiriram cinqüenta milhões de ações que valem acima de três bilhões de dólares. No entanto, nem todos pensam unicamente no dinheiro. O executivo-sênior Mike Maples diz: "Conseguimos segurar [esses funcionários] porque o trabalho deles tem significado e não porque eles precisem de mais dinheiro." Stewart Konzen, veterano da Microsoft, afirma por sua vez: "Quem quer se aposentar? Para quê? Eu já estou 'numa boa'." E a lenda viva do *software*, Charles Simonyi, criador do Multiplan, predecessor do Excel, acrescenta: "Hoje as possibilidades de mudar o mundo são ainda maiores do que na década de 1980."[8] O senso de significado é uma das mais poderosas motivações humanas e um traço comum às organizações caóticas.

Possibilidades e vazios

Enquanto a comunidade científica substitui o modelo newtoniano pelas novas leis da física quântica, a comunidade empresarial aferra-se ao velho paradigma baseado na máquina. Há muito que o modelo newtoniano deixou de figurar na vanguarda da ciência; já não é sequer ensinado nas grandes universidades porque se considera que condiz melhor com a história elementar do que com as aulas de ciência.

A teoria da liderança precisa atualizar-se. Eis um exemplo. Newton acreditava que o mundo fosse constituído de matéria formada por partículas mínimas — os átomos — que se atraem, repelem ou resistem uns aos outros como bolas de bilhar. Na física quântica, porém, a matéria ou é uma onda (se em movimento, como a luz ou o som) ou uma partícula (se estacionária). Um dos mais estranhos conceitos da física quântica é que os átomos são ambas as coisas, o tempo todo.

O Princípio da Incerteza, na física quântica, foi articulado por Werner K. Heisenberg e preceitua que é possível calcular a posição exata de uma coisa ou sua velocidade — mas não as duas. Os elétrons e outras entidades subatômicas não são nem partículas nem ondas, mas uma combinação de ambas chamada "pacote de ondas". Heisenberg e outros, como Niels Bohr, insinuaram que por isso não há realidade, apenas possibilidade. Esse conceito substitui o determinismo newtoniano.

> Uma importante inovação científica raramente abre caminho aos poucos, convencendo e conquistando seus adversários. Não é sempre que Saulo se transforma em Paulo. O que sucede é que os adversários vão morrendo e a nova geração se familiariza com a idéia desde o começo.
> MAX PLANCK

Já que toda matéria é constituída por partículas e ondas, inclusive pessoas, mercados, consumidores, sindicatos, governos, juros etc., será possível mensurá-los como se fossem bolas de bilhar? Poremos fé em pesquisas e planos estratégicos? Só o que sabemos é que existem possibilidades, não realidades. Nada é certo, apenas possível. O universo inteiro, do qual as modernas organizações são uma parte ínfima, funciona dessa maneira. Se conseguirmos apreender essa noção bizarra, começaremos a repensar toda a nossa maneira de tratar os semelhantes e o trabalho — e, conseqüentemente, a alma.

Na teoria quântica do campo, a realidade que está por trás das coisas existentes chama-se "vácuo quântico". Pode-se imaginá-lo como um mar de possibilidades à espera de concretização; quando isso acontece, elas se tornam partículas, depois átomos e, finalmente, a realidade de tudo quanto há no universo. Antes de existir, uma coisa nada mais é que uma possibilidade à espera de concretização. O vácuo quântico contém todas essas possibilidades. Assim, pode-se especular que a consciência nasce dentro do vácuo quântico e que, portanto, a alma provém do mesmo lugar — do fundo de nós, no nível subatômico da física quântica. Esse conceito não difere da filosofia budista do vazio. Com efeito, já que o vazio quântico consiste unicamente de possibilidades, há nele bastante espaço para acomodar todas as teorias religiosas, místicas e científicas que intentam explicar a origem da alma.

Carl Jung introduziu o conceito de sincronicidade como explicação adequada para certos acontecimentos da vida. A sincronicidade, dizia ele, é a relação entre eventos ou possibilidades baseada, não na mecânica, mas na sua participação num esquema de acontecimentos — o esquema é que os relaciona. Dá-se o mesmo com a nossa alma. A internet constitui um ótimo exemplo contemporâneo.

Quando certo número de possibilidades se junta, elas começam a tomar forma. Daí resultam idéias, ações, espaço e tempo. Esses são conceitos de difícil apreensão para muitos de nós porque aprendemos a raciocinar segundo o reducionismo cartesiano — a prática de tentar compreender as coisas reduzindo-as às menores partes possíveis — e nossa cabeça não está acostumada a contemplar um mundo sem rótulos, muito menos um mundo onde não haja realidade, espaço e tempo, mas unicamente possibilidades. No entanto, se raciocinarmos dessa maneira, seremos recompensados com um mundo onde nada é dado e tudo é possível: isso nos permite fazer escolhas.

O Santuário: uma comunidade de almas

Uma dessas escolhas consiste em substituir nossas antigas configurações humanas por Santuários. Um Santuário é um lugar especial, diferente dos outros ambientes que nos cercam. Um Santuário não é uma coleção de partes, mas um sistema integrado de almas — não tanto um lugar quanto um estado de espírito no qual elas possam florescer. Um Santuário é um estado de consciência que abriga os conceitos descritos neste livro, compartilhados por uma comunidade de almas. Trata-se de um lugar convidativo, e mesmo a possibilidade de uma visita é logo prevista. O Santuário renova nossa alma e nos restaura porque é muito mais que um local físico: é uma atitude. Os Santuários são, muitas vezes, formados por grupos de pessoas com a mesma mentalidade, pessoas que raramente se encontram, mas compartilham valores, amam-se, confiam umas nas outras e se respeitam, seguindo um código único — como clubes, tribos ou comunidades. A sincronicidade as atrai para um Santuário. Os Santuários são dirigidos e povoados por gente que empreendeu uma ruptura pessoal, que está liberando e foi liberada por sua alma.

Nas organizações, esses habitantes esclarecidos dos Santuários sabem que a perda de moral e de participação de mercado, a obsolescência, a queda dos lucros, a demissão de empregados e a neurose empresarial não podem ser solucionadas apenas pela ênfase nos controles e no corte de despesas. Eles criaram Santuários porque descobriram que as perguntas que desejavam fazer a respeito dos problemas que perturbam pessoas e organizações, hoje em dia, podem ser encontradas tanto no coração quanto na mente, tanto na alma quanto na personalidade. Os membros de um Santuário não temem a renúncia, não temem deixar o controle e ser honestos com suas vulnerabilidades, tanto quanto o são com seus pontos fortes. Um Santuário acata ao mesmo tempo soluções humanas e soluções tecnológicas. Os membros de um Santuário não se metem em reengenharias, deixando as pessoas de lado: eles reconceitualizam, regeneram e põem os seres humanos em primeiro lugar. Num Santuário, honrar e respeitar as diferenças de cor, raça, religião, classe social, crença, etc., não é tão importante quanto entender o valor da unidade. Todos somos parte do universo; todos somos parte de uma alma única, interdependente, universal e eterna.

Em muitas empresas que funcionam segundo o modelo de sobrevivência, a idéia de ajudar as pessoas a prosperar só é considerada válida na Califórnia; entretanto, constitui a marca distintiva de um Santuário. Num Santuário, o mito superado do individualismo extremo e da liderança heróica foi substituído por um quadro de valores mais solidário, que enfatiza ao mesmo tempo o que é bom para você e o que é bom para mim. (Essa Alteração de Valores *de eu para você* será descrita mais pormenorizadamente no próximo capítulo.)

O papel da democracia empresarial na libertação da alma

Depois da queda do Muro de Berlim e da democratização do Bloco Oriental, houve quem concluísse que a oligarquia empresarial do Ocidente é a derradeira instituição não-democrática. Para muitos, não se deve associar democracia com hierarquia organizacional. Contudo, temos cada vez mais consciência de que a vida é algo mais que trabalhar para uma máquina que nos faz sentir outra máquina. A visão mecânica de pessoas e cargos é alienante e obsoleta — e a alienação é uma das piores doenças da alma. Já é tempo de ouvirmos nosso coração com a mesma atenção com que outrora ouvíamos nossa mente.

A moderna organização comercial — nossa instituição mais poderosa e mais influente — quase certamente irá extinguir-se caso não mobilizemos, com total consciência, os nossos recursos espirituais. Como disse Ben Cohen, co-fundador da Ben and Jerry's Homemade Ice Cream, "A empresa é a única instituição capaz de solucionar os problemas sociais e ambientais. Ela representa o poder máximo do país, ela controla o país. São os negócios e o dinheiro dos negócios [do povo] que financiam as campanhas políticas e pagam a maioria dos lobistas do Congresso. São os negócios os responsáveis por quase tudo o que acontece no país. A maioria de nossos contatos diários envolve negócios. Estes geraram quase todos os problemas sociais e ambientais. Se, ao contrário, tentassem resolvê-los, eles logo seriam resolvidos".[9]

> Roma caiu porque já não tinha objetivos e perdera a fé.
> LEWIS MUMFORD

Uma pesquisa da Public Agenda Forum concluiu que quatro entre cinco pessoas concordam com a afirmação: "Tenho necessidade íntima de fazer o melhor trabalho possível independentemente do salário." Entretanto, o mesmo estudo revelou que, embora as pessoas julguem ter alguma influência e controle sobre o esforço que emprestam ao trabalho, menos de uma em cada cinco utiliza essa liberdade de escolha para atender à necessidade íntima de fazer o melhor possível. Quarenta e oito por cento dos entrevistados pelo Gallup afirmaram que trabalhariam mais e melhor se pudessem participar das decisões relacionadas com a sua função. Quando lhes foi perguntado por que não o faziam, disseram que todo aumento de produção só iria beneficiar os outros — diretores, consumidores, acionistas. Como esclarece o especialista em pesquisas de opinião, Daniel Yanklevich, "Os líderes que comandam nossas instituições não entendem realmente a força de trabalho de hoje: dezenas de milhões de americanos cultos, orgulhosos de suas realizações, zelosos de suas liberdades, motivados por novos valores, com substancial controle sobre sua própria produção e prontos a esforçar-se mais se forem devidamente encorajados".[10]

Os negócios fizeram mais para integrar cultura e valores em nosso planeta do que as religiões organizadas e os governos. Graças a valores emanados da alma, a empresa moderna é o nosso agente de mudança primário e melhor aparelhado. Os Estados Empresariais sem dúvida irão substituir algum dia os Estados Nacionais — caso consigam evoluir com êxito para Estados Nacionais dotados de alma.

Como criar um Santuário

Hoje, as pessoas se sentem receosas no ambiente de trabalho e querem reaver a antiga segurança. Todos buscamos um Santuário — um porto de onde o medo tenha sido banido. Os líderes esclarecidos que tencionem criar um Santuário começam por eliminar o medo do ambiente de trabalho. Uma organização medrosa, assediada pelo "enxugamento", a competição, a perda de mercado, o moral baixo e a intimidação não pode soerguer sua alma coletiva.

O processo de criar um Santuário seguro é árduo e demorado. Os líderes esclarecidos começam por introduzir mudanças sistemáticas na cultura descrita nos próximos capítulos. As outras organizações simplesmente ignoram esses conceitos, classificando-os como tolices "moderninhas". Apegadas às suas crenças mecânicas caducas, essas empresas jurássicas fracassam na derradeira e fútil tentativa de sobreviver.

A personalidade é uma boa serva, mas uma péssima patroa. A organização que se inspira nela, confiada somente em seus cinco sentidos e no modelo newtoniano, está apenas esperando a morte, caso não evolua para o novo quadro conceitual em que as empresas são dirigidas por e para a alma. As organizações evoluídas reúnem coragem e avançam com denodo para o futuro, erigindo um Santuário para os empregados, consumidores e fornecedores. Ao criar esses espaços seguros não pretendemos, ingenuamente, modificar o mundo inteiro, mas apenas a parte que temos nele. Mais tarde haveremos de empreender a tarefa decisiva. Por enquanto, o melhor é começarmos por nós mesmos e depois, quando estivermos prontos, aliciarmos outra pessoa. Juntos, poderemos então assinar um pacto, comprometendo-nos a viver segundo um código consensual, um quadro de valores onde seja possível estabelecer um relacionamento sagrado. Mais tarde, estaremos aptos a convocar outra alma gêmea, depois outra, até finalmente montarmos uma equipe que seja um Santuário. Mais pessoas farão o mesmo e nós as ajudaremos; com o passar do tempo, nossas organizações incluirão inúmeros Santuários. Por fim, toda a organização se transformará num local sagrado e natural: um Santuário.

Assim agindo, criaremos um lugar seguro num mundo que não o é, um lugar tão exclusivo que nos animará a saltar da cama de manhã e correr para o seu ambiente reconfortante. Um Santuário é uma condição de serenidade, inspiração, amor e desenvolvimento pessoal. É um lugar convidativo porque fala diretamente às necessidades de nossa alma. Numa organização mecânica, inspirada pela personalidade, 80% dos empregados odeiam seu trabalho e desconfiam de seus chefes porque a empresa perdeu a alma. Num Santuário, o trabalho e a vida são sagrados. Nesse ambiente, a alma consegue exercer seu direito inato, que é expressar-se — ser real.

O Cavalinho de Pau vivia há mais tempo no quarto de brinquedos que todos os outros... Era sábio, pois vira uma longa sucessão de brinquedos mecânicos chegar com arrogância e pretensão, para com o tempo ter as molas quebradas e desaparecer. Sabia que não passavam de brinquedos e nunca seriam outra coisa. A magia de um quarto de brinquedos é estranha e maravilhosa e somente quem é velho, sábio e experiente como o Cavalinho de Pau pode compreendê-la profundamente.

"O que é REAL?", perguntou um dia o Coelho. "Será ter coisas que zumbem dentro de nós e uma alça saliente?"

"Real não é a forma como você é feito", explicou o Cavalinho, "mas uma coisa que lhe acontece. Quando uma criança o ama por muito tempo e não apenas brinca com você, isto é, quando REALMENTE o estima, então você se torna Real."

"E isso dói?", perguntou o Coelho.

"Às vezes", respondeu o Cavalinho, pois sempre dizia a verdade. "Mas quando você é Real não se importa com a dor."

"E acontece de uma vez só, como num ferimento, ou aos poucos?"

"De uma vez só", disse o Cavalinho. "Você se torna. Leva tempo. Eis por que nem sempre acontece com gente que se quebra com facilidade, ou tem arestas agudas, ou precisa de muitos cuidados. Geralmente, quando alguém se torna real, já lá se foram seus cabelos, os olhos sumiram e as juntas estão desengonçadas. Tais coisas, porém, não importam absolutamente, pois quando se é Real não se pode ser feio, exceto para pessoas incapazes de compreender."

"Acho que *você* é Real", arriscou o Coelho, para logo arrepender-se do que dissera: talvez o Cavalinho de Pau fosse muito sensível. Mas o Cavalinho de Pau apenas sorriu.

De *The Velveteen Rabbit*, de Margery Williams,
Simon & Schuster

2 | Liderança Calcada em Valores

As paredes da minha biblioteca estão cobertas de centenas de livros escritos pelos maiores teóricos da administração do mundo. Muitos são dos tempos em que eu era professor de administração. Já quase não os leio porque são virtualmente irrelevantes para as questões candentes da vida profissional. Mas, como gosto muito de livros, não me animo a atirá-los fora, ainda que sejam os destroços intelectuais de uma era antiga e uma metáfora da confusão que hoje imobiliza os líderes empresariais.

Quando nos distanciamos dos velhos tempos das filosofias empresariais moralmente deficientes e inúteis, deparamo-nos com a necessidade de um novo paradigma. O materialismo, o consumo e o racionalismo exacerbados vão dando lugar a uma abordagem nova e mais humana, enraizada em valores. Observando com horror crescente a fraqueza de nossos líderes políticos, religiosos e empresariais, somos tentados a concluir que nenhum deles é capaz de conduzir o renascimento moral a que todos aspiramos. Todavia, os líderes empresariais, mais que qualquer outro grupo, têm potencial para curar as chagas que nos atormentam. E há sinais inequívocos de que uma nova estirpe de líderes empresariais acha-se disposta a renunciar aos métodos antigos e enfrentar esse desafio formidável.

A filosofia orientada pela personalidade, baseada no ego e na cobiça, vê nos consumidores apenas uma oportunidade para explorar. No Santuário, os consumidores, sócios e empregados são vistos como pessoas. Essas pessoas vão trabalhar todos os dias em troca de algo mais que dinheiro. Querem ser inspiradas, fazer amizades, aprender, divertir-se — querem, em suma, viver uma experiência edificante. Assim, atualmente, os líderes são instados a transformar-se nos novos guardiães do espírito humano. E todos nós somos os missionários da regeneração.

O que pensam os consumidores e sócios da organização mecânica, orientada pela personalidade? Será que respeitam os administradores tradicionais que a dirigem, confiando neles? Ou cerram os dentes, tapam o nariz e contam cuidadosamente o troco quando negociam com essa gente? Como colaboradores involuntários desses bucaneiros contemporâneos, o que sentem os empregados nos dias que correm? Não temem eles, no fundo, ser tratados da mesma maneira pelos chefes — isto é, ser vítimas de idêntico cinismo?

A resposta pode ser encontrada na pesquisa anual do Gallup, que revela que 80% dos empregados detestam voltar ao trabalho na segunda-feira de manhã. Em alguns países europeus, os números chegam a 90%. Um estudo recente com trinta mil trabalhadores, feito pelo Opinion Research de Princeton, Nova Jersey, mostrou que 47% dos entrevistados não gostavam de sua empresa ou mostravam-se ambivalentes nesse sentido. E uma pesquisa mais ampla concluiu que há maior incidência de ataques cardíacos por volta das nove horas das manhãs de segunda-feira. Algumas pessoas odeiam tanto o seu trabalho que esperam a manhã de segunda-feira para morrer! Não se trata de uma coincidência estatística: o que mais previne os ataques do coração é o grau de satisfação da pessoa no trabalho.

> Dai-me castidade e
> continência, mas não agora.
> SANTO AGOSTINHO,
> *CONFISSÕES*, VIII, 7

O fracasso atual da administração resulta da nossa confiança excessiva em soluções prontas. Fomos induzidos por palestrantes carismáticos e enfatuados a acreditar que existem curas rápidas e definitivas nos modernos mantras do "enxugamento", da reorganização, da reengenharia, da capacitação, do TQM*, dos *slogans* empresariais, das fusões, do refinanciamento. A lista de novidades não acaba nunca. Mas a realidade é diferente. Só sairemos do atoleiro empresarial quando acatarmos valores que sejam bons para as pessoas e para o planeta.

Sofremos também a bancarrota empresarial porque muitos administradores tradicionais, com suas teorias, falharam moralmente. Eles perdem credibilidade quando exigem que seus funcionários saúdem o mais recente código de ética organizacional enquanto enganam seus consumidores. Não podemos abraçar a nova religião de serviço e qualidade quando deixamos de mostrar respeito, con-

---

* TQM: Total Quality Management. Ver pág. 14.

54 | O Coração

fiança e amor por nossos empregados, clientes, sócios e o ecossistema tão frágil em que vivemos. Não é correto receber recompensas exteriores sem antes fazer o trabalho interior.

O que deu errado? Sem dúvida, precisamos fazer mudanças; mas o MOTS* não mudará muita coisa. A "abordagem de microonda" no campo empresarial, que se liga em qualidade, serviço ao consumidor e liderança, apertando em seguida a tecla "liga", não sanará nossos males. Nem podemos continuar indulgentes para com nossas fraquezas morais. A qualidade e os rumos de uma organização são quase exclusivamente determinados pelos valores de seus líderes. Ao longo dos anos, desenvolvi um modelo chamado Ciclo de Valores, que redimensiona a confiança qualitativa das pessoas e suas organizações, permitindo-lhes concentrarem-se nas coisas mais importantes que todos devemos fazer em nosso ofício e em nossa vida pessoal, diariamente. Parece simples e é — *mas não fácil!*

O ciclo de valores — um modelo para o trabalho e a vida

Os Valores Primários

A metáfora para o meu modelo é a bicicleta. Se a sua equipe fosse uma bicicleta, ela tiraria sua impulsão da roda traseira e sua direção da roda dianteira. Da roda traseira retiramos os valores representados pelas habilidades da vida, que energizam indivíduos, grupos e organizações. São chamados de *Valores Primários* e ajudam-nos a acelerar o desenvolvimento pessoal e a mudar de atitude. Muitos de nós conhecemos e utilizamos os Valores Primários diariamente, mas é necessário utilizá-los mais. São eles:

Proficiência: **O que quer que você fizer, faça-o o melhor possível.** A *proficiência* consiste em querer realizar uma tarefa da melhor maneira que se possa, dedicar-se a uma contínua evolução pessoal e profissional, estabelecer parâmetros para o desenvolvimento pessoal, aprimorar as habilidades, talentos e práticas, ser perito, e respeitar o conhecimento, o saber e o aprendizado. A *proficiência* é o compromisso para com a excelência em tudo o que tiver de ser feito. Walt Disney costumava dizer a seus funcionários: "Façam o que sabem fazer bem e os outros verão vocês fazê-lo de novo." Não é exatamente assim que todos devemos agir em todas as esferas da nossa vida? Será que o pessoal da Disney se

---

* MOTS: *More of the same*. Ver pág. 14.

levantava cedo, recordava as palavras de Walt e ia fazer um trabalho porcalhão? A missão de todos nós é a mesma: fazer o que sabemos fazer bem para que os outros possam ver-nos fazê-lo de novo — não importa o que façamos na vida pessoal e no trabalho.

Química: Relacionar-se tão bem com os outros que eles procurem associar-se com você. As pessoas que possuem *Química* apresentam características e atitudes favoráveis ao estabelecimento de boas relações. Elas valorizam muito os contatos harmoniosos com os semelhantes, tomam a iniciativa de reparar, preservar e travar amizades, e aprofundam seus relacionamentos indo muito além da superfície. Sabem que o interesse é a forma mais sincera de respeito. A capacidade de dizer a verdade e manter a palavra é fundamental para a *Química* e resulta em laços emocionais estreitos com os outros, fundados na confiança. Os que têm *Química* gostam da companhia dos semelhantes, assim como da própria solidão: são tanto membros de orquestra quanto solistas.

Entrega: Identificar as necessidades dos outros e atender a elas. A *entrega* é o respeito pelas necessidades alheias e o empenho em atender a elas. A ênfase nas necessidades dos outros é motivada pelo auto-interesse e pelo altruísmo esclarecidos. A *entrega* privilegia o atendimento ao cliente à custa do lucro. A *entrega* fundamenta-se em contatos e relacionamentos do tipo "vencer/vencer", que encara consumidores, empregados e fornecedores como parceiros e não como adversários. A *entrega* preocupa-se em fazer a coisa certa e não em fazê-la de maneira certa.

Resumindo os três *Valores Primários*: a *Proficiência* é o ato de realizar do melhor modo possível nossas tarefas, em qualquer esfera da vida; a *Química* é a prática de nos relacionarmos bem com os outros, agindo sempre como seus amigos; e a *Entrega* é a aplicação assídua da disposição de consultar atentamente as necessidades alheias e atender a elas. Se fizermos essas três coisas com boa vontade, os

> Nós não nos preocupamos.
> Nem devemos.
> Somos a companhia telefônica.
> LILY TOMLIN

resultados serão a excelência e a liderança tanto no nível pessoal quanto organizacional — com o que a alma se rejubilará.

Os Aceleradores

A conquista da *Proficiência*, da *Química* e da *Entrega* exige que, primeiro, adotemos três outros comportamentos ou hábitos. Chamamo-los de *Acelerado-*

res porque estimulam os Valores Primários. A *Proficiência*, a *Química* e a *Entrega* são dirigidas pelos três Aceleradores e tiram deles seu impulso. Ei-los:

1. A Proficiência é dirigida pelo *Aprendizado*, que consiste na busca e prática do conhecimento e da sabedoria. Se a proficiência corta a madeira, o aprendizado afia o machado. Segundo o dicionário, liderar é "apontar o caminho" e ensinar, é "mostrar como". Assim, liderar *é* ensinar e os professores mostram aos alunos como aprender. Para adquirir grande *Proficiência*, esse ensinamento deve provir de mestres — em pessoa ou por intermédio de seus escritos. A *Proficiência* jamais é perfeita, como perfeitos não são o conhecimento nem a sabedoria. Sabedoria e conhecimento são sempre incompletos, portanto o aprendizado contínuo — pela vida inteira — é imprescindível caso a *Proficiência* contínua deva florescer em todas as áreas de nosso trabalho e vida pessoal. Reparem que o valor está no aprendizado e não no adestramento: adestramento é para cães, aprendizado é atitude.

2. A Química depende da *Empatia*, que consiste em respeitar as idéias, sentimentos e perspectivas dos outros. Para sermos amigos (*Química*), temos de vestir a camisa de nossos semelhantes — pois, para nos relacionarmos bem com eles, precisamos antes entendê-los. Chegamos a isso com mais facilidade imaginando seus sentimentos, emoções e sensibilidades; pondo-nos em seu lugar; e tentando agir como gostaríamos que agissem conosco. Assim, o nosso objetivo é permanecer num constante estado de empatia, comportando-nos de modo a fazer de cada um de nós o tipo de pessoa com quem não hesitaríamos em travar amizade caso nossos papéis se invertessem. Isso produz uma grande *Química*.

3. A Entrega funda-se na *Capacidade de Ouvir*, ou seja, de escutar e compreender as comunicações dos outros. Não poderemos atender às suas necessidades (*Entrega*) se não pararmos para saber que necessidades são essas. Ouvir é bem mais do que "não falar". Para ouvir realmente, temos de calar nossa "tagarelice mental" e, de modo autêntico e isento,

> **O primeiro dever do amor é escutar.**
> PAUL TILLICH

escutar as palavras uns dos outros.

Depois, e só depois, poderemos tomar conhecimento das necessidades do nosso interlocutor e ficar em posição de agir adequadamente para satisfazer a elas. De todas as faculdades humanas, a de ouvir é talvez a mais rara.

Um dos exercícios em meus seminários consiste em pedir aos participantes que não falem, apenas ouçam as palavras uns dos outros. Muitos me confessam como é cansativo passar um dia inteiro em silêncio forçado. Isso acontece por-

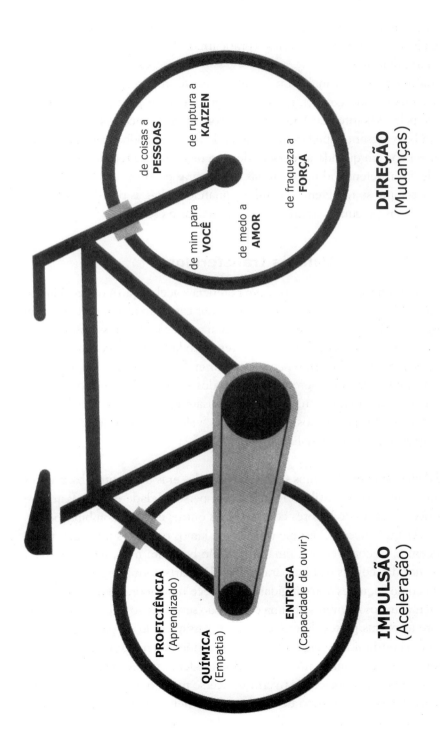

Figura 11: O Ciclo de Valores — Um Modelo para o Trabalho e a Vida

58 | O Coração

que se trata de uma atividade nova para eles. O fato de ser um trabalho tão difícil explica a razão de quase nunca o praticarmos. Não é à toa que temos uma boca e dois ouvidos!

Reina entre nós um mal-estar social crescente: a percepção de que ninguém nos ouve. Tudo começa na nossa juventude, com parentes e amigos, e prossegue pela vida inteira. O ato de ouvir com atenção incondicional e absoluta é um belo presente que fazemos à alma de nossos semelhantes. Discussões e conflitos ocorrem quando as pessoas deixam de escutar e tentam impor seus pontos de vista, defendendo-os de todas as maneiras possíveis até "vencer". Ao contrário, sempre se resolvem os conflitos quando ambas as partes concordam em fazer apenas perguntas, renunciam às assertivas e escutam.

Valores transferidos

Os valores da roda traseira fornecem potência e aceleração à nossa vida e às organizações. Mas nossos objetivos podem falhar caso não os temperemos com os valores da roda dianteira, que nos fornecem a direção. Muitas pessoas estão mais ou menos familiarizadas com os valores da roda traseira; precisam apenas aumentar sua prática. O mesmo não se pode dizer dos valores da roda dianteira, que são qualitativamente diferentes. Nem todos se empenham em praticar os valores da roda dianteira — na verdade, precisam passar dos "velhos" valores para os "novos". Eis por que os chamamos de "valores transferidos": representam uma passagem da personalidade para a alma:

1. *Você Antes de Mim*. Estamos saindo de uma das eras mais auto-absorventes da história humana. O estilo orientado pela personalidade é perigosamente egocêntrico. O Ciclo de Valores centra-se nos outros e busca combinações do tipo "vencer ou vencer". Presume que, se ajudamos os outros a vencer, todos nós vencemos. Reconhece que uma proposição boa para mim, mas ruim para você, no fim das contas é ruim para ambos. Descarta formas egocêntricas de estrutura como "equipes autodirigidas" e favorece uma abordagem de sistemas holística, na qual os membros de uma equipe são sensíveis ao impacto que exercem sobre as outras partes do esquema. Essa passagem do eu para você reconhece que o consumidor é algo mais que um cartão de crédito ambulante.

A missão de cada um de nós cifra-se em atender às necessidades de empregados, consumidores e sócios. Se tivermos sucesso nisso, o tempo todo, seremos recompensados com um grupo de colaboradores fiéis e dedicados, que já não detestarão seu trabalho, mas agradecerão pelo que recebem e terão alegria —

uma legião cada vez mais numerosa de consumidores que nos admirem e uma equipe solidária de sócios que gostem de fazer negócios conosco. Mais importante ainda, a passagem do eu para você propicia a tão necessária compensação às preocupações oriundas de nossa personalidade, fazendo com que não privilegiemos tanto o aumento de participação no mercado, das vendas, do fluxo de caixa e de poder e insistamos mais no serviço aos semelhantes e ao planeta.

2. As Pessoas Antes das Coisas. Helmsley, Milken e Trump aperfeiçoaram a ciência de amealhar coisas. O caráter da administração, no Ocidente, tem sido uma inigualável habilidade para adquirir, medir, analisar e contar coisas. Mas, ao reverenciar a análise e a aquisição, esquecemo-nos de que as organizações são conjuntos de pessoas, não de objetos materiais.

Agora podemos interromper esse fluxo desenvolvendo as tecnologias mais brandas do Ciclo de Valores. A abordagem material segue a política, os processos, as prescrições, os manuais, os sistemas formais e os níveis salariais. Essa abordagem instiga os varejistas a impedir que os clientes levem mais que três peças de roupa para experimentar na cabine. Já a abordagem que considera as pessoas, tal qual praticada por Don Cooper, dono de uma loja de confecções em Toronto, proclama num cartaz: "Por favor, leve para a cabine quantas peças quiser." A abordagem material presume que não se pode confiar nas pessoas e que é necessário montar esquemas para proteger os lojistas da desonestidade dos fregueses. A abordagem que considera as pessoas reconhece o desejo universal que elas manifestam de inspirar confiança, respeito e amor. No Santuário, "gente é o nosso maior patrimônio" é uma frase sincera. Os administradores tradicionais das organizações mecânicas ainda não fizeram essa descoberta. Se realmente acreditassem tanto no valor das pessoas, não deixariam de incluí-las na planilha de balanço. O conceito financeiro de boa vontade é a definição personalista das pessoas na planilha de balanço, uma avaliação tosca e inadequada do mais precioso bem de qualquer empresa. Enquanto não considerarmos os seres humanos um bem superior às coisas, não seremos levados a sério ao bradar que "gente é o nosso maior patrimônio".

3. Kaizen e Ruptura. A criatividade alimenta a alma. E há duas maneiras de ser criativo: inovação (encontrar um meio *diferente*) e *kaizen* (encontrar um meio *melhor*). Os grandes heróis dos gurus da administração são os especialistas em ruptura: grandes inventores, empresários, homens de promoção e de *marketing*. São eles as lebres que transformam suas inovações em fortunas pessoais. Mas precisamos homenagear também as tartarugas — com idêntica paixão. Dizia Esopo: "Devagar e sempre, vence-se a corrida."

60 | O Coração

A capacidade de fazer a mesma coisa um pouco melhor a cada dia talvez não pareça muito espetacular a curto prazo; mas, a longo prazo, sem dúvida o é. Os japoneses chamam a isso *kaizen* — aperfeiçoamento contínuo na vida pessoal, no lar, na sociedade, no trabalho, envolvendo a todos. *Kaizen* é uma palavra japonesa que significa literalmente "caminho melhor". Mas não se trata apenas de uma idéia de japoneses: é uma idéia *inteligente*.

Uma equipe *kaizen* de uma fábrica de rolamentos de esferas detectou um pequeno problema na linha de montagem. Rolamentos de diferentes tamanhos eram lançados por um funil na linha de montagem e, depois, nas caixas que iam para as lojas. Todo o processo de produção e embalagem era automatizado. Entretanto, os consumidores queixavam-se de que às vezes compravam caixas vazias. Isso ocorria uma vez em cada cem ou duzentas mil caixas (taxa de qualidade que a maioria dos executivos ocidentais nem sequer pensa alcançar). Embora o custo de substituição das caixas vazias depois da entrega fosse insignificante, a equipe *kaizen* convenceu a companhia de que esse problema poderia comprometer seriamente sua reputação.

A equipe *kaizen* sugeriu, primeiro, que se instalasse um sistema de raios X para detectar as caixas vazias, mas a idéia foi abandonada devido ao alto custo. Tentaram outras fórmulas, que também não se enquadraram no critério custo/benefício. Depois de muita discussão, veio a solução: um ventilador pequeno e barato. Instalaram-no ao lado da esteira para que assoprasse as caixas vazias, portanto mais leves, para fora da linha de montagem. Mais tarde aperfeiçoaram o processo com o emprego de ar pressurizado, abundante na fábrica. Assim, com um mínimo de despesas, a companhia se viu 100% livre do problema — graças à dedicação e energia mental da equipe *kaizen*.

Esse compromisso com o aperfeiçoamento contínuo robustece a auto-estima das pessoas e das equipes, induzindo as organizações à excelência. Apesar de reconhecer a importância de ser um inovador de alta categoria (por encontrar um *caminho diferente*), o Ciclo de Valores aceita que também é importante praticar *kaizen* (encontrar um *caminho melhor*). Essa diferença sutil alimenta a alma das pessoas e, dessa forma, faz com que elas e suas empresas avancem para um plano espiritual exclusivo.

4. **A Força Antes da Fraqueza**. Os pesquisadores afirmam que, numa reunião comum de diretoria, toda idéia nova esbarra com nove críticas. Segundo a Dra. Marylin L. Kourilsky, ex-diretora do departamento de Educação da Graduate School of Education, da UCLA, 97% dos alunos americanos da pré-escola pensam criativamente, ao passo que apenas 3% modelam suas idéias de maneira conformista e estruturada. Quando esses alunos completam o curso colegial, a

proporção começa a variar: 46% pensam criativamente, enquanto 54% preferem um estilo mais rígido e convencional. O processo de perda da individualidade, paixão e criatividade completa-se no ambiente de trabalho: das pessoas com 30 anos de idade, apenas 3% gozam da liberdade de praticar processos mentais holísticos e originais, enquanto 97% sujeitam seus pensamentos a uma estrutura que impõe a correção ortodoxa e social — "pensamento de grupo".

Em outras palavras, somos como Percival: iniciamos a vida reverenciando a magia das perguntas, mas depois, fazendo ouvidos moucos às perguntas e só cuidando das respostas, caímos sob o feitiço da impotência espiritual. Nós não começamos pensando como os administradores tradicionais — isso é algo que se aprende. Criticando, julgando e ironizando, expelimos a auto-estima da alma das pessoas e, conseqüentemente, das empresas. Quando nos apresentam um relatório financeiro, imediatamente procuramos frases em vermelho, parênteses, dados negativos de desempenho. Só muito raramente festejamos nossa força ou analisamos e aperfeiçoamos nossos êxitos. Ao confiar equivocadamente na noção aristotélica de que, se atacarmos idéias, iremos fortalecê-las, aprimoramos nossas habilidades mecânicas de pensamento e crítica racionais. Mas que aconteceria se cada pessoa ou organização devotasse a mesma cota de paixão e tempo a consolidar seus pontos fortes? Nossa alma começaria a curar-se de maneira espantosa.

O psicólogo James Loehr ajudou a treinar, entre outros tenistas, a grande Martina Navratilova. Ele estudou o que os melhores jogadores fazem no intervalo de vinte segundos entre os pontos, durante a partida. Descobriu que os jogadores medíocres gastam esse tempo a reagir ao ponto anterior — recriminando-se por tê-lo perdido, por exemplo. Os melhores, contudo, preparam-se para o ponto seguinte: relaxam, energizam-se, planejam a estratégia e sintonizam a mente.

5. *O Amor Antes da Competição, da Hostilidade e do Medo*. Vencer passou a significar derrotar um adversário — parece que é preciso que haja sempre um perdedor. Metáforas de guerra pontilham o vocabulário da moderna liderança. Um dos palestrantes mais bem-pagos do país é o "Tempestuoso" Norman Schwarzkopf, que ganha 75 mil dólares toda vez que aconselha executivos a conduzir sua equipe como se se tratasse de um tanque de guerra.

Os aspirantes a líderes devoram títulos como *A Arte da Guerra*, *A Guerra do Mercado*, *Os Segredos da Liderança de Átila*, *Rei dos Hunos* e *Como Nadar com os Tubarões*. O primeiro desses livros, baseado nos ensinamentos de Sun Tzu, um especialista militar chinês que viveu há 2.500 anos, explica que "O segredo do engodo é saber manipular as percepções do inimigo" e que "Lutar contra muitos é o mesmo que lutar contra poucos".[1]

A vida tornou-se uma competição sem fim, na qual todos somos gladiadores em alguma área, tentando aniquilar nossos oponentes (que são na verdade nossos colegas), seja na escola, no trabalho ou em casa — e mesmo dentro de nosso próprio país.

> O amor não busca uma causa além de si mesmo, nem frutos; ele é o seu próprio fruto, o seu próprio gozo. Amo porque amo; amo para poder amar.
> SÃO BERNARDO

A vida não é um campo de batalha e, sim, um parquinho de diversões. As pessoas não são motivadas pela guerra ou pelo medo de perder. Os desempenhos virtuosísticos são romanceados pelas pessoas, mas não são compreendidos por elas. Se amarmos o que fizermos (*Proficiência*), se amarmos as pessoas com quem o fazemos (*Química*) e se amarmos o motivo pelo qual o fazemos (*Entrega*), poderemos ainda dar a isso o nome de trabalho? As pessoas são estimuladas a fazer o que fazem bem pelo amor que sentem pelo que fazem (*Proficiência*), pelas pessoas com quem partilham tarefas e relacionamentos (*Química*) e pelo compromisso de ajudar os outros (*Entrega*).

Nossas noções anteriores de liderança e administração estão desaparecendo. O Ciclo de Valores é um modelo que capacita *qualquer um* a tornar-se um missionário responsável por administrar e liderar, tenha ele ou não um título oficial. O Ciclo de Valores presume que o trabalho não é guerra e sim amor. E a moedinha já começa a cair para muita gente: estamos na folha de pagamento do consumidor; a organização é apenas um meio conveniente de fazer com que o consumidor nos dê o dinheiro.

> Não é preciso amputar o ego, mas transcendê-lo.
> NORMAN COUSINS

Quanto mais descentralizamos, mais nos tornamos dependentes da competência e da capacidade de relacionamento humano das pessoas. As companhias aéreas não nos decepcionam, quem o faz são os atendentes encarregados das reservas. As fábricas de automóveis não nos iludem, quem o faz são os distribuidores.

Todos dividimos a carga, as oportunidades e a responsabilidade. Sucede o mesmo a uma organização, a uma orquestra, hospital, escola, governo e até a um país. E sucede o mesmo a uma família. *A grandeza é conquistada por um ser humano de cada vez.* Em palavras simples, a diferença entre uma organização medíocre ou grandiosa é determinada pelo fato de *todos* os seus membros serem medíocres ou grandiosos. A diferença entre uma organização medíocre e uma organização imponente é a atitude de cada um de nós — nossos valores e nossa cultura. Uma organização inspirada é simplesmente a soma de almas inspiradas.

Poucas companhias buscaram a Liderança Centrada em Valores com tanto empenho quanto a Levi Strauss. Seu diretor e presidente, Robert D. Haas, afirma: "Não estamos agindo assim porque nos faz sentir bem (embora isso aconteça). Estamos agindo assim porque acreditamos na interconexão entre a liberação dos talentos de nossos funcionários e o sucesso empresarial."[2] Isso é verdadeiro tanto na vida quanto no trabalho, pois o trabalho não está isolado do resto de nossa vida: ele é parte da vida.

Gandhi disse que seguia um único parâmetro: a verdade e a não-violência. Esses dois elementos constituíam o padrão de sua vida. Gandhi não tinha um parâmetro para o lar e outro para o trabalho. A maioria das pessoas não se levanta de manhã pensando: "Vou dizer a verdade até chegar ao trabalho; depois, começarei a mentir." Se persistirmos em tentar "matar" a competição no trabalho, sem dúvida seremos bem-sucedidos. Isso resultará em dificuldades e tragédia para os nossos consumidores, amigos, famílias e comunidades. Pior ainda, outra organização talvez consiga "matar-nos". Somos parte de uma família humana maior; cada um de nós tem um quadro de valores que pratica ao longo da vida — incluindo-se aí o trabalho. Cabe a todos, pois, praticar a Liderança Centrada em Valores e adotar valores que assegurem o nosso bom relacionamento com a família ampliada.

Eis o paradoxo: é assim que *todos* nos tornamos ricos.

Amor e *kaizen*

Combinar duas das mudanças da roda dianteira — amor e *kaizen* — é um elixir para a alma.

Mais que qualquer outra, a pergunta que a alma deseja ouvir dos semelhantes é: "Como poderei amar você ainda mais?" O maior desejo da alma é a oportunidade, para os parceiros, de entender-se sobre esse assunto e dedicar-se a aumentar o amor no qual seu relacionamento se baseia. Relacionamentos sólidos, em casa ou no trabalho, dependem da aplicação bem-sucedida de *kaizen*, ou melhoramento contínuo, ao amor.

> Para que a lâmpada continue acesa, é preciso deitar-lhe óleo.
> MADRE TERESA

O Vetor é uma ferramenta que ajuda a medir a relação entre os Valores Primários e os Aceleradores. Centenas de organizações e milhares de pessoas têm aplicado o Ciclo de Valores à sua prática cotidiana, usando-o para orientar suas decisões e empreender sua jornada rumo a um patamar superior. Todos os relacionamentos e ações humanas bem-sucedidas dependem da prática rotineira dos *valores da roda traseira*. As amizades baseiam-se nesses valores; os melhores desempenhos, também; o serviço ao consumidor é difinido por eles; as reuniões e negociações eficientes são orientadas por eles; os ca-

O vetor

O Ciclo de Valores			
O Vetor			
	0-10		**0-10**
Proficiência Faça qualquer tarefa de acordo com os mais elevados padrões de que é capaz	9	**Aprendizado** Busque e pratique o conhecimento e a sabedoria	6
Química Relacione-se tão bem com os outros que eles procurem ativamente associar-se a você	4	**Empatia** Considere os pensamentos, sentimentos e perspectivas dos outros	7
Entrega Identifique as necessidades dos outros e satisfaça-as	7	**Capacidade de Ouvir** Ouça e compreenda as mensagens dos outros	7
Total	20	**Total**	20

Figura 12: O Ciclo de Valores: O Vetor

O Vetor é uma representação da relação entre os Valores Primários e os Aceleradores. A Figura 12 mostra como funciona o vetor. No exemplo apresentado, a taxa para *Proficiência* é um significativo 9, ao passo que a taxa para *Aprendizado* (o Acelerador da *Proficiência*) é um 6 mais modesto. Isso indica que o elevado nível atual de *Proficiência* não poderá ser sustentado indefinidamente porque o aprendizado é insuficiente para manter esse ritmo.

No caso da *Química*, a posição se inverte. O nível atual da *Química* (4) é baixo, mas talvez suba um pouco porque um nível significativo de *Empatia* está presente.

Por fim, a *Entrega* encontra-se num nível respeitável de 7, sendo igualada por um nível idêntico da *Capacidade de Ouvir*. Isso indica que a *Entrega* pode ser mantida nos níveis atuais, embora não se espere uma melhoria substancial porque a *Capacidade de Ouvir* (o Acelerador da *Entrega*) mantém-se num nível correspondente.

Como se vê, os Aceleradores prevêem mudanças futuras nos Valores Primários. Uma revisão dos totais do vetor, na Figura 12, mostra que a pessoa ou situação a que ele foi aplicado está em relativo equilíbrio. No entanto, como a análise prévia indica, talvez seja errôneo atentar apenas para os totais, pois isso pode ocultar as variações em cada Valor Primário ou Acelerador.

Liderança Calcada em Valores | 65

samentos ficam mais sólidos graças a seu uso diário. Valores fortes sustentam o espírito.

Antes de empregar a combinação de Valores Primários e Aceleradores (chamados Vetor), pratique apenas os Valores Primários fazendo os exercícios abaixo.

Muitos outros processos relacionados com o trabalho podem ser elaborados segundo o modelo do Ciclo de Valores, como planejamento empresarial, informação ao cliente, padrões de serviço e qualidade, planos de concorrência, medida de desempenho, busca de consenso, informações de liderança e administração de projetos.

Um dos maiores benefícios do Ciclo de Valores é o fato de ele ser um modelo de vida, não apenas um modelo de trabalho, transferível a qualquer situação e utilizável em todos os contextos. Tem sido empregado, com proveito, na escola (eficiência professor/aluno), em casa (comunicação pais/filhos), na política (comunicação governantes/eleitores), em terapia (discussão profissional/paciente) e entre amigos. Trata-se de um processo holístico, de integração, que funciona bem sob qualquer condição em que pessoas ou grupos devam manter contato a fim de serem eficientes e conseguirem realizar-se. Com a prática, você perceberá que a linguagem e os valores se tornaram uma segunda natureza e uma ferramenta vital para renovar sua alma. (Ver o Capítulo 6, "Espírito Jovial", em que explico como desempenhar uma missão pessoal mediante o uso de um modelo do Ciclo de Valores.)

Os valores inspiram todos os contatos humanos — não os objetivos. Numa organização espiritual, os objetivos derivam dos valores. Uma vida vivida dentro de um quadro de valores sólidos gera harmonia, equilíbrio e serenidade para a alma.[3] Os missionários recorrem à Liderança Centrada em Valores para regenerar os semelhantes e suas organizações.

Antes de encerrar uma reunião, examine as decisões tomadas e proponha estas três perguntas:

Proficiência: Isso foi o melhor que poderíamos ter feito?

Química: Isso será bom para as pessoas?

Entrega: Isso atenderá às necessidades dos consumidores?

Damos às três perguntas o nome de portais. Se você conseguir atravessar cada um deles, respondendo "sim", então teve uma boa reunião. Caso não consiga responder "sim" a todas as perguntas, sua reunião ainda não terminou — ainda há trabalho a fazer.

> **Usando as perguntas abaixo, peça a um colega que lhe dê uma nota de zero a dez. Em seguida, faça o mesmo com ele, discuta os resultados e desenvolva um plano que possa ajudar os dois a estreitar o relacionamento e a progredir juntos:**
>
> **Proficiência:** Que nota você daria para minhas habilidades e talentos? E o meu aprendizado?
> Que mais preciso aprender para aumentar minha Proficiência a seus olhos?
>
> **Química:** Que nota você daria para o meu relacionamento e eficiência interpessoal com você?
> E para o meu nível de empatia?
> Como poderei desenvolver a empatia (e com quem?) para aumentar a minha Química com você?
>
> **Entrega:** Até que ponto atendo às suas necessidades?
> Até que ponto ouço você?
> Poderei ouvir mais, para aumentar minha Entrega com você?
> (Este questionário é igualmente eficaz quando usado por cônjuges interessados em aprofundar seu relacionamento.)

> **Crie Programas de Treinamento de Funcionários, dividindo as responsabilidades e os objetivos de progresso pessoal em três seções:**
>
> **Proficiência:** Quais são as principais tarefas, habilidades e talentos sob a minha responsabilidade?
> Que tipo de aprendizado contínuo é necessário para alcançarmos os níveis desejados de Proficiência?
>
> **Química:** Com quem será preciso travar e manter relacionamentos sólidos?
> Quais são as oportunidades de melhorar as comunicações por meio da empatia (confiabilidade, veracidade, responsabilidade, energia, honestidade, integridade, respeito, compaixão e amor)?
>
> **Entrega:** Quais são os consumidores para essa função? Quais as necessidades deles? Como ouvir mais a fim de atender a essas necessidades?

3 | Dizer a Verdade e Cumprir as Promessas

Sofremos de deterioração da verdade. A história das empresas está repleta dos desastres da negação. Companhias cientes de que seus produtos são defeituosos, perigosos ou prejudiciais negam-no; diretores empenhados em limitar o potencial de um funcionário prometem oportunidades sem garantias; executivos declaram que seus empregados são seu ativo mais importante e despedem quinhentos deles. Empregados a quem se disse serem o ativo mais importante da firma, mas tornam-se os mais descartáveis, concluem que a verdade é uma coisa efêmera e sofrem uma crise de verdade e moral.

Nada inspira mais o sentimento de traição do que a mentira; e a traição é a experiência que domina num local de trabalho onde falta alma. A ausência de honestidade no trabalho acumulou elementos corrosivos que atingiram proporções epidêmicas — nossa alma foi traída repetidamente e estamos sofrendo. Reverter isso levará tempo, mas pelo menos sabemos como fazê-lo. E sabemos também que não curaremos o planeta com bens deteriorados.

> A mentira que é meia-verdade continua a ser a pior das mentiras.
> LORD ALFRED TENNYSON

Thomas Jefferson dizia: "Os anúncios contêm as únicas verdades em que podemos confiar num jornal" — mas hoje até essa declaração pode não ser verdadeira. Por que achamos tão difícil dizer a verdade? Movemos guerras para defender a verdade e procuramos preservar o conceito de verdade em nossas igrejas,

68 | O Coração

livros e constituições; mas a verdade real é pouquíssimo praticada na nossa vida cotidiana.

Mesmo alguns ocupantes do posto supremo do país dão exemplos vergonhosos. Durante a campanha presidencial de 1980, nos Estados Unidos, George Bush (cujo *slogan* definitivo foi "Em quem você Confia?") ridicularizou as teorias econômicas defendidas por Ronald Reagan com a famosa expressão "economia vodu". Mais tarde, tendo entrado para a equipe de Reagan, também passou a defender essas teorias. Farto de ser criticado por "virar a casaca", tentou desmentir-se. Segundo Christopher Hitchins, de *The Nation*, Bush convocou seus contatos na imprensa, inclusive um sobrinho da NBC, para saber se havia alguma gravação sua com as palavras "economia vodu". Quando o informaram de que não havia nenhuma, Bush anunciou a uma multidão em Houston, em 9 de fevereiro de 1982: "Eu nunca disse isso. Todas as emissoras procuraram uma gravação e não encontraram. Portanto, eu nunca disse isso." A NBC transmitiu seu desmentido, junto com uma "fita vodu" encontrada na última hora.[1]

> Meu administrador na Flórida acaba de me dar ótimas notícias. Encontraram terra em minha propriedade.
> MILTON BERLE

Aquilo em que pensamos e aquilo que dizemos nem sempre combinam. Principalmente no mundo do trabalho, estamos rodeados de mentiras. É difícil encontrar a verdade em campanhas publicitárias, em previsões de vendas e pedidos de emprego. Ensinaram-nos a não acreditar em políticos, empresários, líderes sindicais, jornalistas ou em quem quer que se disponha a promover seus pontos de vista. Na Bíblia, encontramos o Nono Mandamento: "Não levantarás falso testemunho contra o teu próximo" (Êxodo, 20:12-17). O que fizemos com esse mandamento? Eu não pergunto isso por farisaísmo, mas por tristeza e espanto. Por que esperamos que os outros digam a verdade e nós próprios não a dizemos?

A mais estranha das ironias é que temos propalado um mito a respeito disso: a equivocada noção de que relacionamentos humanos sólidos podem ser construídos sobre uma base frágil de engodo. Como edificar harmonia, respeito, integridade, honestidade, inspiração, liderança ou amor sobre um alicerce de mentiras? Que lógica ampara a idéia de que estamos prontos para assumir a criação de consenso, a ética, a mudança cultural, o serviço ao consumidor ou os "programas" de qualidade, antes mesmo de lançar a pedra fundamental da integridade, que irá sustentá-los? Como esperar atingir um patamar superior a partir de uma base de desonestidade? Afinal, se não podemos confiar em ninguém nem dizer a verdade uns para os outros, será lícito esperar que empregados, consumidores ou fornecedores ajam de outra forma?

> Desprezamos toda reverência e todo objeto de reverência fora da esfera de nossas coisas sagradas. No entanto, por bizarra incoerência, sentimo-nos chocados quando os outros desprezam e desafiam as coisas sagradas para nós.
>
> MARK TWAIN

Nas modernas organizações, existe a tendência de substituir a verdade pela negação. Quando os produtos apresentam defeitos, os mercados encolhem, os prejuízos aumentam ou os líderes tomam decisões desastrosas, nós raramente dizemos a verdade, tentando detectar e resolver o problema. Ao contrário, nós o desmentimos e até contratamos advogados para sustentar a ficção. Se o controle nos escapa, ficamos com medo; e, por sentirmos medo, mentimos. A mentira nos permite manter a ilusão do controle. Eis um choque clássico entre a personalidade e a alma.

Afastar-se da verdade quase sempre causa prejuízos a longo prazo. Quando um matemático revelou que o *chip* de computador Pentium da Intel dava resposta errada para a divisão de 4.195.835 por 3.145.727, isso não parecia mais que uma observação sem importância no campo da aritmética. Mas era o momento, para a Intel, de contar a verdade. Se ela tivesse dito a verdade sobre o defeito do *chip*, muitas pessoas se impressionariam com o fato de os responsáveis admitirem que, em uso normal, o *chip* poderia gerar um erro a cada nove bilhões de cálculos — ou a cada 27.000 anos de rodagem de uma folha de custos. Muitos *chips* têm falhas até certo ponto. O usuário comum do *software* ficaria indiferente a essa remotíssima possibilidade, mas agradavelmente impressionado pela honestidade da Intel.

Entretanto, a primeira reação da companhia foi manter um silêncio sepulcral. Quando a coisa começou a chamar a atenção da imprensa, a Intel simplesmente negou a existência do problema. E quando a pressão aumentou, ela procurou mostrar o incidente a uma luz favorável. A essa altura, mesmo os que não tinham nenhum interesse nos fatos sentiram-se ofendidos pelas tentativas deliberadas da empresa de manipular e escamotear. Seis semanas depois da descoberta do matemático, a IBM suspendeu as encomendas de computadores com o *chip* Pentium e as ações da Intel caíram 6,5%.

Talvez isso se deva à falta de disposição, da parte de todos nós, para admitir que somos vulneráveis. Confundimos vulnerabilidade com fraqueza, acreditando que os líderes heróicos nunca exibem sofrimento ou ignorância. O medo, como dizia Emerson, sempre brota da ignorância. Assim, quando nos falta conhecimento, tentamos ganhar tempo ou oferecemos explicações esfarrapadas. Se somos apanhados de guarda abaixada, fingimos ser fortes e continuar no controle. Receamos que qualquer confissão ou mostra de imperfeição nos atribua uma aura de incompetência e fracasso. Por isso, negamos toda suspeita de falha, na tentativa de criar uma imagem de invulnerabilidade.

Há pouco, a Suprema Corte dos Estados Unidos decidiu que as firmas de corretagem não podem negar aos investidores indenização por danos nos casos de seguros sujeitos a juízo arbitral. Poderíamos achar que essa é uma sentença óbvia; mas acontece que as companhias de seguros costumavam recorrer a um expediente maroto, disfarçado nas letrinhas miúdas dos contratos que seus clientes assinavam ao abrir uma conta. Até essa decisão, quase todos os contratos estipulavam que as leis do Estado de Nova York seriam aplicáveis a todos os casos de arbitramento. À primeira vista, isso parecia inofensivo para os clientes; mas a maioria dos investidores não notava que o Estado de Nova York proíbe os árbitros de conceder indenizações por danos. A Corte pontificou então que, não ficando clara essa circunstância nos contratos, os investidores estavam renunciando sem querer a importantes direitos.

> Letras grandes dão, letras bonitas tiram.
> J. FULTON SHEEN

As equipes dependem da confiança

A farsa provoca toxicidade e destrói a *Química*. A *Entrega*, arte de identificar as necessidades alheias e atender a elas, nem sequer se encontra na agenda do advogado quando este procura achar meios de pisotear os direitos civis dos consumidores. As pessoas que trabalham dessa maneira degradam a si mesmas e, assim, solapam sua auto-estima. Isso provoca um peso na consciência. Mentir não faz sentido em nenhum setor da nossa vida, muito menos no trabalho. A grandeza é alcançada por meio da harmonia; as boas equipes prosperam graças à interdependência obtida pela crença de que todos os membros são absolutamente confiáveis. O ingrediente mágico nas equipes é a confiança, que se ganha não mentindo nunca. Aprendemos a confiar numa pessoa quando sabemos que ela é coerente com a verdade. Se alguém mente, nos trai — e a traição não é base para uma grande equipe.

Nós simplesmente não conseguimos alcançar um desempenho superior, individualmente ou em grupo, por meio da falsidade. De fato, quando um grupo mente, não é um grupo, e ninguém jamais soube erigir a bela

> Ainda estou à procura do equivalente atual daqueles quacres que dirigiam negócios bem-sucedidos, lucravam porque ofereciam produtos honestos, tratavam sua gente com decência, trabalhavam com afinco, gastavam com parcimônia, economizavam sem exageros, sabiam valorizar o dinheiro, davam mais do que tiravam e não pregavam mentiras. Esse credo empresarial, infelizmente, parece ter sido esquecido há muito tempo.
> ANITA RODDICK, CO-FUNDADORA DA *BODY SHOP*, EM *BODY AND SOUL*

estrutura chamada equipe sobre um alicerce de mentiras. Se os membros de uma orquestra sinfônica mentirem uns para os outros, tocarão uma música insuportável. Se os integrantes de uma equipe esportiva mentirem uns para os outros, serão uma equipe medíocre. Mais importante que tudo, talvez, é que não podemos *conhecer* uma pessoa se não falarmos a verdade. Não há outro caminho.

Como em nenhuma outra época da nossa história, as organizações dependem, hoje, do capital intelectual. As organizações não são constituídas por aquilo que é discriminado em sua planilha de balanço; as organizações são constituídas por cérebros, motivações, conhecimento, caráter e emoções de *todos* os seres humanos que estão por trás da planilha de balanço. Para trabalharmos eficientemente em conjunto, para apreciarmos os colegas e, portanto, o próprio trabalho, precisamos nos relacionar num plano que ultrapasse a nossa fachada de mentirinha. Adotando as imagens fictícias de Hollywood em vez de sermos simplesmente nós mesmos, tentamos criar figuras de liderança situadas em algum ponto entre a rainha Vitória, Lee Iacocca e Moisés. Antes de nos comunicarmos com eficiência, devemos nos comunicar com autenticidade. Só o covarde diz mentiras.

Uma de minhas três filhas nasceu com uma deficiência cardíaca congênita. Era um "bebê azul" e teve de submeter-se a quatro cirurgias no coração. Com a idade de 19 anos, suas forças finalmente se esgotaram e ela faleceu durante uma desesperada tentativa de aliviar seu sofrimento constante. Minha esposa e eu saímos do hospital para consolar nossas outras duas filhas. Por muito tempo, houve pranto na nossa casa. Mas eu, mesmo em meio a toda essa tristeza, não conseguia chorar. Isso se devia, em parte, ao fato de eu julgar que lágrimas não eram coisa de homem, mas em parte também à crença de que eu devia transmitir força e não fraqueza. Por isso, menti. Nunca chorei na presença de outros, sobretudo de minha esposa e de minhas filhas. Jamais revelei minhas emoções — economizava as lágrimas para o bendito momento em que me refugiasse no carro. Só ali eu conseguia baixar a guarda, esquecer a necessidade de mascarar minha vulnerabilidade e sofrimento, e liberar a angústia sem o receio de ser mal-interpretado.

Desde então, aprendi muito. Aprendi, com grande esforço, que confessar as próprias emoções exige muita coragem. Esconder a dor e a fragilidade é fácil. Não passa de um ato de covardia — e de uma mentira. Para tocar os outros precisamos ser honestos, falar de nossas mágoas e pedir ajuda. Nas empresas, ocorre o mesmo. Precisamos lembrar a nós mesmos que somos todos humanos, cheios de fraquezas e defeitos. Precisamos ser maduros o bastante para entender que pedir ajuda não é sinal de debilidade. É um ato de coragem, capaz de proporcionar considerável benefício pessoal, maior confiança, compaixão e amizade. Acima de tudo, é uma coisa verdadeira.

No nosso trabalho, dizer a verdade pode significar partilhar um perigo iminente e assim evitá-lo. Isso, em contrapartida, geralmente oferece a oportunidade de conspirar (palavra que vem do latim e significa "respirar juntos") pelo bem comum. O ato de dizer a verdade leva a um patamar superior e a uma *Química* maior. A verdade descontrai a alma.

As mentiras corroem a alma

Mentir e trapacear são comportamentos capazes de corroer os mais elevados ideais. Os primeiros Jogos Olímpicos aconteceram no ano de 776 a.C. em Olímpia, em honra a Zeus, senhor dos céus e pai de todos os deuses gregos. Em

> As palavras falsas não apenas são más em si mesmas como inoculam o mal nas almas.
> SÓCRATES

394 d. C., o imperador Teodósio I aboliu os jogos porque a trapaça atingira níveis insuportáveis. Eles só voltaram a ser disputados em 1896. Perguntamo-nos se, em vista do falso caráter amador das Olimpíadas modernas e da disseminação das drogas para melhorar o desempenho atlético, ainda conseguiremos preservar a integridade do ideal olímpico. Será que teremos de suspender novamente esses jogos até que a veracidade volte a norteá-los? Remover a confiança pela remoção da verdade resulta em corrosão da alma. A alma se contorce nos espasmos da traição provocada pela mentira e anseia pelo grato consolo da verdade.

Veracidade e burocracia

Dizer a verdade e cumprir as promessas são as precondições essenciais para a confiança e as pedras angulares da *Química*. A capacitação só ocorre depois que se estabeleceu um padrão sustentado de veracidade e fidelidade. Conforme escrevi em outra parte, a capacitação se define nos seguintes termos: "Acreditar nas pessoas e passar-lhes toda a informação, adestramento, encorajamento e autoridade de que necessitam para tomar a decisão acertada em benefício do consumidor."[2]

Portanto, dizer a verdade é um traço característico que eu estimulo bastante entre os meus clientes. Ele não só leva a níveis nunca vistos de decência e civilidade, como também apresenta outra vantagem notável: é eficaz. Na era do "fazer-mais-com-menos", uma das coisas que limitam enormemente a futura eficiência nas organizações é o fluxo de burocracia que jorra pelas veias corporativas. Isso inclui todos os controles, relatórios, autorizações, ordens e outros entraves com os quais as pessoas têm de conviver. Esses procedimentos existem porque os chefes não confiam nos subordinados. Mas, e se a maior parte dessa atividade fosse eliminada porque decidimos nos comportar de maneira sincera, confiando uns nos outros? E se pudéssemos prescindir de controles por sermos merecedores de confiança ao assumir compromissos e capazes de confessar a verdade em caso de erro? Que tal se o tempo investido no preparo e na verificação dessas informações fosse redirecionado para o trabalho que inspira a alma? Nesse caso, como seriam as organizações? Como se sentiriam as pessoas com relação a seu trabalho?

Muitos controles são implementados porque não confiamos nas pessoas e não podemos dar-lhes crédito quando prometem não repetir seus erros. Mas há um paradoxo: a confiança acaba quando concluímos que as pessoas não dizem a verdade e não conseguem cumprir suas promessas. Essa atitude se transforma numa profecia que se cumpre por si mesma. Se você acredita nas pessoas, elas quase sempre respeitarão essa confiança recompensando-o com um comportamento correto. Elas reconhecem a aliança feita e certamente irão honrá-la. Entretanto, se você deixar claro que não lhes dá crédito, elas se sentirão insultadas e malquistas.

Conta-se uma história dos dias gloriosos da IBM, quando essa empresa vendia seus computadores de grande porte. Certa feita, um motorista maluco irrompeu com seu carro desgovernado na área de recepção de um escritório regional, no sul dos Estados Unidos. A IBM fez o que geralmente se espera que uma empresa faça em semelhante situação: redigiu uma nova política. A máquina administrativa da IBM trabalhou rápido, desenvolvendo uma série de procedimentos para todas as áreas de recepção de suas filiais pelo mundo afora. O pessoal da IBM não mais deveria receber os visitantes: isso ficaria a cargo de guardas subcontratados em firmas de segurança. A equipe de guardas uniformizados foi colocada por trás de vidros à prova de balas e os visitantes recebiam seus crachás de identificação depois de assiná-los. O pessoal da IBM reunia seus convidados no térreo, pois a área de recepção ficava fechada e o público não tinha acesso a nenhum outro setor do edifício. Câmeras de segurança espiavam tudo. Todo escritório da IBM no mundo inteiro parecia igual: uma espécie de Alcatraz. Os visitantes sentiam-se mal-acolhidos e intimidados.

Ouvi essa história pela primeira vez quando fui convidado, anos depois, para trabalhar com a alta administração da IBM num programa de mudança cultural. Comecei propondo que todas as estruturas intimidantes da área de recepção fossem desmanteladas e o espaço inteiramente refeito. Os móveis de escritório deveriam ser substituídos por móveis domésticos, para que os visitan-

> **Nós mentimos com estrépito quando mentimos a nós mesmos.**
> ERIC HOFFER

tes voltassem a se sentir bem-vindos. Em lugar do guarda, ficaria uma recepcionista profissional altamente qualificada. Cadeiras e poltronas confortáveis rodeariam mesas com vasos de flores frescas, jornais do dia e folhetos de informação sobre a IBM. Haveria tapetes no chão, quadros nas paredes e até alguns toques delicados, como bolinhos feitos na hora. Seriam instalados telefones para chamadas locais, podendo a recepcionista providenciar também ligações a distância. Os banheiros seriam de primeira classe e não faltariam café, chá e sucos.

Redesenhar a área de recepção foi a tarefa mais fácil. A pior parte foi convencer o pessoal da IBM de que nem todos os consumidores mentem, gostam de roubar cinzeiros, surrupiar segredos da empresa ou atirar o carro contra portas de vidro. Isso exigia uma mentalidade nova, uma compreensão clara de que a velha política estava prejudicando a imagem da IBM, a reação dos consumidores e o moral dos funcionários. Foram necessárias diversas tentativas, mas o novo estilo acabou adotado, contribuindo para que a IBM passasse a ser vista com outros olhos pelos empregados, consumidores e parceiros.

Uma mudança de atitude desse porte tem de ser feita aos poucos, devido à quantidade de trabalho interior que exige de cada pessoa. Apelamos para a personalidade e em seguida, para a alma, a fim de restaurar os antigos níveis de confiança; ora, isso só pode ser efetuado ao longo de repetidas e coerentes demonstrações de veracidade e fidelidade à palavra empenhada.

A economia da veracidade

As empresas ficam perplexas ao descobrir as oportunidades potenciais que se tornam disponíveis quando energias e atividades improdutivas são canalizadas para trabalho produtivo. Calculo que pelo menos de 20 a 40% das atividades humanas nas empresas modernas e na nossa vida pessoal poderiam ser redirecionadas caso a veracidade e a fidelidade à palavra fossem uma prática cotidiana — em primeiro lugar, por parte de quem está dentro e depois por parte de quem está fora da organização.

De um ponto de vista puramente econômico, dizer a verdade poderia proporcionar a maior oportunidade de reduzir custos da história corporativa. Os ganhos financeiros são enormes quando se reduzem custos, desde que consigamos remover os controles já obsoletos num ambiente de veracidade. Além disso, as pessoas que dizem a verdade geram uma *Química* mútua. Isso agiliza as comunicações e as torna autênticas — o sonho da alma. Como tudo o mais, nossa alma clama por autenticidade. Graças a ela, podemos estabelecer relacio-

> Os memorandos são escritos, não para informar quem os lê, mas para proteger quem os envia.
>
> DEAN ACHESON

namentos, inspirar-nos uns aos outros e a nossos consumidores ou fornecedores. As implicações no aumento dos lucros são óbvias. Que dádiva: uma técnica que inspira a alma e gratifica a personalidade!

Quase todos os desafetos da alma são conseqüência de desapontamentos com pessoas e organizações. Esses desapontamentos, usualmente, resultam de traições provocadas por promessas rompidas e falsidades. Quando alguém mente para nós, ficamos arrasados e nossa alma se entristece. Por outro lado, a cultura da veracidade e da fidelidade à palavra é grata e inspiradora: um peso parece desaparecer de nossos ombros; a intoxicação cede lugar à saúde; a alegria e a confiança prevaleçam; e nossa estima pelos colegas e o trabalho cresce no nosso coração. Os líderes que inspiram almas não encaram levianamente a atitude de dizer a verdade e cumprir as promessas. Para eles, a confiança está fora de discussão. Seu amor à verdade e à manutenção das promessas gera grande *Química*, o que conduz a grandes organizações povoadas por almas inspiradas. O ato de transformar o local de trabalho num Santuário de veracidade — um lugar seguro, diferente de todos os outros — inspira um novo sentimento de vigor que nos leva a amar novamente o nosso trabalho.

"Dizer a verdade é problema dos outros"

Quando tento ajudar pessoas a seguir o caminho da veracidade, percebo que elas, quase sempre, se descrevem como criaturas escrupulosamente sinceras — o problema de dizer a verdade, afirmam, é dos outros. E quando lhes mostro os resultados de pesquisas internas ou perfis pessoais, que indicam claramente um nível baixo de sinceridade, elas alegam que a informação está errada. Isso é como reparar que o nível de óleo em nosso carro está baixo e desligar o indicador de nível no painel para solucionar o problema.

Falando de um modo geral, não estamos acostumados a dizer a verdade. Negamos isso até que os fatos diários de nossa vida nos provem o contrário: orçamentos, relatórios de despesas, comunicados à imprensa, currículos e mesmo nosso riso fingido quando um cliente nos conta suas piadas infames.

Nós não dizemos a verdade em muitos setores da vida empresarial principalmente porque descobrimos que mentir funciona. Quero dar outro exemplo. Muitas pessoas introduzem "gordura extra" na coluna de estimativa de despesas de seus orçamentos para o caso de essas despesas se revelarem maiores que o previsto. Isso torna mais seguro e mais fácil atingir as metas de despesas e amealhar bônus, assim como evitar punições e cortes na verba do próximo ano.

> Não há para mim pior
> doença do que palavras que
> mentem para agradar.
>
> ÉSQUILO

De igual modo, depois de se chegar a uma estimativa razoável de vendas antecipadas para determinado período, as cifras costumam ser reduzidas arbitrariamente a fim de compensar quedas imprevistas. Com isso, as quotas são preenchidas mais facilmente, atrai-se menos a atenção da gerência e melhoram-se as chances de manter a quota do ano seguinte dentro de limites razoáveis. Chama-se a isso "maquilar" orçamentos.

Sem dúvida, no nosso coração, estamos certos de que as despesas serão menores do que as previstas e as vendas superarão a expectativa. Mas não dizemos isso: mentimos. Alguns alegarão que é apenas uma mentirinha inócua; mas ainda assim é uma mentira e, por fecharmos os olhos a semelhante prática, ensinamos os outros a mentir também. Isso dá o tom para todas as outras transações humanas. Se podemos mentir nos orçamentos, por que não mentir também no balanço anual? Por que não enganar os acionistas? Os empregados? Os fornecedores? O governo? Logo a veracidade é banida do nosso trabalho e, por fim, de todos os outros aspectos da nossa vida.

Prefira a verdade

Assim, vale a pena insistir no apego à verdade. Mas de que modo adquiriremos uma cultura desse tipo? Eis aqui uma possibilidade. Procure ter uma conversa sincera com a pessoa responsável pela aprovação de seu orçamento. A agenda poderá ser a seguinte:

- reconheça que a veracidade nem sempre é praticada como deveria e discrimine os motivos pelos quais isso acontece;
- reconheça que dizer a verdade é coisa desejável, que existe uma aspiração mútua reclamando esse patamar superior e desenvolvendo um projeto que irá levar à mudança e à regeneração;
- discuta como os orçamentos em geral são maquilados e de onde vem a recompensa para essa prática; examine as maneiras de remover as vantagens da mentira;
- determine se seria seguro apresentar um orçamento "sincero", sem condições nem punições implícitas;
- examine e reconheça os resultados de diversos níveis de desempenho em comparação com o orçamento "sincero"; e
- apertem as mãos, comemorando a chegada juntos a um patamar superior; a regeneração começou!

Não é realista esperar que se possa passar imediatamente da insinceridade para a sinceridade. Reverter um padrão entranhado de insinceridade é difícil, e dar o primeiro passo, ser o missionário, exige coragem. O objetivo não consiste em modificar o mundo inteiro de um golpe, mas em mudar nossa própria organização criando nosso próprio Santuário, onde possamos nos sentir seguros e crescer — certos de que nossa alma estará sendo alimentada e protegida. Portanto, devemos em primeiro lugar tomar consciência do melhor caminho a percorrer e em seguida contornar sistematicamente todas as atividades de onde a veracidade esteja ausente, ensaiando uma abordagem alternativa. Depois, faremos com que a veracidade se torne algo seguro a praticar em todos os relacionamentos. Após cada pequeno sucesso, estudaremos uma forma de reproduzir nossa atuação em outras áreas do trabalho, do relacionamento e da empresa.

Devemos começar, é claro, por nós mesmos. Se não estivermos preparados para assumir uma responsabilidade pessoal na condição de guias espirituais, dizendo a verdade e mantendo nossas promessas, é pouco provável que o restante da organização encontre seu caminho para o patamar superior — e muito menos os que estão de fora, como os consumidores e os fornecedores.

É fácil falar sobre veracidade, mas é mais difícil introduzir a prática e transformá-la num hábito diário. Com efeito, a parte mais difícil da veracidade é o começo. Incluí um exercício simples no final do capítulo, destinado a encorajar equipes a começar a dizer a verdade e a se sentir por fim à vontade com essa prática cotidiana. Pode ser uma equipe de trabalho, um comitê ou sua própria família.

Estabeleça as regras da veracidade no seu Santuário:

- Nós somos missionários.
- É seguro dizer a verdade.
- Não haverá recriminações.
- Dizemos a verdade para ajudar de um modo positivo.
- Este é o começo do nosso compromisso permanente com a veracidade e a regeneração mútuas.

Organize um plano para manter viva a iniciativa; prometa daqui por diante dizer a verdade aos outros. Comemore o seu êxito. Jamais puna as pessoas por falarem a verdade. Depois que começar o processo de veracidade, ele se tornará cada vez mais fácil a cada iniciativa, sua prática se disseminará e as coisas nunca mais serão as mesmas. Esse é o trabalho do missionário, trabalho que leva à regeneração e à edificação do Santuário.

Cumprimento de promessas

O cumprimento de promessas está estreitamente relacionado com a veracidade. A quebra de promessas é, muitas vezes, resultado da má vontade em dizer desde logo a verdade. Como disse Max De Pree, ex-diretor da Herman Miller, "Divagamos a respeito da qualidade de produtos e serviços. Que tal se discorrêssemos sobre a qualidade de nossos relacionamentos, sobre a qualidade de nossas comunicações e a qualidade das promessas que fazemos?" Na vida, toda transação ou comunicação baseia-se numa promessa. Ocorre o mesmo nos negócios. Pode ser uma promessa implícita ou explícita. Fazemos promessas aos empregados quando os convocamos a participar da nossa equipe e lhes acenamos com oportunidades, recompensas e satisfação. Fazemos promessas aos consumidores com nossos rótulos e embalagens, com certificados de garantia, anúncios, pontos de venda e relações públicas. Fazemos promessas quando negociamos com a administração ou com o sindicato. Fazemos uma promessa sempre que dizemos "O cheque já está no correio", "Ligo para você daqui a pouco" ou "Não vamos despedir ninguém". Fazemos uma promessa quando dizemos ao cônjuge que estaremos em casa a determinada hora para o jantar. Se faltamos a esses compromissos, quebramos uma promessa e, portanto, perdemos a confiança.

Imagine-se num patamar superior. Ele está firmado na confiança e na integridade. Quando prometemos alguma coisa a alguém, devemos fazer uma escolha consciente: permaneceremos nesse patamar superior ou não? Toda vez que quebramos uma promessa, descemos um degrau, afastando-nos do patamar superior da confiança e da integridade — e não raro é difícil, ou mesmo impossível, subir de novo. Depois de descer vários degraus em direção ao vale, resultado de inúmeras promessas não-cumpridas feitas a diversas pessoas, tornamo-nos desacreditados. As pessoas notarão que agora estamos mergulhados nas sombras do vale, onde não reinam a confiança e a integridade. Uma vez que as pessoas que se afastaram do patamar superior acham difícil voltar, preferem integrar outra equipe para galgar, com segurança, um novo cume — a menos que alguém conheça a sua história e saiba por que elas abandonaram o patamar superior em seu antigo local de trabalho. A nova equipe pode ser um novo emprego, um novo cônjuge ou até um novo país.

> A verdade é o início de todas as coisas boas, assim no céu como na terra; e aquele que quer ser abençoado e feliz deve desde o início participar da verdade, pois então se poderá acreditar nele.
>
> PLATÃO

Quando eu era um jovem membro da equipe administrativa da Office Overload, costumávamos nos reunir anualmente em Las Vegas. Jim Shore, um dos sócios fundadores da companhia, era jogador inveterado e figura conhecidíssima nos cassinos. Mas eu só tinha 20 anos, nunca estivera em Las Vegas e estava assustado com os esplendores do lugar, para não falar dos riscos. Na minha primeira visita, confessei a Jim que me sentia nervoso. "Não se preocupe", disse ele, "tomarei conta de você." Aceitei isso como uma promessa. Jim Shore tinha o hábito de passear de vez em quando entre as mesas para ver como sua equipe estava se saindo no jogo. Na primeira ocasião, logo me vi "depenado" e sem saber o que fazer. A mão de Jim passou silenciosamente por cima de meu ombro e depositou uma pilha de fichas no valor de 25 dólares ao lado de minhas novas cartas. Promessa cumprida.

Trabalhei duro para esse homem, que se tornou meu mentor e a quem sempre respeitei e amei intensamente. Ele cumpria as suas promessas. De outra feita, recebi uma enorme comissão mensal, que depois se revelou um erro do departamento de contabilidade. Eu, de fato, deveria receber bastante, mas não tanto quanto aquela quantia, que aliás já gastara. "Não se preocupe", disse-me Jim Shore, e sugeriu-me que pagasse a diferença aos poucos, da forma que melhor me conviesse. Outra promessa cumprida!

Todo ano, Jim Shore levava seis de seus funcionários mais próximos para uma pescaria no norte de Ontário. Eu sempre tinha a sorte de estar incluído na viagem. Ele pilotava seu aeroplano Widgeon equipado com flutuadores, o que nos permitia penetrar em locais selvagens onde poucos haviam estado. Durante essas viagens, aprendi inúmeras lições duradouras sobre veracidade e cumprimento de promessas — estávamos sozinhos na mata e nossa sobrevivência dependia da confiança mútua.

No outono de 1966, deixei a Office Overload para dirigir a Manpower Limited. No mês de maio seguinte, a velha turma da pescaria pôs-se de novo a caminho, mas dessa vez sem mim. Quando Jim pousou seu aeroplano no Lago de Deus, bateu num bloco de gelo que travou um dos flutuadores. O aparelho adernou e afundou quase imediatamente. Alguns dos ocupantes não conseguiram escapar porque estavam abaixo da superfície; outros tentaram nadar para a margem em meio à água gelada — mas todos, inclusive o meu querido amigo Jim Shore, afundaram. Ele prometera cuidar de mim. Ainda sinto saudades dele e de sua firmeza de palavra; mas o legado de um homem fidedigno continua vivo.

Nossa personalidade apaixona-se pelos que dizem a verdade e cumprem suas promessas; nossa alma é libertada por eles. Os desbravadores da consciência humana — Buda, Cristo, Lao-tsé, Maomé — e, mais recentemente, Gandhi, Gurdjieff, Krishnamurti e Yogananda, alimentavam duas crenças principais: amor e verdade, que os impeliram para um plano diferente daquele em que se encontra o resto da humanidade. Seus ensinamentos se tornaram um Santuário para milhões; o amor, combinado com o cumprimento das promessas e a veracidade, abre caminho para um patamar superior.

Está tudo bem, filho, todo mundo faz isso

Quando Johnny tinha 6 anos, estava ao lado do pai quando este foi multado por excesso de velocidade. O pai estendeu ao guarda uma nota de cinco dólares junto com a carta de motorista. "Está tudo bem, filho", explicou ele enquanto se afastavam, "todo mundo faz isso."

Quando ele tinha 8 anos, permitiram-lhe assistir a uma reunião familiar, presidida pelo tio George, sobre como sonegar imposto de renda. "Está tudo bem, garoto", disse o tio, "todo mundo faz isso."

Quando tinha 9 anos, a mãe levou-o pela primeira vez ao teatro. O lanterninha não conseguia achar lugar para eles até a mãe descobrir dois dólares extras no fundo da bolsa. "Está tudo bem, filho", disse ela, "todo mundo faz isso."

Quando tinha 12 anos, quebrou os óculos a caminho da escola. A tia Francine convenceu a companhia de seguros de que os óculos haviam sido roubados e extorquiu-lhe 27 dólares. "Está tudo bem, garoto", disse ela, "todo mundo faz isso."

Quando tinha 15 anos, tornou-se zagueiro no time de futebol da escola. O técnico ensinou-lhe como interceptar a bola e, ao mesmo tempo, agarrar o adversário pela camisa, sem que o juiz percebesse. "Está tudo bem, rapaz", disse o técnico, "todo mundo faz isso."

Quando tinha 16 anos, conseguiu seu primeiro emprego de verão no supermercado da vizinhança. Seu trabalho consistia em colocar os tomates passados no fundo das caixas e os bons por cima, bem à vista. "Está tudo bem", disse o gerente, "todo mundo faz isso."

Quando tinha 18 anos, Johnny e um colega concorreram a uma bolsa de estudos na faculdade. Johnny era mau aluno, enquanto o colega estava entre os 3% melhores da classe. Todavia, não era zagueiro e foi Johnny quem conquistou a bolsa. "Está tudo bem", disseram-lhe, "todo mundo faz isso."

Quando tinha 19 anos, foi abordado por um veterano que lhe ofereceu as respostas das provas por três dólares. "Está tudo bem, calouro", disse ele, "todo mundo faz isso." Johnny foi apanhado colando e expulso da faculdade. "Como pôde fazer isso com sua mãe e comigo?", desesperou-se o pai. "Você nunca aprendeu essas coisas aqui em casa!" Também seu tio e sua tia ficaram chocados. Se há uma coisa que o mundo dos adultos não tolera é um rapazola mentiroso.

Autor Anônimo

Dizer a Verdade e Cumprir as Promessas | 81

Verdades de Equipe

(Por favor, complete as declarações abaixo para cada membro da sua equipe. Use folhas separadas para cada pessoa e entregue-as, individualmente, depois de preenchidas. Esse exercício ajuda as equipes a iniciar o processo de veracidade.)

Para: _____

De: _____

Assunto: Algumas verdades que eu sempre quis dizer a você:

1. Eu gostaria que você fizesse mais nas seguintes áreas:

_____

_____

_____

2. Eu gostaria que você não fizesse mais estas coisas:

_____

_____

_____

3. Eu gostaria que você começasse a fazer isto:

_____

_____

_____

4 | A Coragem de Viver com Graça

Graça com empregados

Vivemos num mundo que vai-se tornando cada vez mais "sem graça". A palavra "graça" deriva do latim *gratus*, que significa "louvável". O dicionário define *graça** assim: "Beleza ou encanto de forma, composição, movimento ou expressão; qualidade, traço, maneira etc., atraente; sentimento do que é certo ou adequado, decoro; preocupação com os semelhantes; boa vontade."

Nossa alma é inspirada pelas pessoas que têm graça. Trata-se de pessoas que apreciam a elegância natural das relações humanas e nos regeneram com sua graça. Elas transformam toda comunicação e associação humana em música melodiosa. Utilizam seu enorme encanto e integridade — que nunca são superficiais — para conservar a simetria e o requinte em suas relações com o próximo. Aproveitam o tempo extra para criar harmonia em suas associações

> Todos os homens que vivem com algum grau de serenidade vivem por alguma garantia de graça.
> REINHOLD NIEBUHR

e, quando seus modos graciosos esbarram numa situação desgraciosa, recorrem às suas reservas de amor e coragem a fim de preservar sua graça.

Pense na sua tia favorita, que sempre o fez se sentir como se fosse a única pessoa no mundo e considerou a destruição da vi-

---

* Uma definição completa de *graça* pode ser encontrada nas *Observações sobre a terminologia*, no final do livro.

draça da sala pela bola que você arremessou como parte do desenvolvimento do seu caráter. Nós amamos as pessoas que têm graça e buscamos a sua companhia.

Certa vez uma velhinha foi ao encontro de Mark Twain depois de uma palestra noturna e disse-lhe que apreciara muitíssimo suas palavras. "Quis agradecer-lhe pessoalmente", explicou ela, "porque o senhor disse que gosta de senhoras idosas". Mark Twain sorriu e respondeu: "Gosto de senhoras idosas e também das que têm a sua idade." A graça de Mark Twain atraiu-lhe a simpatia de milhões de pessoas.

A Graça é a Estrela do Norte de todas as pessoas e organizações. Quando nos afastamos do nosso curso, a graça pode reconduzir-nos ao caminho certo. A falta de graça é treva, alienação, solidão e confusão.

Nas organizações, percebemos que, de tempos em tempos, a falta de graça permeia:

- **empregados** e colegas de equipe,
- **consumidores** — nossos verdadeiros patrões,
- **sócios** — que propiciam os meios em virtude dos quais nossas organizações funcionam.

A vida deve ser vista como sagrada

A reverência é um componente vital da graça. A reverência inclui respeito, amor e veneração. Lembro-me de que, quando eu era jovem, minha mãe me ensinou a não reclamar do tempo. Se eu dizia "Que dia horrível!", ela retrucava "É o tempo de Deus. Se criticar o tempo, estará criticando Deus. Convém mostrar reverência para com o tempo de Deus." Esse conselho funciona para mim até hoje, pois causou-me funda impressão e fez-me ver as coisas de um modo diferente.

É de presumir que tudo pertença a Deus; tudo, portanto, merece reverência. Isso inclui empregados, consumidores, sócios — na verdade, todos os homens, nosso trabalho, os produtos e serviços que criamos, nosso equipamento, as dependências onde trabalhamos, o impacto e o significado daquilo que fazemos. Os índios norte-americanos acreditam que tudo na natureza tem espírito — árvores, rochas, mamíferos, peixes, pássaros e, é claro, homens. A vida é sagrada e vê-la dessa maneira nos estimula a reverenciá-la e respeitá-la. Nenhum de nós é mesquinho a ponto de ferir uma pessoa ou coisa sagrada. *Se ela é sagrada, nós a reverenciaremos.*

Retorno à civilidade:
relacionamentos, etiqueta e "sinto muito"

Quando a civilidade declina, a toxicidade nas empresas aumenta e a alma se estiola. A civilidade é um dos antídotos mais eficazes contra essa toxicidade; o comportamento civilizado é grato à alma.

Os terrores sagrados da vida empresarial — enxugamento, reengenharia, dilação, reestruturação e fusão (coisas que ouvi descritas como "faça encolher até tinir") — geram pressões, *stress* e dispensas. As organizações assediadas passam a caracterizar-se por uma cultura em que a preocupação principal consiste em procurar o número um — a qualquer preço, mesmo o amor fraterno. Nessas condições, a última coisa que ocorre aos que sobrevivem na empresa é a arte de se comunicar com graça.

A intoxicação do ambiente de trabalho resulta em cólera, ressentimento, traição e pessoas de estopim tão curto que vivem rosnando umas para as outras. O tempo se torna escasso, de modo que investir em comunicações mais amenas passa a ser um luxo. A *Química*, que inclui "velharias" como respeito, cortesia, confiança, veracidade, fidelidade à palavra dada, boas maneiras e graça, é coisa de outras eras, quando agarrar-se ao emprego não representava o supremo desafio da existência.

Na organização intoxicada, a alma é jogada fora. Telefonemas não são respondidos, memorandos também não, compromissos deixam de ser cumpridos e a conduta rude é um meio de vida. Fora do escritório, um semáforo vermelho torna-se motivo para fazer do carro uma arma. Dentro, idêntica hostilidade passou a ser aceitável.

Numa pesquisa feita pela Society for Human Resource Management, um terço dos entrevistados declarou que um ou mais atos violentos haviam sido cometidos em seus escritórios nos últimos cinco anos, 80% deles nos três últimos. Três quartos desses incidentes foram de natureza grave, envolvendo brigas, agressão física e objetos arremessados. Caso não seja sustado, semelhante comportamento pode degenerar em perturbações, intimidação, confronto e litígio.

> A vontade está para a graça como o cavalo para o cavaleiro.
> SANTO AGOSTINHO

A Accountemps, firma de Nova York especializada no fornecimento de serviços temporários de contabilidade, pesquisou executivos das mil maiores companhias do país e descobriu que, em 1992, elas gastaram 13% de seu tempo resolvendo conflitos entre os funcionários (9% em 1989). Em 1993, um homem que se indispusera com um escritório de advocacia de San Francisco invadiu suas dependências e abriu fogo com uma parafernália de armas — matando oito pessoas e ferindo seis. Adiamento, reengenharia ou enxugamento não irão aplacar a alma desse homem e de milhares de outros que sofrem da mesma forma. Entre julho de 1992 e julho de 1993, somente nos Estados Unidos, mais de mil trabalhadores foram mortos no local de trabalho e dois milhões foram agredidos. Entre 1980 e 1988, 6.956 homicídios ocorreram nos locais de trabalho. Nossa falta de graça é tão grave, que está criando um *stress* e uma toxicidade que já se espalharam do emprego para a sociedade como um todo.

Dificilmente será esse o melhor alicerce para sustentar a harmonia ou alimentar a alma. Como sucede no seio das famílias, o comportamento abusivo resulta em desintegração da unidade. As boas maneiras são uma forma de deixar os outros à vontade.

Como criar um território tátil

Para mostrar afeto, os homens russos se abraçam e beijam. Franceses e italianos beijam todo mundo. Os norte-americanos chamam isso de assédio sexual.

Os humanos são tão visceralmente táteis, que podemos morrer por falta de oxigênio, alimento, informação, interação afetiva e toque — sendo, essas duas últimas, expressões de amor. Algumas jurisdições proíbem toda forma de toque. Em Nova York, é ilegal para o professor tocar o aluno; mas os professores dirão que os alunos apreciam mais os carinhos que as lições. Em circunstâncias dolorosas — um hospital de câncer, uma zona de guerra, um acidente de carro, um funeral — nós não consultamos o manual de procedimentos e o código penal para saber se abraçar, consolar e apertar as mãos é permitido.

Não será preciso muito para eliminar as normas rígidas que negam à nossa alma o conforto do contato físico: basta que as organizações declarem, formalmente se necessário, que seu ambiente de trabalho é um Santuário, demarcado como território tátil. As organizações são locais de encontro potenciais, onde podemos nos confortar uns aos outros em caso de sofrimento e confraternizar em caso de alegria. Elas são organizações de seres humanos que precisam rir, chorar e se abraçar. Isso é absolutamente vital para a alma.

Como recuperar a coragem da intimidade

Antes mesmo de abordar a questão de sermos mais táteis, temos de *discutir* os problemas reais que afligem as pessoas. Relutamos muito em fazer isso. Michael Novak, do American Enterprise Institute, observa: "No Período Vitoriano, as pessoas distintas... nem sequer sonhariam em discutir sexo, mas falavam livremente sobre prece, meditação e sermões que haviam ouvido. Hoje as inibições se inverteram. Podemos falar quase tudo sobre sex e as pessoas apenas sorrirão. Mas se começarmos a falar em prece e meditaç io, o mal-estar será notório. Discorrer sobre ética faz muita gente torcer o nariz, não porque sejam criaturas imorais, mas porque acham que esse é um assunto particular."[1]

Certas palavras fazem as pessoas torcer o nariz no trabalho — ética, emoções, solidão, doença, situação financeira, espiritualidade, veracidade, fidelidade à palavra. De fato, inúmeros problemas essencialmente humanos e muito do que é tratado no presente livro trazem à baila esse desconforto.

Na errônea crença de que o machismo é a marca da liderança forte, muitas vezes fingimos que essas fraquezas humanas não nos afetam. Por isso parecemos distantes, frios e mecânicos aos olhos dos outros, o que aliena a alma deles. Ser humanos e não mecânicos, eis o que abre nossa alma no trabalho, permitindo que a totalidade de nossa pessoa esteja presente e solidária. Evitar esses e outros aspectos do coração — aspectos que estão no cerne do significado de humanidade — priva a alma de suas exigências mais elementares e bloqueia tanto a nossa energia criativa quanto a nossa produtividade.

> Quando você é um Urso de Cérebro Miúdo, e Pensa nas Coisas, descobre às vezes que uma Coisa que parecia muito Coisada dentro de você torna-se muito diferente quando sai ao ar livre e é vista por outras pessoas.
>
> A. A. MILNE, *WINNIE-THE-POOH*

Negar nossa vulnerabilidade e evitar a intimidade com os outros leva à maior penúria que a alma pode sofrer: a solidão. Demonstrar nossa vulnerabilidade numa conversa a dois é vital para nossa sobrevivência. Mas a conversa virtual, em que os humanos não entram em contato para além do nível superficial e às vezes nem mesmo se encontram, não pode atender a essas exigências primárias. Quando a conversa é ao mesmo tempo superficial e virtual, a toxicidade se agrava num ritmo alarmante.

As organizações são equipes que dependem de seus relacionamentos para alcançar objetivos comuns. A *Química* leva à amizade e as equipes mais bemsucedidas são grupos de amigos bem-sucedidos. Não basta respeitar os membros das outras equipes, pois o respeito funcional se baseia na personalidade. A amizade profunda é uma conexão humana entre almas. Quando a alma se vê perturbada pela falta de *Química* entre os empregados, o desempenho sofre e o espírito definha.

A força do "muito obrigado"

O "muito obrigado" é um refrigério para a alma; trata-se, no entanto, de uma prática que vai desaparecendo de nosso trabalho e da nossa vida pessoal.

Um estudo recente da Dale Carnegie Foundation revelou que, nos seis meses anteriores, menos de 7% dos norte-americanos haviam recebido uma nota de agradecimento da pessoa à qual se reportaram, cumprimentando-os por trabalharem com afinco ou conquistarem um objetivo de grupo.

Nas organizações mecânicas, dizer "muito obrigado" muitas vezes é considerado sinal de afetação. Algumas pessoas acham que quem gosta de ter seu sucesso reconhecido é imaturo ou inseguro. Convém lembrar aqui a história da esposa que se queixava porque o marido não mais dizia que a amava. "Olhe aqui", disse ele, "eu disse que a amava no dia de nosso casamento. Se alguma coisa mudar, você ficará sabendo."

> A gratidão é uma fruta que exige cultivo cuidadoso; você não a encontra entre pessoas grosseiras.
> SAMUEL JOHNSON

Supomos que, se não nos queixamos, emitimos um sinal de que estamos satisfeitos; mas essa apreciação árida e incompleta arruína a alma. O líder insensível geralmente recorre a cartas e cartões de agradecimento impressos. Isso resulta no triste espetáculo de pessoas atarefadas tentando fazer o computador agir como amigos substitutos. A regra de ouro aplica-se aqui: não faça aos outros o que não gostaria que os outros fizessem a você — a menos que goste de receber cartinhas falsas, feitas em computador. A alma pode explicar a diferença.

Na Disney, os membros do elenco (assim são chamados ali os empregados) têm um sinal secreto para os colegas que merecem um agradecimento — o polegar para cima. Nos parques temáticos da Disney, quando os empregados observam um colega exibindo *Proficiência* —

> Todos dependemos uns dos outros, todas as almas do mundo.
> GEORGE BERNARD SHAW

acalmando um adolescente irrequieto, ajudando uma velhinha a subir as escadas, apanhando alguma coisa que um visitante deixou cair —, eles demonstram seu agrado com o "obrigado" visual do gesto com o polegar, que não é óbvio para os estranhos, mas é sempre apreciado pelos membros do elenco.

Nunca saia irritado do trabalho

Muito da toxicidade nas organizações provém das comunicações descuidadas e freqüentemente destituídas de graça. O mal que isso causa é, porém, evitável: um pouco de reflexão sobre o impacto desse intercâmbio doloroso e um esforço para reparar o dano serão excelentes para a alma.

Estando eu a trabalhar, recentemente, num grande hospital, perguntei a uma enfermeira da ala de câncer com que freqüência ela presenciava a morte.

Respondeu-me que ocorriam sete ou oito óbitos por mês. Ela trabalhava com pacientes terminais, tentando amenizar seu sofrimento, tornar seus últimos dias menos desconfortáveis e lidar com a dor das famílias. Fiquei chocado com essa taxa de mortalidade e perguntei-lhe se isso a fazia sofrer muito. A enfermeira reconheceu que, embora tudo aquilo fosse extremamente difícil, fora treinada para enfrentar a pressão emocional associada a seu trabalho.

Ela me perguntou, por sua vez, se eu poderia adivinhar qual era a parte mais estressante de seu trabalho. Depois de ouvir meus palpites equivocados, explicou: "É o comportamento cruel dos membros da equipe uns para com os outros, no trabalho, sua mesquinhez e falta de consideração." Conversamos a respeito um pouco mais e os motivos ficaram claros. O trabalho gera altos níveis de *stress*, com os quais as enfermeiras são adestradas a se haver. Elas não são adestradas, entretanto, para enfrentar as conseqüências desse *stress* em seus relacionamentos interpessoais, tanto em casa quanto no emprego. Precisaríamos de algum tempo para treinar as enfermeiras — um programa que chamei de "Quem Cura o Curador?"

Sob *stress*, as pessoas transferem suas frustrações para seus relacionamentos, muitas vezes de modo não-intencional. O tempo as pressiona e elas se sentem exaustas. Agridem-se mutuamente e, embora quase imediatamente o lamentem, estão esgotadas demais para praticar a única ação que faria todos se sentirem melhores — pedir desculpas.

O sábio conselho que nossos pais nos davam antes de nos casarmos, "Nunca vá para a cama com raiva de sua mulher", continua válido. E se estende para além do leito conjugal. Uma discussão ou desentendimento no trabalho irão infeccionar caso não sejam logo reparados. Podemos aderir à mesma prática no escritório:

> ## Nunca Saia do Escritório com Raiva de Seus Colegas

Sem dúvida, não estamos falando aqui de algo muito mais sofisticado do que a velha etiqueta e as ultrapassadas boas maneiras. Mas a civilidade, num mundo cada vez mais veloz, tornou-se uma contradição virtual. A civilidade exige espaço, tempo e reflexão serena. A civilidade nasce da empatia, o Acelerador que orienta o valor da *Química* e requer que façamos todas as Mudanças de Valores na roda dianteira do Ciclo de Valores. Se estivermos conscientes de

A Coragem de Viver com Graça | 89

ter ferido alguém, de ter ofendido seus sentimentos, de ter sido ríspidos ou rudes — não custa nada pedir desculpas. A força de um franco e imediato pedido de desculpas pode ser imensa, e seu efeito curador, profundo. Ao final de cada dia, temos uma escolha — ferir ou curar a personalidade e a alma.

Como conduzir nossa conversa com graça

O nível de graça dentro de uma organização é estabelecido por cada um de nós — e por ninguém mais. Os padrões das organizações são os praticados pelos nossos modelos de comportamento — *e se algo vai acontecer, isso é comigo*. A civilidade não ocorrerá a menos que cada qual estabeleça um novo padrão.

> O pior desafio para os garotos, hoje em dia, é aprender boas maneiras sem ver nenhuma.
>
> FRED ASTAIRE

Todos necessitamos de modelos de comportamento. Seguimos o exemplo daqueles a quem admiramos porque presumimos que seu modo de agir conduziram ao sucesso. Quando notamos que um bom comportamento dá resultados, é natural que o copiemos. Nos esportes, podemos elogiar ou desancar O. J. Simpson, Mike Tyson e Tonya Harding pelo seu comportamento tóxico; ou Roger Staubach, Joe DiMaggio, Joe Montana e Wayne Gretzky por seus exemplos inspiradores.

Se transformamos em heróis personalidades esportivas de mau caráter, endinheiradas, viciadas em drogas e imaturas, não é de surpreender que seu exemplo seja utilizado como modelo por milhões de pessoas impressionáveis.

Temos alternativas e precisamos delas. É o caso de Grant Hill, atacante do time de basquetebol dos Detroit Pistons. Ele fez história quando se tornou o primeiro novato a ser escolhido para o jogo All-Star. Os fãs deram-lhe mais votos que a qualquer outro. Nem mesmo Michael Jordan foi o mais votado em seu primeiro ano. Hill é um bom jogador, que faz uma média de dezoito pontos, cinco rebotes e quatro assistências por partida. Os torcedores admiram sua habilidade, mas o que realmente os atrai é sua graça e encanto, tão raros entre os astros egocêntricos dos esportes profissionais. Joe Dumars, mentor dos Pistons, resume assim a situação: "É uma liga de rapazes fora de controle. O comportamento agressivo é reconhecido e aceito, ou mesmo recompensado. Talvez nem seja recomendável dizer que Grant é acatado por ser uma boa pessoa, mas já é tempo de voltarmos a isso."

Depois de uma longa estiagem, os fãs, como todos nós, estão prontos para recompensar a civilidade: Hill receberá 45 milhões de dólares em oito anos. Está organizando um acampamento para jovens e, a despeito da fortuna recém-adquirida, vive modestamente num apartamento de três quartos num subúrbio perto do estádio dos Pistons. O técnico da equipe, Don Chaney (que Hill chama de "Sir"), afirma: "Hill nasceu para o estrelato. É coisa que não se aprende nem se ensina. Os torcedores estão famintos — *famintos* — e já não suportam os atletas imaturos. Querem alguma coisa melhor." Está ocorrendo uma mudança universal de sentimentos. Queremos que nossos heróis transcendam a civilidade, não que a espezinhem. Ocorre o mesmo em nosso escritório, lar e vida. Já é tempo de começarmos a praticar uma graça maravilhosa. E cabe a nós dar o primeiro passo.

Ser o primeiro em todos os trabalhos da alma exige coragem. Sempre que encontro um de meus clientes favoritos, ele pilheria ao me abraçar, como se se envergonhasse desse gesto. Ainda hoje, suas piadas revelam imaturidade e embaraço. Como a maioria de nós, ele foi educado num mundo onde homens que se abraçam são maricas e a gentileza é interpretada como fraqueza, não como força de liderança. O papel do líder que deseja inspirar a alma dos outros — o missionário — consiste em moldar o comportamento desejado, o que se faz dando sempre o primeiro passo.

> **Todos os irmãos devem pregar com obras.**
> SÃO FRANCISCO DE ASSIS

Graça com os consumidores

Devido, em parte, ao ensino fundamentalista de Tom Peters sobre a necessidade de uma cultura voltada para o consumidor, talvez não exista mais nenhuma organização, seja de que tipo for, que não tenha reconhecido o papel primordial do consumidor. Quase todo líder implementou alguma forma de serviço ao consumidor ou programa de qualidade. Entretanto, poucas empresas absorveram suficientemente essa compreensão, a ponto de torná-la peça básica de seu sistema de crenças. Quando os tempos são difíceis, o serviço ao consumidor quase sempre é a primeira despesa a ser cortada. Continuamos a acreditar no consumidor, a investir nele — *enquanto podemos*. Nosso compromisso de manter um estado de graça com o consumidor quase sempre é superficial e se esfacela diante de outras prioridades.

A teoria de Madre Teresa

Nós recebemos aquilo que esperamos. Um de meus clientes é uma companhia química agrícola. No início do plantio, os fazendeiros têm pouco tempo para aplicar herbicidas e fertilizantes. Tudo tem de ser previsto e executado com rapidez. Nessas circunstâncias, a sabedoria convencional ensina que os representantes de vendas vão deparar com fazendeiros irados: *por isso, recebem treinamento para tratar com fazendeiros irados.*

Essa tese, no entanto, pode ser contestada. Pedi a meu cliente que imaginasse Madre Teresa em sua equipe de vendas. Depois de receber o telefonema de um fazendeiro irado, Madre Teresa vai até sua propriedade numa picape Ford F-150. Ao saltar do veículo, o fazendeiro corre pelo campo na sua direção e descobre que o representante é ninguém menos que Madre Teresa. Irá ele xingá-la? Porá para fora sua raiva? Claro que não. Embora o fazendeiro continue a ser a mesma pessoa, com os mesmos problemas, *nós* mudamos — e, mudando, alteramos o comportamento do fazendeiro.

O comportamento dos outros não é fixo nem separado do nosso próprio. Podemos fazer mais que meramente reagir ao comportamento alheio: podemos mudá-lo, influenciá-lo positiva e drasticamente. Damos a esse fenômeno o nome de motivação. Agora o meu cliente já não "treina" representantes para enfrentar fazendeiros irados; ele mudou *sua* atitude capacitando as equipes de vendas a tomar decisões que atendam às necessidades dos consumidores — no próprio local. A melhoria na motivação e no desempenho empresarial foi notável: a equipe triplicou as vendas nos últimos três anos com os mesmíssimos integrantes.

Qualidade como confiança sagrada

Por que temos Programas de Serviço ao Consumidor e Programas de Qualidade Total? Afinal de contas, o motivo pelo qual desenvolvemos esses programas é aumentar os níveis de serviço ou qualidade. Se já estivéssemos oferecendo níveis adequados de serviço e qualidade, não precisaríamos de nenhum "programa".

Temos a responsabilidade sagrada de proporcionar serviço e qualidade aos outros — tanto dentro quanto fora da empresa. Isso não é uma questão de arbítrio, mas de confiança sagrada. Tem a ver com a manutenção das promessas: fizemos a promessa de cumprir um padrão de desempenho convencionado. Demos nossa palavra, empenhamo-nos. Os programas de qualidade e serviço ao consumidor constituem tentativas desesperadas de reparar esses laços rompidos e recuperar a confiança perdida junto aos consumidores, empregados e sócios. Se, de começo, aceitarmos nossas responsabilidades, não precisaremos desses programas de ocasião.

Conforme discutimos no capítulo anterior, assim como a qualidade e a correção iniciais revelaram-se menos dispendiosas do que economizar dinheiro e promover cortes, descobriremos que dizer a verdade e manter as promessas logo da primeira vez também será mais eficaz a longo prazo. Repensar nossa prática dessa maneira transformará nossos resultados e, ao mesmo tempo, revigorará a alma.

O consumidor em segundo lugar

Defino o consumidor como alguém que vem até nós com uma necessidade. No trabalho e na vida pessoal, isso torna praticamente todos nós consumidores. Durante os últimos quinze anos, as organizações vêm redimensionando o tratamento que dão aos consumidores graças a uma série de campanhas e programas, os consultores vêm escrevendo e ensinando, e deu-se uma revolução de consciência. Mas, até que sejamos capazes de atender às necessidades das almas e personalidades dos empregados, não conseguiremos atender às necessidades semelhantes dos consumidores.

Maus programas de qualidade e serviço ao consumidor, definidos como *Química* ruim (relacionamento pobre), entre consumidor e prestador de serviços começam com a ausência de graça entre o líder e a equipe, e entre os membros da própria equipe. Essa falta de graça começa dentro de cada integrante da organização. Se não aprendemos a nos tratar com graça, como aprenderemos a fazer o mesmo com o consumidor? Se vivemos com a graça no seio de nossas organizações, ela aparecerá também nas nossas relações exteriores. Nosso foco messiânico no consumidor, à custa do empregado, fez com que estivéssemos olhando pela extremidade errada do telescópio.

Hal Rosenbluth montou uma das mais bem-sucedidas cadeias de agências de viagem da América do Norte e o título de seu livro descreve perfeitamente minhas idéias: *The Customer Comes Second and Other Secrets of Exceptional Service* ("O Consumidor Vem em Segundo Lugar e Outros Segredos do Serviço Excepcional").[2] Durante anos, pressionamos os empregados a oferecerem melhores serviços e qualidade superior — e fomos incrivelmente bem-sucedidos. Em quase todas as áreas a América do Norte lidera, ou pelo menos se equipara ao Japão, tanto na oferta de qualidade quanto na prestação de serviços. No entanto, houve uma baixa ao longo do caminho: um número cada vez maior de pessoas odeia seu trabalho, tem medo do chefe ou não confia nele. Buscam alimentar a alma em outra parte. *Podem estar casadas com o emprego, mas seu desejo real é ter um caso com a alma.* Enquanto estivemos aprimorando os padrões de qualidade e serviço, colocando-os num nível que muitos pessimistas achavam impossível, abandonamos a alma de nossos empregados, sem os quais nossas organizações simplesmente se paralisariam.

Um programa de qualidade
total para as pessoas

Está ocorrendo uma revolução. Um número crescente de pessoas já não se sentem preparadas para carregar a tocha do aperfeiçoamento contínuo, em termos de serviço e qualidade ao consumidor, sem um aumento correspondente de serviço e qualidade para si mesmas — um Programa de Qualidade Total para Empregados. Sua mensagem é que os empregados vêm em primeiro lugar e os consumidores, em segundo; se a captarmos corretamente, nessa ordem, conseguiremos regenerar e construir as maiores organizações do mundo, inspirando as almas que as habitam. Elas serão Santuários — lugares de inspiração profunda — porque os líderes terão aprendido a retomar os laços com a alma de seus empregados e consumidores.

A Marriott Hotels, Resorts and Suites Division, assim como muitas outras organizações, perde 60% de seus executivos a cada ano, 40% nos primeiros três meses. O vice-presidente de recursos humanos, Richard Bell-Irving, estima que o recrutamento e o treinamento de cada substituto custem 1.100 dólares. Diz ele: "Quando alguém vai embora, compromete a equipe, a produtividade e o serviço prestado aos hóspedes."[3] A escolha das palavras revela a atitude, o que pode explicar o entra-e-sai da Marriott: os três primeiros meses de um empregado na Marriott são chamados de "condicional": o mesmo termo utilizado para condenados em liberdade vigiada, descrição que dificilmente pode inspirar a alma.

No entanto, esse estilo é típico das organizações mecânicas, onde as pessoas são vistas como simples peças ou unidades de produção, nunca como almas. O exemplo mostra como o tratamento que damos aos empregados e o pouco de respeito que lhes tributamos podem amesquinhar a alma e, assim, gerar padrões pífios de qualidade e serviço ao consumidor. No varejo, o respeito às pessoas é tão insignificante que um terço de sua força de trabalho não tem seguro de saúde e 40% ganham menos de US$14,764 por ano (nível oficial de pobreza para uma família de quatro membros nos Estados Unidos). Não é de admirar que resmunguem "Tenha um bom dia" sem nenhuma sinceridade.

Nosso nível de insensibilidade para com a alma pode gerar efeitos que seriam risíveis se não fossem tão desastrosos. Há alguns anos, a Kmart estava ao mesmo tempo "enxugando" e instruindo os empregados a dizer aos compradores "Obrigado por comprarem na Kmart". A equipe de vendas, tentando fazer mais com menos, sentia-se tão atribulada, que condensava essa fórmula numa sigla e gritava "OPCNK" enquanto tentava empurrar o cliente assustado porta afora.

Antes que consiga ligar-se à alma dos consumidores, a organização precisa realizar mudanças importantes em suas atitudes. Muitos líderes usam sua recente descoberta do consumidor como prova de sua sinceridade e genuína dedicação à qualidade e ao serviço. Todavia, coisas como TQM, serviço ao consumidor e outros palavreados semelhantes do passado recente voltavam-se mais para a sobrevivência do que para o respeito ao cliente. Depois de viver ao abrigo das quotas de importação por tanto tempo, a indústria automobilística provavelmente não mais existiria caso não houvesse aperfeiçoado seu código de qualidade. Mercados opcionais negativos, propaganda enganosa, garantias limitadas, agressão ambiental — eis o que fazem as organizações que se dizem "voltadas para o consumidor"!

Diz Hal Rosenbluth: "Nosso pessoal é que presta serviço aos nossos clientes. O nível mais elevado de serviço que se pode conseguir vem do coração. Assim, a companhia que toca o coração de seu pessoal prestará o melhor serviço. Eis a coisa mais acertada a fazer pelos nossos clientes. Eles aprenderam que, vindo em segundo lugar, saem na frente... Se pusermos nosso pessoal em primeiro lugar, ele colocará em primeiro lugar os clientes."[4]

A singularidade num mundo uniforme

Todas as companhias aéreas compram seus aviões do mesmo grupinho de fabricantes, utilizam os mesmos tipos de computador, empregam os mesmos controladores de vôo e encarregados de bagagens, servem as mesmas cidades e pousam nos mesmos terminais. De que forma, então, distinguem-se uma da outra? A primeira estratégia de diferenciação foi o programa de freqüência de vôo, inventado pela American Airlines. A companhia gozou dessa vantagem distintiva por três semanas, até que o programa fosse copiado por uma concorrente e, não muito depois, por todas as outras. Assim, a American Airlines voltou a ser igual às outras. A estratégia seguinte foram os descontos elevados. Isso resultou na pior hemorragia financeira da história dessa indústria, com prejuízos em 1992 iguais à soma dos lucros acumulados por todas as companhias aéreas ao longo de sua existência. Voltaram todas a parecer-se umas com as outras e já agora em mais um aspecto: todas estavam perdendo dinheiro.

Vivemos numa época em que podemos reproduzir tecnologias em três semanas. Atender às necessidades de nossos consumidores já não é mera questão da mente — agora é questão do coração, reverência pela santidade das pessoas e do planeta, em suma, amor. Pessoas e organizações não se distinguirão apenas pela excelência técnica, mas pelo nível de seu compromisso espiritual com aqueles a quem servem. A recuperação financeira das companhias aéreas está a caminho e uma ou duas delas conseguiram distinguir-se fazendo algo que nunca haviam feito antes: administrar seus negócios com base na alma, não na personalidade. No dia em que transformarem isso numa prática duradoura, os passageiros concordarão em fazer mais negócios com elas a preços razoáveis, tornando a indústria viável outra vez. As pessoas se sentem atraídas para os Santuários. O que é bom para a alma é bom para os negócios.

A graça com os parceiros

Passo boa parte do tempo viajando para cidades onde dou palestras. Tudo é muito simples: em troca de uma remuneração, vôo para o local, passo ali a noite, quando necessário, faço a palestra e volto. Às vezes, vou de trem, quer o cliente insista ou não; e alguns ficam surpresos, quando não satisfeitíssimos. Outros me obrigam a voar em companhias "sem nome" e me instalam em motéis "impronunciáveis", deixando que eu cuide pessoalmente do equipamento audiovisual e de tudo o mais. Outros, ainda, me cobrem de mimos.

Não faz muito, cheguei tarde da noite ao hotel onde deveria dar uma palestra na manhã seguinte. Depois de ser apanhado no aeroporto, entrei no saguão, onde uma VIP me deu as boas-vindas com uma taça de champanha e me cumulou de atenções enquanto minhas malas eram levadas para o quarto. Ao abrir a porta do quarto, vi-me diante de uma encantadora suíte, onde inúmeras providências haviam sido tomadas para tornar o ambiente confortável e elegante. Havia um banheiro suntuoso, com uma enorme banheira de hidromassagem ao canto, um cesto de frutas no aparador e um vaso de flores para que eu me sentisse em casa.

No dia seguinte, agradeci à minha cliente e perguntei-lhe por que se dera tanto trabalho para acolher-me. Ela disse: "O senhor é o palestrante e aquele é o seu quarto especial. Quando aluguei este hotel para a nossa convenção, exigi o melhor quarto para o senhor. Queríamos que se sentisse bem-disposto, descontraído, alegre e feliz por estar na nossa companhia. Esperamos que faça o público ficar de pé, aplaudindo." Calculei que minha cliente investira uns 150 dólares acima do preço normal de um quarto ou 25 centavos para cada um dos seiscentos ouvintes. Será que dei àquela platéia 25 centavos a mais de paixão e valor? Pois podem apostar que sim!

O relacionamento tradicional entre parceiro e vendedor baseia-se numa concepção mecânica de organização. Cada parte vê a outra como coisa separada, como um adversário tentando tirar vantagem dela. Os dois lados ficam em guarda, defendendo-se de possíveis agressões ou descuidos insignificantes. A concepção tradicional lança o diretor de compras contra o vendedor, num relacionamento sem graça onde ambos passam a perseguir objetivos opostos. O comprador quer o melhor produto, a melhor qualidade, o melhor serviço pelo menor preço; o vendedor sonha com a melhor margem de lucro possível, a fim de ganhar e sobreviver. Um amigo meu contou-me, com maldisfarçada satisfação, ter negociado um contrato com um cliente pelo dobro do preço que ele próprio achava justo. A empresa assinou o contrato e dois anos depois abriu falência, em parte por ter assumido esse oneroso compromisso. Com vistas ao refinanciamento, os novos proprietários solicitaram ao meu amigo que renegociasse o contrato em termos mais favoráveis a eles, coisa que ele teve de fazer. No entanto, quando o contrato expirou, meu amigo não foi convocado para fazer novos negócios com a empresa.

Quem saiu lucrando? Em última análise, um acordo bom para mim, mas ruim para você é ruim para nós dois. Querelas em que uma parte vence e a outra perde (o chamado "jogo zerado") são destituídas de graça e prejudiciais à alma. De que modo a alma será nutrida quando sabe com certeza que um contrato foi lavrado em termos leoninos, capazes de fazer com que o fornecedor perca dinheiro e vá mesmo à bancarrota? Até que ponto provocar tamanho sofrimento humano pode ser considerado "vencer"? O vencedor teórico — o consumidor que consegue obter preços irrealisticamente baixos ou termos absurdos de um fornecedor — goza de uma vitória vã: ele saboreará uma vantagem financeira de curto prazo, mas irá arcar com uma falência moral e uma perda espiritual de longo prazo. Enquanto isso, o fornecedor se sentirá traído, desmoralizado e doente da alma. Não há vencedor; ambos são perdedores espirituais porque, embora o consumidor pareça ter alcançado a vitória num acordo do tipo "ganha-ou-perde", um exame mais acurado revela que ninguém venceu — foi um acordo do tipo "perde-ou-perde". Como dizia Martin Luther King Jr., a velha lei do "olho por olho" deixa todo mundo cego.

> A função do consumidor é ensinar às empresas como negociar com elas.
>
> PETER BLOCK

Na realidade, os parceiros estão na nossa equipe; apenas não constam de nossa folha de pagamentos. Idealmente, os consumidores e seus parceiros partilham a mesma visão, trazem contribuições diferentes para o partido e dividem suas respectivas *Proficiência*, *Química* e *Entrega* a fim de alcançar um objetivo comum. Quando um parceiro e um consumidor concordam em negociar termos que atendam a seus interesses recíprocos, antes de entrar em detalhes, farão juntos uma mágica e iniciarão um jogo do tipo "vencer-ou-vencer".

Há poucas indústrias em que os consumidores tenham mais consciência de preços do que a área de computação. Finnis Conner ajudou a lançar dois dos maiores fabricantes de *disk drives*, Shugart Associates e a desaparecida Seagate Technology, que se tornaram as gigantes do ramo. Por fim, Conner decidiu trabalhar por conta própria e abriu sua companhia. Ao contrário de muitas outras empresas, que fabricam seus próprios componentes, ele resolveu adquiri-los de terceiros — e, em vez de ser dono de suas fábricas, arrendou-as. No começo, Conner entrou em contato com a Compaq, uma das maiores fabricantes de microcomputadores, a fim de saber de que modo poderia atender às suas neces-

A Coragem de Viver com Graça | 97

sidades de *disk drives*. Num franco espírito de parceria, a Compaq dispôs-se a financiar a nova empresa e, assim, garantir um fornecimento regular de *disk drives*. A Compaq foi, nos primeiros tempos, o único cliente de Conner, mas esse relacionamento simbiótico ajudou-o a lucrar já em seu primeiro trimestre. Conner continuou a colaborar estreitamente com seus consumidores a fim de obter acordos do tipo "vencer-ou-vencer" num negócio notoriamente volátil. Para evitar uma súbita falta de estoque, Conner previu novas áreas de montagem fora da programação. Disse o presidente da Conner, William Almon: "Temos dois edifícios em Singapura, completamente equipados, mas sem ninguém dentro." Essa atenção para com os parceiros ajudou Conner a tornar-se o principal fornecedor da indústria da computação, assim como o líder de mercado em *disk drives* para *laptops* e *notebooks*.[5] Em 1995, Conner e a Seagate se fundiram.

Thomas T. Stallkamp, diretor de compras da Chrysler Corp., comprometeu-se a oferecer à gigante canadense do setor de autopeças, Magna International Inc., 148 propostas diferentes de cortes de custos nos últimos dois anos, que, a seu ver, podiam resultar numa economia anual de 93 milhões de dólares. Eis o potencial de toda parceria com consumidores que investem em seus relacionamentos com seus fornecedores.

O empregado, o consumidor e o fornecedor querem uma coisa só: a plenitude. Afinal, eles são, em primeiro lugar, almas em busca de uma experiência humana; só em segundo lugar é que são empregados, consumidores e parceiros. Em nossa busca da plenitude, quase sempre nos esquecemos disso. Vivemos todos na esperança de que, em cada relacionamento, seremos capazes de reconciliar as necessidades da nossa personalidade com nossa busca de conteúdo espiritual: o que é íntimo com o que é infinito. Não raro, acreditamos erroneamente que, tão logo satisfaçamos às necessidades mais urgentes da personalidade, lograremos voltar a atenção para a satisfação das necessidades da alma — depois de nutrir a personalidade, nutriremos a alma. Entretanto, as duas coisas não podem ser separadas

> **Se quer ganhar, aprenda a agradar.**
> WINSTON CHURCHILL

nem apresentadas dessa maneira. Quando atos destituídos de graça nos desapontam, não importa qual seja o nosso papel na ocasião — empregado, consumidor ou fornecedor — a ausência de graça introduz-se na nossa vida e consome nossa alma.

A ausência de graça bloqueia a nossa tentativa de alcançar à plenitude. A pobreza espiritual que daí resulta arruína a saúde tanto do corpo quanto da alma. Por isso, nosso desafio consiste em infundir graça em todos os nossos atuais relacionamentos. Nosso trabalho é feito de esforços pequeninos, que, se empreendidos com amor, serão graciosos e, conseqüentemente, inspirarão a alma. Citando Madre Teresa, "Não podemos fazer grandes coisas, apenas coisas pequenas com grande amor". Se nos sentimos bem na nossa condição de empregados, consumidores e parceiros, poderemos regenerar-nos e às nossas organizações. Assim, o trabalho não será apenas mais uma palavra de oito letras.

5 | A Alquimia da Alma

Quando você falar com um Urso de Cérebro Miúdo, lembre-se de que palavras compridas o aborrecem. É mais divertido conversar com alguém que não usa palavras longas e difíceis, mas curtas e fáceis como "Vamos almoçar?"
Winnie-thê-Poo, A. A. Milne

Sei muito bem que o leitor não é o ursinho Winnie, mas sei também que este capítulo contém algumas palavras compridas. Peço desculpas e insto o leitor a perseverar, pois tenho certeza de que o valor da informação valerá o esforço.

Por que o trabalho está nos deixando doentes?

Os Estados Unidos apresentam a mais elevada incidência de doenças do coração no mundo, e gastam uma parcela maior de seu Produto Interno Bruto em assistência médica e problemas afins do que qualquer outra nação da Terra. No ano passado, a General Motors aplicou mais dinheiro em assistência médica do que em aço, acrescentando, com isso, novecentos dólares ao preço de cada carro.

> Duas coisas são ruins para o coração: correr morro acima e espezinhar as pessoas.
> BERNARD GIMBEL

Quando falamos em estratégia empresarial ou em liderança nos negócios, costumamos usar metáforas violentas, metáforas de guerra. Em seu livro *Marketing Warfare* ("Guerra de Merca-

100 | O Coração

do"), Al Reis e Jack Trout advertem que "A verdadeira natureza do mercado, hoje em dia, é lograr, flanquear e esmagar a concorrência. Em suma, mercado é guerra, guerra na qual o inimigo é o seu concorrente, e o terreno a ser ganho, o consumidor".[1]

Freqüentemente nos referimos aos negócios como guerra e gritamos às "tropas" que a concorrência precisa ser destruída, eliminada ou assassinada para defesa de nosso território. Se as coisas se tornam difíceis, queixamo-nos de que a concorrência nos está matando e reagimos, desenvolvendo estratégias ofensivas e agressivas que nos permitirão conquistar e dominar mercados. Ao avançar contra o inimigo, agimos como assassinos sistemáticos e pomos em prática políticas cruéis, exigindo que os adversários sejam chacinados sem que se façam prisioneiros. Burilamos a imagem de perigosos e, recorrendo às armas para tirar os concorrentes do caminho, tranqüilizamo-nos à idéia de que, após eliminá-los, obteremos a vitória e o controle.

Apelamos para o linguajar da guerra na crença de que ela inspira atos heróicos. Na verdade, porém, ao usar metáforas belicosas, não inspiramos pessoas: tornamo-las doentes. O uso persistente de palavras violentas intoxica nossos semelhantes. As organizações, por serem a soma das pessoas que as integram, sucumbem a essa toxicidade.

Recorremos à violência e à agressão para comunicar idéias na propaganda, na mídia, no nosso lazer, em nossas estratégias. Até damos a um clube de golfe o nome de "Big Bertha", que era o nome de um canhão da Primeira Guerra Mundial. Ficamos tão impermeáveis à violência como metáfora que apelamos para canhões!

Nossa opinião sobre a violência foi cristalizada na célebre frase de Vince Lombardi: "Vencer não é tudo; é a única coisa." Portanto, se vencermos, tudo irá bem. Assim, acreditamos, equivocadamente, que os clichês ameaçadores da guerra, da violêı cia e da intimidação inspiram e motivam. Chegamos à conclusão de que nosso modelo de comportamento deve ser o líder heróico: homens, machos, durões, brutamontes como Rambo. As coisas, entretanto, não funcionam assim. As qualidades da liderança moderna são mais encontradas na sabedoria dos santos, místicos e gurus do que em Átila, rei dos hunos — e em nossas energias não só masculinas, mas, também, femininas.

> A guerra é o negócio dos bárbaros.
> NAPOLEÃO BONAPARTE

Somos alquimistas

Embora raramente o percebamos, somos todos alquimistas. A alquimia é uma combinação de química, filosofia e misticismo. Era praticada na Idade Média por estudiosos que freqüentemente devotavam a vida à busca da "pedra filosofal", um elixir composto de sal, enxofre e mercúrio que, segundo se pensava, poderia transformar metais vis em ouro e proporcionar a eterna juventude. Pois chegou a Nova Era da Alquimia e você e eu somos os alquimistas. A filosofia de hoje é a motivação humana e o misticismo é uma crença inabalável na grandeza individual. Os cientistas atuais chamam a química de psiconeuroimunologia (PNI).

Todos os dias, alteramos a bioquímica uns dos outros e, como resultado, criamos alegria ou tristeza, euforia ou depressão, mediocridade ou genialidade naqueles com quem nos comunicamos. Todos temos um imenso poder, capaz de curar ou ferir a alma de nossos semelhantes... em cada palavra que proferimos.

O corpo é uma farmácia

Observemos primeiro o corpo humano. Na verdade, nossa entidade física nada mais é que uma farmácia sofisticada. Somos uma sopa química complexa, adaptada e renovada a cada segundo pelo meio ambiente, as emoções, as dietas e o contato humano. Nosso corpo está num processo contínuo de renovação. Fabricamos um novo esqueleto para nós mesmos a cada noventa dias, um novo fígado a cada seis semanas (grande vantagem para certas pessoas), uma nova pele a cada cinco semanas, um novo revestimento do estômago a cada cinco dias e novas células epiteliais do estômago a cada cinco minutos.

Algumas mudanças na nossa bioquímica geram toxicidade humana. Jon Franklin observou que, em qualquer época, cerca de um terço da população sofre de moléstias provocadas quimicamente. Diz ele: "Uma em cada cem pessoas é esquizofrênica, duas são esquizóides, oito têm fobias, sete são viciadas, seis sofrem de depressão e talvez cinco sejam criminosas. Provavelmente, outras cinco apresentam comportamento irracional destrutivo em dado momento..."[2] Cada uma dessas doenças quimicamente provocadas acaba ulcerando a alma.

O neurônio

O cérebro é composto por cerca de cem bilhões de células, todas capazes de permutar sinais com dezenas de milhares de neurônios vizinhos. Cada neurônio é um minúsculo centro de processamento de dados e, embora não haja dois iguais, apresentam traços parecidos: um corpo celular, vários dendritos e um axônio. O dendrito é um filamento que se projeta do corpo celular e, graças a

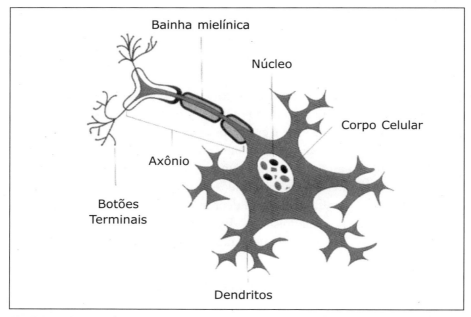

Figura 13: O Neurônio

ele, cada célula recebe sinais de outras. O axônio é uma espécie de cauda presa ao corpo celular, sendo que um botão terminal se localiza na sua extremidade. Todas as emoções e todos os sentimentos humanos, bem como o bem-estar fisiológico das pessoas, são acionados pelas comunicações eletroquímicas entre neurônios.

O cérebro produz ou ativa mais de sessenta secreções químicas diferentes e pode, assim, preparar prescrições que alteram sem cessar a condição emocional e fisiológica do corpo. Há várias maneiras de influir sobre isso: a dieta é uma delas. Se você quiser se sentir mais alegre, por exemplo, consuma leite, carne de frango, banana e verduras — alimentos que sabidamente estimulam a produção de dopamina, um dos "estimulantes" do corpo. Se você estiver se sentindo deprimido, isso talvez se deva à ingestão de açúcares e gorduras, substâncias que ativam a acetilcolina, um dos "depressores" do corpo. Brincar com crianças ou animais e procurar divertimentos agradáveis, tudo isso pode alterar a nossa bioquímica e, assim, melhorar o nosso humor.

A mão ou o punho

Podemos nos comunicar de duas maneiras: com a mão aberta ou com o punho fechado. Alguns líderes supõem que o medo é um poderoso motivador.

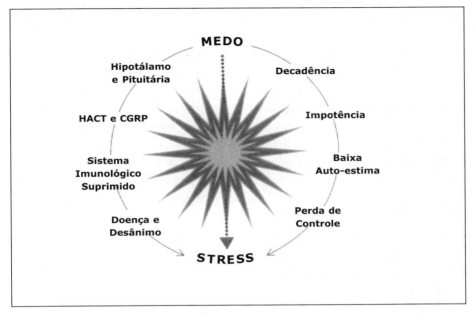

Figura 14: O Ciclo de Medo e *Stress*

Embora, para a personalidade, isso talvez seja verdadeiro em certas circunstâncias, para a alma praticamente nunca é. Ainda que nos sintamos gratos por ter um emprego e, com isso, motivados a fazer um mínimo de esforço para conservá-lo, nossa alma ansiará por ficar livres no fim do expediente.

Os efeitos bioquímicos do Ciclo de Medo e *Stress*

A Figura 14 mostra como a intimidação e o medo criam *stress*. O lado esquerdo do Ciclo de Medo e *Stress* representa os efeitos bioquímicos ou fisiológicos enquanto o lado direito registra as conseqüências emocionais ou psicológicas. Quando sentimos medo, o hipotálamo, que é o centro emocional do cérebro, e a glândula pituitária são ativados. Esta envia uma mensagem que libera um hormônio do *stress* chamado hormônio adrenocorticotrópico (HACT) na corrente sanguínea. O HACT chega às glândulas supra-renais que, em situações de medo ou cólera, produzem o hormônio epinefrina. Isso gera rapidamente energia graças à liberação de glucose, estimulando o coração e acelerando a circulação do sangue nos músculos, o que força as glândulas supra-renais a produzir mais de trinta hormônios diferentes. Alguns deles modificam o metabolismo do corpo, aumentando a taxa de conversão das gorduras e proteínas em açúcar, o que, por sua vez, aumenta o combustível disponível para o corpo em

104 | O Coração

ação. A hidrocortisona, um tipo de cortisona natural, é então liberada para reduzir a inflamação dos tecidos.

À medida que as supra-renais vão descarregando adrenalina e noradrenalina, o coração pulsa mais depressa, a fim de apressar a passagem das substâncias químicas do *stress* pelos sistemas orgânicos, a pressão sanguínea sobe e as pupilas se dilatam na tentativa de melhorar a visão. A eclosão combinada de hormônios relaxa os brônquios a fim de propiciar uma respiração mais profunda, o que gera um maior suprimento de oxigênio. O aumento da quantidade de hormônios extrai do açúcar do sangue o máximo de energia, desacelera o processo digestivo para conservar a energia muscular e desvia os suprimentos de sangue a fim de que este possa coagular mais rapidamente caso haja algum ferimento.

Tudo isso acontece em questão de segundos, durante os quais o corpo se transforma numa configuração tensa de substâncias profundamente modificadas, prontas para atender a demandas muito além da capacidade normal. A essa condição, damos o nome de *stress*. Ela é muito tóxica para o organismo e extremamente corrosiva para a alma. Dado que se adapta para enfrentar o *stress* recente, o corpo enfraquece o sistema imunológico de modo que os recursos bioquímicos se voltem para a manutenção de seus mecanismos de sobrevivência. Quando o sistema imunológico é suprimido, o corpo fica vulnerável às doenças. Em sua busca de alívio da dor, a população estressada recorre aos serviços de saúde. Em conseqüência, as contas hospitalares da General Motors e do país inteiro "levantam vôo".

As provas de que a doença está associada ao *stress* são indiscutíveis. Inúmeros estudos indicam que o *stress* compromete o crescimento saudável das células e provoca depressão. Esta se origina da emissão de substâncias bioquímicas que promovem a hiperatividade. Os especialistas em medicina descobriram que certas drogas podem alterar a química e diminuir a depressão. Contudo, essas intervenções amenizam os sintomas da dor, não a sua causa. *O Prozac não cura a alma.*

Os efeitos psicológicos do Ciclo de Medo e *Stress*

Examinamos os efeitos bioquímicos do *stress* e vamos agora discutir os efeitos psicológicos e emocionais — o lado direito do Ciclo de Medo e Stress. Quando estamos com medo, nos preocupamos com a sobrevivência. Nesse estado, o corpo não consegue crescer porque está empenhado em escapar dos perigos que se apresentaram. Se não estamos crescendo, estamos morrendo; não podemos, nessas condições, renovar nossa capacidade, que, conseqüentemente, declina. Capacidade em baixa resulta na redução da *Proficiência* e, portanto, da auto-estima. Isso, por sua vez, leva à perda de controle e ao aumento inevitável do *stress*. Quando perdemos o controle, sentimos uma profunda ansiedade. Lembre-se da última vez em que um de seus parentes esteve enfermo: sua ansiedade aumentava sempre que você não conseguia exercer um nível razoável de controle sobre cada uma das condições.

Os efeitos bioquímicos do Ciclo de Amor e Euforia

Observemos agora o Ciclo de Amor e Euforia mostrado na Figura 15. Nos meus seminários, sempre peço aos participantes que evoquem um período de suas carreiras em que se sentiram muito motivados, eufóricos e apaixonados pelo trabalho. Seus primeiros pensamentos quase sempre se concentram num relacionamento com uma pessoa: o mentor, o chefe, o professor a quem amaram e por quem foram amados. Em outras palavras, as reações eletroquímicas e, conseqüentemente, as sensações emocionais que acham mais agradáveis são quase sempre as provocadas por um líder que se comunicava e ensinava com amor — não com medo. Foram períodos de grande proveito espiritual e evolução pessoal na vida deles. O ato de orientar, um dos componentes essenciais do aprendizado, é um presente a si mesmo e aos outros. É um ato de cura de si mesmo.

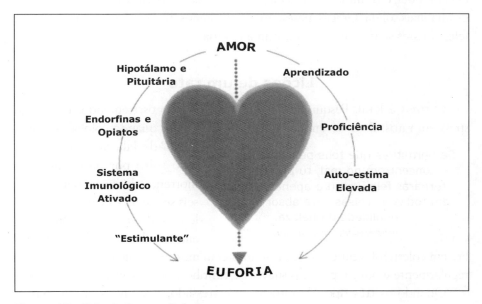

Figura 15: Ciclo de Amor e Euforia

Todos aqueles que trabalhavam com alguém a quem amavam — um grande mestre ou mentor — podem evocar os maravilhosos sentimentos de paixão e euforia que sentiram então. Observem que estamos usando o termo euforia, não *stress*. A bioquímica do *stress* e da euforia é muito diferente. A noção do "bom *stress*" não passa de um mito: bom *stress* é a mesma coisa que veneno bom. Quando fazemos algo porque estamos com medo, ficamos estressados. Quando fazemos algo porque amamos a pessoa que dela irá se beneficiar (*Química*), gostamos da sensação de a estar fazendo (*Proficiência*) ou apreciamos os motivos que nos induziram a fazê-la (*Entrega*), a euforia é o resultado. Como mostra o lado esquerdo do diagrama, o hipotálamo fica ativado, desta vez não pelo HACT, mas pelas endorfinas e pelos opiatos, inclusive o *interleukin-2*, o estimulante natural do corpo que nos faz sentir entusiasmados quando realizamos aquilo de que gostamos. O sistema imunológico, conseqüentemente, se fortalece: pessoas que gostam do que fazem quase nunca adoecem.

Os efeitos psicológicos do Ciclo de Amor e Euforia

No outro lado do nosso diagrama, onde se registra o impacto psicológico e emocional do amor, o quadro é bem diferente do que vimos no Ciclo de Medo e *Stress*. Quando gostamos de alguma coisa, como tocar violino, qual é o primeiro passo que damos? Tomamos lições de violino. Quando nos empenhamos em aprender, o resultado é mais *Proficiência*, e mais *Proficiência* leva a uma auto-estima mais sólida. Graças a esta, nos controlamos, nos sentimos responsáveis e felizes. Esses sentimentos promovem a euforia — e a euforia ilumina a alma.

Lições de um rato

O *stress* é letal. Pesquisadores têm demonstrado os tremendos efeitos do *stress* em ratos. Estes vivem cerca de dois anos, mas, quando colocados numa gaiola de laboratório com um gato solto por perto, acabam morrendo de causas naturais em seis semanas — vítimas do desalento e do *stress*. Se, porém, são alimentados com uma dieta pobre em colesterol, acariciados e entretidos com mostras de afeto, se se exercitam regularmente e ouvem palavras suaves de carinho, conseguem viver seis anos.

> Se permitires que teus pensamentos se concentrem no mal, tu próprio te tornarás feio. Procura apenas o bem em todas as coisas para absorveres a qualidade da beleza.
> PARAMAHANSA YOGANANDA

Quando os três tipos de ratos — o estressado, que vive seis semanas; o normal, que vive dois anos; e o mimado, que vive seis anos — são examinados, vê-se que seu trato intestinal envelheceu igualmente. Como demonstram tais experimentos, podemos gerar desânimo ao produzir toxicidade. Nossa bioquímica se envenena e nosso sistema imunológico fica comprometido. Em suma, nós nos matamos uns aos outros com o *stress*. Por isso, o medo e o *stress* são tão letais para a personalidade quanto para a alma.

A bioquímica da língua

Vejamos o que acontece quando usamos uma linguagem violenta ou somos ofendidos por pessoas agressivas e hostis. Ocorrendo uma situação de *stress*, como uma ameaça ou insulto, a rede sensorial do corpo transmite informação ao córtex, alertando-o do perigo. Sinais são emitidos para a parte posterior do hipotálamo (sede do *stress* ou da resposta do tipo "lutar-ou-fugir"), que reage, enviando mensagens à glândula pituitária. Pesquisadores médicos observaram que pacientes deprimidos não conseguem manter os níveis adequados de células T (que combatem as infecções virais, de fungos e bacterianas), de células B (protetoras, fabricadas na medula) e de células NK (matadoras naturais que reconhecem e removem espontaneamente células afetadas). Isso deixa o corpo mais vulnerável à doença e ao aumento da depressão.

> ...as palavras são significativas apenas quando têm conteúdo, ou seja, seu conteúdo é que é significativo. Entretanto, o "significado" pode ser mental ou espiritual... podemos até mesmo influenciar os processos bioquímicos do corpo com ele... o significado pode tornar-me doente ou curar-me.
>
> CARL GUSTAV JUNG

O efeito na atividade eletroquímica do nosso cérebro é determinado tanto pela maneira como nos comunicamos quanto pelo conteúdo do que é comunicado: a letra assim como a música. Em seu livro *Head First* ("Primeiro a Cabeça"), o falecido Norman Cousins descreveu o que acontece quando recebemos informações com franqueza brutal. Falou de pacientes que, depois de ficar sabendo que sofriam de esclerose múltipla, caíram em depressão aguda. De outra feita, o pai de um rapaz de 26 anos acompanhou-o ao consultório médico e, ao voltar para casa, notou que ele "parecia ter envelhecido uns vinte anos. Arrastava os pés como um velho".

Em outro exemplo, tendo alguns espectadores de um jogo de futebol se sentido mal no estádio, um médico suspeitou do refrigerante de uma máquina automática. O anúncio ao público de que a máquina fora desativada porque alguém se intoxicara com a bebida revelou-se tão desastrado, que o estádio se transformou num mar de vômitos. Mais de cem pessoas tiveram de ser hospitalizadas... e, no entanto, descobriu-se depois que o refrigerante era "inocente".[3]

Como dissemos acima, os sinais de medo ativam o hipotálamo e acionam a nossa bioquímica. Podemos nos sentir mal apenas porque as palavras usadas na comunicação são tóxicas e sua toxicidade se transfere diretamente para nós. O teórico da Educação Joseph Chilton Pearce afirma que tanto o contexto quanto o conteúdo afetam o nosso aprendizado. Por exemplo, ainda que uma pessoa mostre vocação natural para a História, se achar seu professor antipático, associará o professor com a matéria e passará a achá-la antipática também.

Estudos recentes mostraram que a exposição ao humor ou mesmo um vídeo sobre Madre Teresa podem resultar num aumento significativo dos níveis de imunoglobulina A (um anticorpo que protege a superfície externa do corpo), blastogênese espontânea (proliferação de células imunocompetentes) e cortisol (hormônio com capacidade imuno-supressora). Outros estudos mostraram que a exposição a material desagradável ou amedrontador, como um filme sobre os nazistas da Segunda Guerra Mundial, que geram cólera e medo, produzem efeitos contrários.

As provas recolhidas por grupos médicos holísticos especializados no tratamento de câncer são esmagadoras: quando conseguem reduzir a depressão do paciente, as células do sistema imunológico proliferam e resistem à doença. O toque das patas de uma tarântula ou a carícia da criatura amada sobre a pele produzem reações

> Quando o coração transborda, sai pela boca.
> PROVÉRBIO ETÍOPE

eletroquímicas inteiramente diversas no sistema límbico, no hipotálamo e, portanto, em todo o corpo. Repreendas, ameaças e castigos estimulam reações eletroquímicas diferentes das produzidas pelo encorajamento, o elogio, o agradecimento, o trato amável e gentil.

Todas as comunicações humanas são transmitidas e recebidas num fluxo contínuo que vai do negativo ao positivo, do medo ao amor. As sustâncias bioquímicas liberadas pelo cérebro dependem do que a pessoa está sentindo no momento: dor e medo, que liberam hormônios do *stress*, ativam o sistema límbico e colocam o corpo em "estado de *stress*"; ou amor e prazer, que segregam estimulantes capazes de baixar a pressão sangüínea, o ritmo cardíaco e o consumo de oxigênio. Já que corpo e alma são uma coisa só, nossas experiências de amor ou medo influenciam diretamente o âmago do nosso ser.

Tudo isso indica que, quando mantemos relacionamentos hostis ou agressivos no trabalho ou no lar, causamos depressão humana e, com isso, comprometemos o sistema imunológico. Cria-se um ambiente disfuncional em nosso corpo e até em nossa empresa, daí resultando a *doença* e os males da alma.

Nos meus seminários, recorro a dois experimentos para mostrar o poder que as palavras têm de alterar nossa bioquímica. Primeiro, convoco um voluntário que sofra de cefaléia, enxaqueca ou outro problema relacionado com o *stress*. Graças a uma série de técnicas de cura tátil, visualização, auto-sugestão e energia afetiva, *sempre conseguimos aliviar prontamente, e mesmo erradicar, o sofrimento*.* Para estabelecer um contraste, convoco outro voluntário e sugiro-lhe que, à contagem de três, cantemos juntos o hino nacional a plenos pulmões! Antes de expirar a contagem, o voluntário já está "em baixa". Descrevo então as mudanças por que ele acaba de passar em sua bioquímica, mais conhecidas como *stress*. Peço que o voluntário confirme minhas palavras. *Eles sempre o fazem.*

Por meio dessas demonstrações ao vivo, consigo provar que todos temos a capacidade de inspirar ou desmotivar, curar ou ferir o próximo, recorrendo à prática da moderna alquimia. Estamos no controle de boa parte da atividade bioquímica que acontece em nós mesmos e nos outros. Já que a causa do *stress* é o conflito e que a causa do conflito é o medo, por que escolher o medo como motivador se sabemos que o amor funciona muito mais? A escolha é crítica porque determinará quais substâncias bioquímicas serão liberadas e, assim, que sensações e reações experimentaremos. Todos possuímos o dom de magoar ou de inspirar a alma.

Amor e não medo

Quem recebe o sinal também tem opções. Essas pessoas podem ser intimidadas ou superar o medo, liberar a bioquímica necessária à redução do sofrimento emocional e responder com amor. Só a mente pode manifestar medo. A escolha feita determina as reações bioquímicas no sistema límbico e, portanto, a qualidade de vida e trabalho.

Em geral, só se levam em conta as fontes de inspiração em termos psicológicos ou emocionais — a linguagem da personalidade. No entanto, podemos obter uma dimensão de inspiração inteiramente nova quando percebemos até que ponto cada comunicação humana aciona os sistemas límbico e endócrino, afetando a alma. Quando falarmos em "liquidar" a concorrência, lembremo-nos do velho provérbio: "Cuidado com o que desejar, pois poderá ser atendido."

---

* Os leitores que desejarem uma cópia da fita que inclui uma definição do processo de cura e a maneira de praticá-lo para curar dores de cabeça podem entrar em contato com o autor pela Internet em http://www.secretan.com

O que Vince Lombardi disse realmente

Fomos enganados. Vince Lombardi jamais disse: "Vencer não é tudo; é a única coisa." Embora essa frase comumente lhe seja atribuída, foi na verdade escrita por um jornalista. O que Lombardi disse mesmo foi: "Vencer não é tudo; querer vencer é que é." Trata-se de uma postura bem diferente. Vimos usando uma citação erroneamente atribuída para justificar algo que Lombardi nunca teve em mente, em que nunca acreditou e que nunca praticou. Ele não era um adepto do medo e da intimidação. Liderava com amor, criando alegria em sua equipe. A citação correta prossegue: "Firmeza espiritual é humildade, simplicidade, austeridade e, por fim, amor. Eu não preciso necessariamente gostar dos meus empregados como empregados; mas, como pessoas, devo gostar deles. Amor é lealdade. Amor é trabalho em equipe. O amor respeita a dignidade do indivíduo. A força do coração representa a força de uma empresa." Vince Lombardi não extorquia bons desempenhos dos outros intimidando-os; orientava-os rumo às grandes conquistas com amor.

A força do pensamento

A alquimia da alma não depende da presença. Em 1987, Randolph Bird, cardiologista da Universidade da Califórnia, em San Francisco, iniciou um projeto de pesquisa. Conduziu um estudo duplamente cego com quatrocentos pacientes que sofriam do coração e se queixavam de fortes dores no peito. Metade dos pacientes foi objeto de preces por parte de um grupo de fora do hospital, e metade, não. Nenhuma das pessoas que oraram conhecia qualquer dos pacientes; e nenhum pesquisador, paciente, enfermeira ou médico sabia quem estava em cada grupo.

Ao final do experimento controlado, constatou-se que nenhuma das pessoas do grupo por quem se tinha orado precisara de respiradores mecânicos; mas doze pacientes do outro grupo precisaram. Houve poucos óbitos e melhora mais acentuada no primeiro grupo do que no segundo. Desde então, pesquisadores vêm reproduzindo esse experimento e não faltaram os que tentaram, inutilmente, desabonar os achados. Se a variável houvesse sido um novo fármaco e não uma prece, seria saudada como uma nova droga milagrosa.

Se nossos pensamentos conseguem alterar positivamente a saúde de duas centenas de pessoas a distância, sem conhecimento nem comunicação prévia, é lícito duvidar de que possamos afetar negativamente o bem-estar dos outros com a mesma facilidade? É ainda mais óbvio que, quando estamos na companhia direta de outras pessoas, podemos influenciar sua bioquímica — por bem ou por mal. Somos, afinal de contas, alquimistas: alteramos a bioquímica alheia

A Alquimia da Alma | 111

por meio de nossa comunicação e, no processo, demonstramos a capacidade de ferir ou curar almas. Mal começamos a entender o potencial do cérebro humano para mudar quase tudo no planeta. Como diz Jon Franklin, "Daqui a mil anos, quando nossos descendentes estudarem nossa época, não será o nome de Albert Einstein que pronunciarão. Pois, embora as forças contidas no núcleo do átomo sejam inequivocamente poderosas, capazes de queimar e brilhar, empalidecem em presença da energia da mente humana".[4]

Ainda não conseguimos, na fase atual da ciência da PNI, entender exatamente qual é a tecnologia envolvida, embora milhares de pesquisadores se devotem ao estudo do cérebro e publiquem seus artigos a cada ano. Estou convencido, porém, de que num futuro próximo os cientistas passarão a ganhar o Prêmio Nobel por suas descobertas nesse campo.

> Melodias ouvidas são doces; mais doces as não ouvidas.
>
> JOHN KEATS

Enquanto isso, podemos todos cultivar nosso talento de comunicação e liderança conscientizando-nos dos princípios envolvidos, compreendendo que a maneira e a natureza do que comunicamos, bem como as palavras que escolhemos, representam a nova alquimia de nossos tempos. Nossas palavras são como instrumentos cirúrgicos bioquímicos, com os quais podemos suturar ou seccionar a química dos outros. Por meio de nossas palavras, temos a capacidade de estimular ou abater o espírito dos semelhantes. Podemos tornar nossas organizações convidativas ou prejudiciais à alma. Podemos encontrar ou repelir almas afins. Podemos ajudar o espírito dos outros a ser alegre ou triste, amistoso ou agressivo, inspirado ou abatido. Nossas palavras determinam nossa bioquímica e, portanto, o estado de graça de nossa alma.

> Como a vida é boa, como é bom viver e nada mais! Como é grato investir para sempre o coração, a alma e os sentidos na alegria!
>
> ROBERT BROWNING

É preciso escolher as palavras com cuidado.

6 | **Espírito Jovial**

Transformamos o trabalho numa mera palavra de oito letras. Estamos praticando-o mais e apreciando-o menos.

Segundo o sociólogo John P. Robinson, da Universidade de Maryland, dispomos hoje de cinco horas a mais de tempo livre do que há trinta anos.[1] O trabalho doméstico diminuiu, diminuiu o número de filhos e as pessoas estão se aposentando mais cedo (e com mais dinheiro) do que antes. Mas, o que estamos fazendo com esse tempo extra?

> Somos demais no mundo. Cedo ou tarde, ganhando e perdendo, esgotamos as forças. Pouco do que vemos na natureza nos pertence; desfazemo-nos do nosso coração, sórdida dádiva.
> WILLIAM WORDSWORTH

Estamos nos divertindo, cultivando nossos relacionamentos e *hobbies* ou apenas pateteando por aí? Nada disso: estamos *trabalhando* mais. Segundo Stephan Rechtshaffen, vivemos num tempo em que, "Se conseguirmos equilibrar três pratos na ponta de três bastões, ganharemos um quarto e depois um quinto".[2]

Em geral, nosso dia começa com uma difícil rotina que inclui o despertar, a lembrança desagradável de ter de ir trabalhar e um café com bolinhos antes de correr para o escritório. Durante dez horas labutamos, até o momento de nos pormos novamente a caminho — dessa vez para casa. Tentamos mesmo fazer várias coisas ao mesmo tempo: dirigir, tomar o café, comer biscoitos, ouvir rádio e falar ao celular. Quando começa a escurecer, fazemos alguns exercícios, preparamos ou encomendamos o jantar, conversamos amenidades com os filhos, vamos à reunião na prefeitura ou na escola, passamos os olhos pela coluna de economia dos jornais, ligamos para alguns amigos, lemos um romance às pressas, verificamos o alarme e... pronto, tudo acabou, até recomeçar na manhã seguinte! Multiplicamos as atividades sem vivenciá-las. Mas a vida não é uma experiência tão direta.

Essa azáfama e esse empenho exagerado tornaram-se a nossa religião, proporcionando-nos um significado pseudo-espiritual e uma maneira de reforçar nossa auto-estima. Em vez de extrair significado de dentro (domínio da alma), tentamos extraí-lo de fora (domínio da personalidade) por meio de mais realizações, mais atividades, mais vitórias. Tudo isso, porém, tem seu reverso: não é divertido. E, se não é divertido, não é confiável. Os japoneses chegaram a dar um nome a esse vício crônico e letal do trabalho: *karoshi*, morte provocada pelo excesso de trabalho e que atinge dez mil pessoas por ano. O trabalho deveria estimular o ânimo, não abatê-lo. Deveria dar-nos vida, não morte.

Um fenômeno interessante vem ocorrendo nas últimas décadas: como não sabemos lidar com as emoções e muito menos revelá-las aos outros, refugiamo-nos no trabalho. Mais que em qualquer fase da História, nós nos definimos pelo emprego: "Sou um executivo", "Sou um escritor", "Vendo automóveis" etc. Perguntamo-nos uns aos outros: "Como vai o trabalho?" quando gostaríamos de saber: "Como vai você, está realizado e feliz?" É como se não houvesse outros padrões de definição na nossa vida, coisa que, infelizmente, é verdadeira para muitas pessoas.

Por que fizemos do trabalho uma palavra de oito letras

"Trabalho" é palavra nova. Quando nossos ancestrais lavravam a terra, não "iam para o trabalho"; não havia separação entre casa e trabalho. Interessei-me pela etimologia desse vocábulo (*work*) durante trinta anos e nunca consegui encontrá-lo na língua inglesa antes de 1599 — quando Shakespeare o usou pela primeira vez. Nem os gregos nem os europeus da Idade Média tinham uma palavra para trabalho. Os índios norte-americanos tampouco possuem um equivalente em seu vocabulário. Na época clássica, tanto os gregos quanto os romanos consideravam o trabalho manual, em qualquer área, só apropriado para escravos.

O trabalho assalariado de hoje era, antigamente, sinal de penúria — e ainda é, para muitos. Em nossos dias, o trabalho se caracteriza por um fluxo maníaco de horários, reuniões, prazos, renovações, comunicados à imprensa e lançamentos de produtos. Esforçamo-nos para conseguir uma hora agradável na companhia dos filhos, entre as sete e as oito da manhã. Vivemos sob a tirania do

114 | O Coração

relógio, pois somos dirigidos por equipamentos digitais, telefones celulares, *pagers*, máquinas de *fax* e computadores, que supervisionam desde nosso automóvel até nosso sistema de segurança, tudo medido em segundos.

Aplaudimos esse estilo de vida frenético, transformando em heróis nossos empresários lunáticos com seu brilhante apelo à personalidade, mesmo quando deixam atrás de si um rastro de almas esmagadas. *Tornamo-nos fazedores humanos em vez de seres humanos.*

Os 58% de participação de Pierre Péladeau, hoje com 70 anos, na Quebecor Inc. valem 350 milhões de dólares. Essa empresa de cinco bilhões de dólares é constituída por gráficas, editoras e madeireiras, sendo no ramo a segunda maior da América do Norte. Péladeau casou-se três vezes e hoje vive com uma companheira. Refletindo a respeito de sua compulsão empresarial, ele observou: "Quando me casei pela primeira vez, tive uma esposa maravilhosa, absolutamente linda. Um dia — acabáramos de comprar uma casa — ela me perguntou: 'Você não acha que já tem o bastante?' Respondi: 'Não é uma questão de ter ou não o bastante e, sim, de eu poder parar ou não'. E de fato não pude parar, aí está."[3]

> O trabalho é muito mais alegre que a alegria.
> NOEL COWARD

Há vinte anos, Michael Cowpland, o rígido fundador e presidente da gigante Corel Corp, contratou seu instrutor de tênis, Ed Hladkowicz, que acabou se tornando gerente de vendas da Corel's Systems Division. Por doze anos Cowpland e Hladkowicz jogaram partidas de tênis, até este ser despedido em novembro de 1991. Cowpland nem o avisou de que a divisão estava sendo desativada nem conversou com ele pessoalmente. "Foi um choque total para mim", desabafou Hladkowicz. Mas Cowpland telefonou-lhe uma semana depois... para perguntar a seu desventurado parceiro de tênis quando seria a próxima partida! Daquele momento em diante, o velho amigo e parceiro tornou-se seu *ex*-parceiro.[4]

Peter Newman, escritor e ex-editor da *Maclean's*, costumava saltar da cama às quatro horas da manhã e redigir textos até as nove, quando ia para o escritório editar a revista do dia. Diz ele que seu cronograma ficava inteiramente comprometido quando o elevador parava duas vezes na subida ou na descida do escritório, instalado no sétimo andar.[5]

Ted Rogers, presidente da Rogers Cable, planeja cada minuto de seu dia das sete da manhã às onze da noite, sete dias por semana e com um ano de antecedência — mas com menos detalhes para os dois anos seguintes... Seu objetivo, como o de muitos de nós, é utilizar o tempo de maneira cada vez mais eficiente. *Em conseqüência, tornamo-nos mais produtivos, mas esquecemo-nos de "ser".*

O esquema machista de trabalho, baseado na sujeição ao tempo e aos objetivos visados, acaba influenciando nossa vida pessoal. Merrily Orsini, mãe solteira de dois filhos e fundadora de uma rede de asilos para velhos em Louisville, Kentucky, lembra-se muito bem desse esquema. Ela colava mapas e gráficos na porta da geladeira, nos quais registrava instruções sobre a lavagem dos pratos, o destino do lixo e outras tarefas domésticas. Também prescrevia horários: "Levar o cão a passear às cinco da tarde." Contudo, a vida ditada pelo relógio não inspira todos os adolescentes. Merrily Orsini acabou passeando ela própria com o cachorro.[6] Como disse Lily Tomlin, "O problema com as corridas de ratos é que, mesmo vencendo, você continua um rato".

Nossa personalidade gera boa parte da alegria e da felicidade em nossa vida, apelando para esse nosso lado. Nossa personalidade é inspirada por nossos brinquedos, entretenimentos, férias, *status*, aceitação e valor pessoal. Mas um espírito jovial também pode ser alcançado por meio do riso, do amor, da entrega, da solidariedade, da conversação, do aprendizado, da fé, da beleza, da paz — verdadeiros dons de alegria para a alma. Podemos extrair felicidade das *coisas* que temos, da *vida* em geral ou de *dentro*. A escolha é nossa; temos apenas de examinar nossa personalidade e nossa alma para, ao fim, perguntar: "Qual das duas será beneficiada?"

A perda do senso de comunidade

Fazer melhor tornou-se sinônimo de fazer às carreiras. Nesta existência onde a pressa e a pressão se multiplicam, as pessoas acabam percebendo que algo está faltando em sua vida. Queixam-se da exigüidade do tempo mas, no fundo, o que lamentam mesmo é a perda do senso de comunidade. As pessoas com as quais passamos acordados a maior parte do tempo — nossos colegas de trabalho — ficaram reduzidas a memorandos, títulos, telefonemas, correios eletrônicos etc. Chegamos atrasados às reuniões e saímos tarde; delegamos às pressas as tarefas de nossa agenda superlotada e adiamos outras até a ocasião seguinte. Nosso conhecimento dos colegas, para não falar dos problemas, é assombrosamente limitado. Em seguida, eles partem para atender a seus compromissos ou para resolver alguma pendência. A superficialidade desses relacionamentos pessoais cria um vazio em nós.

Redução da sobrecarga de informações

Um de meus clientes, presidente de uma companhia de médio porte, confessou-me que gasta de quatro a cinco horas por dia enviando ou recebendo

116 | O Coração

correios eletrônicos. Isso lhe deixa apenas quatro ou cinco horas para cumprir o restante das atividades de sua função. Um executivo de banco sobrecarregado, que à tarde costumava deixar seus filhos esperando duas horas no escritório até terminar de ler a papelada, morreu há pouco sobre a escrivaninha: tinha 51 anos de idade. Esses exemplos não são nada atípicos numa época em que todos estamos dançando à maior velocidade possível e sendo instados a fazer mais com menos. Por toda parte, no entanto, os executivos começam a reclamar da sobrecarga de informações.

A tecnologia revelou-se quase milagrosa no aumento e aceleração do volume de informações, mas não houve nenhuma melhora paralela na qualidade dos dados produzidos. O advento da *Proficiência* técnica não foi acompanhado pela sensibilidade à *Entrega* — a necessidade do usuário. Os computadores de mesa capacitaram quase todo mundo a produzir dados, mas poucas são as orientações fornecidas aos usuários. O resultado é que as organizações modernas estão abarrotadas de informações e que, em sua busca incessante de resultados, os executivos se sentem compelidos a revisar tudo com receio de ter deixado escapar algum detalhe obscuro, mas possivelmente vital. A alma fica sem tempo para a contemplação. Um pouco de disciplina restauraria a qualidade da transmissão de informações em empresas e colocaria a desbragada produção de dados sob controle. Brevidade, resumos, listas de circulação menores, composição não-computadorizada, edição, atualização de mensagens e, sobretudo, maior consideração pelo receptor — uma inversão de valores de *eu* para *você* —, tudo isso poderia ajudar muito. Se os emissores imaginassem que suas mensagens estão sendo gravadas em pedra, utilizariam menos palavras, dariam a elas mais coerência ou não se preocupariam nem um pouco.

> Tenho em mãos 1.379 páginas com propostas de simplificação dos formulários de impostos.
> DELBERT L. LATTA

Há dois problemas com os correios eletrônicos. O primeiro é sua superficialidade: eles veiculam a letra, mas raramente a música. Muitas vezes exigem um verdadeiro pingue-pongue de frases para esclarecer as sutilezas e o conteúdo da comunicação. Nós costumamos confundir freqüência com profundidade. O presidente de uma companhia acredita que consegue uma comunicação pessoal "significativa" com seu filho, o vice-presidente, pelo correio eletrônico. Infelizmente, essa é quase a sua única maneira de comunicar-se.

"Alta tecnologia, maior contato" — isso funciona melhor quando aprofundamos o "contato" e aprendemos a usar a "tecnologia" com mais eficiência. Isso implica dar-se o trabalho de fazer visitas, ouvir pessoas, discutir problemas de um modo que inclua o relacionamento pessoal. No caso dos correios eletrônicos, ninguém ouve nem discute muito. Aumentar a intensidade do "contato" e adaptar a "tecnologia" às necessidades da empresa resulta em convívio mais estreito e em maior *Química*, elevando o nível de comunicação. A alma não tem a oportunidade de ir além do "*control/delete*" até que isso aconteça.

O segundo problema é a maneira como usamos o correio eletrônico (e a maioria das outras ferramentas de dados) para nosso próprio objetivo: o ciberego. Alguns executivos atulham o correio eletrônico com sua agenda pessoal, digitando montanhas de dados para apoiar sua posição, orçamentos, idéias de novos produtos, escolhas de funcionários, planos de expansão e projetos de autopromoção. Essa barafunda colhe todos os outros na armadilha do tempo.

O que se disse do correio eletrônico aplica-se igualmente à comunicação oral e outras formas de produção de dados. Os novos missionários precisam responder com agilidade à crise da sobrecarga de dados porque, se ela se destina a minorar os problemas que cria, não os erradica devido ao mau uso — pelo contrário, agrava-os. Esse mau uso da tecnologia da comunicação bloqueia a eficiência pessoal e empresarial, assim como a produtividade, desperdiçando recursos, confundindo pessoas, baralhando informações, complicando proces-sos decisórios, gerando *stress* e debilitando a alma. Quando a alma das pessoas se encontram em estado de fraqueza, também suas organizações enfraquecem.

A enxurrada de dados, atualmente, está tornando a vida das pessoas into-lerável. As empresas precisam desenvolver um programa eficiente e rigorosa-mente disciplinado de redução do volume de dados, com um aumento corres-pondente na qualidade de informação. Isso permitirá às pessoas voltar a um patamar superior, onde poderão concretizar os Valores Primários: *Proficiência, Química* e *Entrega*.

Escolhas casuais de profissão ou propósito definido

Uma das razões desse desencanto geral com o trabalho é que, surpreenden-temente, poucas pessoas hoje em dia escolhem sua profissão — elas são induzidas a ela ("Vi o anúncio e respondi"), gravitam em torno dela ("A firma me transfe-riu"), submetem-se a ela ("Peguei o cargo de contador porque me pareceu a melhor coisa a fazer na ocasião") ou são por ela intimidadas ("Eu queria ser artista, mas meu pai é médico"). É agradável pensar que escolhemos o nosso ofício, mas o mais certo será dizer que quem o escolheu foi a personalidade, não a alma. Mais tarde, percebemos quanto detestamos o nosso trabalho, vivendo, como disse Thoreau, vidas de tranqüilo desespero. Quando chegamos a essa constatação, já estamos enredados no estilo de vida que nosso trabalho permite

118 | O Coração

— verdadeiras vítimas da personalidade. Poucos de nós têm a coragem de reservar algum tempo para redirecionar nossa vida (coisa que devemos fazer para tomar-lhe as rédeas) e dar a nós mesmos a oportunidade que uma vez perdemos de decidir sobre nosso próprio caminho. A segunda vez permite que a alma tenha a chance de falar.

> Você já viu algum garoto brincando de contador
> — mesmo que ele queira ser um?
> JACKIE MASON

Fico espantado com o número de pessoas que, nos meus seminários e palestras, confessam ter esperado metade da existência para decidir remanejar suas prioridades e redirecionar sua vida. Amar nosso trabalho é a condição para nos sentirmos alegres com ele. Em outras palavras, devemos fazer o que amamos. É absurdo mourejar num buraco desconfortável até a idade de 65 anos só para dizer depois: "Graças a Deus, tudo acabou!"

Missão pessoal

Uma das formas de definir o objetivo da nossa vida é estabelecer uma missão pessoal. A ausência de finalidade na vida pode resultar em tristeza no trabalho. Quando trabalhamos sem associar à nossa atividade um sentido e um propósito, sufocamos a alma. O trabalho não poderá ser agradável se não alinharmos paixão com tarefas. O trabalho será apenas um emprego até preenchermos o abismo entre o que o coração nos pede para fazer e o que estamos de fato fazendo. Isso é possível se realizarmos um profundo trabalho interior, no qual passemos em revista nossa Proficiência, Química e Entrega pessoais para, em seguida, elaborar uma Missão Pessoal.

> Meu trabalho é menor do que minha alma?
> MATTHEW FOX

Cada um de nós tem seus talentos e valores. Cada um de nós tem suas próprias motivações ou razões para agir de determinada maneira, tomar decisões e viver a vida. Essas motivações, influenciadas por nosso talento e valor, alicerçam nossas escolhas, comportamentos e prioridades, ajudando-nos a *viver plenamente o momento* e a ensinar o próximo a fazer o mesmo.

Quando nossa vida condiz com a Missão Pessoal, fazemos aquilo de que gostamos, com talento e habilidade ainda mais desenvolvidos. Nesse caso, nossos atos serão coerentes com nossos valores. Surge, então, a oportunidade de construir o futuro que tivermos escolhido. A alma recuperará a vida quando formos capazes de dar respostas positivas às seguintes perguntas:

- Existe alegria no meu trabalho?
- Meu trabalho traz alegria aos outros?

Saber o que queremos fazer e como iremos fazê-lo nos dá segurança. Essa segurança nos ajuda a tomar as decisões certas, que nos manterão no caminho. Ajuda-nos a visualizar o futuro e, portanto, a modificar nossas ações presentes. Se é para o Norte que queremos ir, então devemos tomar a estrada que nos leva ao Norte. Se mudamos de idéia e resolvemos viajar para o Sul, essa decisão terá o efeito automático de obrigar-nos a mudar de rumo. Nossa Missão Pessoal é um mapa que nos permite conservar o equilíbrio e o senso de direção nas situações novas e difíceis.

A Missão Pessoal tem duas partes: a Missão Principal e a Missão de Vida. Em primeiro lugar, determinamos a Missão Principal que, embora expressa de diferentes maneiras, na verdade é universal. A Missão Principal de nossa vida é...

- ajudar os outros por meio da *Proficiência*, *Química* e *Entrega*
- *"viver cada momento com nobreza, paixão e amor"*[7] a fim de tornar nosso planeta um lugar melhor para todos os seus habitantes
- trazer mais gentileza, compaixão, honestidade, verdade e amor para o mundo
- não apenas *fazer* alguma coisa, mas *ser* alguma coisa

Reflita um instante sobre a seguinte pergunta:

Qual é a sua Missão Principal?

O Coração

A Missão de Vida complementa a Missão Principal. Se nossa Missão Principal é o fim, a Missão de Vida é o meio. A Missão de Vida é assunto muito pessoal e presta-se com exclusividade a cada alma. Defina sua Missão de Vida para melhor responder a esta pergunta:

Em que você deseja empenhar sua vida para servir ao planeta e a todas as criaturas que nele vivem?

Eis alguns exemplos de Missões de Vida colhidos em nossos seminários sobre esse tema:

- Cuidar dos pacientes com amor, boa vontade e alegria (uma enfermeira).
- Orientar os outros no rumo das grandes realizações com energia e amor (um consultor empresarial).
- Escrever e executar boa música para que o espírito das pessoas se elevem e a vida delas tenham mais encanto (um músico).
- Criar idéias que produzam resultados positivos para os outros (o presidente de uma agência de publicidade).
- Ajudar a outras pessoas a conquistar a auto-estima (um dentista).
- Estimular líderes a atingir um patamar superior (eu).
- Para descobrir onde a paixão se aloja, primeiro faça um balanço da sua vida. Isso será possível se você responder às seguintes perguntas, baseadas nos três Valores Primários:

Estabelecimento da Missão — 1º Passo
Os Valores Primários

Proficiência: Que tarefas você gosta de executar e quais as habilidades que, uma vez em ação, o deixam tão absorto que chega a perder a noção do tempo?

Química: Na sua vida, quais são as pessoas (amigos, familiares, colegas de clube, de associações, empregados, conhecidos) que insuflam energia em você, dão alegria à sua vida e o reanimam?

Entrega: Pense nos consumidores como "os que se aproximam de você com uma necessidade". Faça a lista deles, para começar; depois, identifique suas necessidades. A quais delas você pode atender melhor?

O exercício acima ajudá-lo-á a identificar as coisas que gosta de fazer com esmero (*Proficiência*), as pessoas com quem prefere estar (*Química*) e as necessidades alheias a que gosta de atender (*Entrega*). Quando você faz essas coisas, sua vida se torna íntegra; você "não consegue distinguir o dançarino da dança", como diz Yeats.

Espírito Jovial | 121

O exercício também o ajudará a identificar a *Proficiência* que deseja adquirir, a *Química* que quer elaborar e a *Entrega* que planeja oferecer.

Como você viu no Capítulo 2, sobre cultura e valores, os Valores Primários são orientados pelos Aceleradores. Assim, o próximo passo consistirá em identificar, conforme se segue, os Aceleradores, que conduzirão aos Valores Primários:

Estabelecimento da Missão — 2º Passo
Os Aceleradores

O **Aprendizado** leva à **Proficiência**: Que *aprendizado* você terá de obter para chegar à desejada *Proficiência*?

A **Empatia** leva à **Química**: Como você praticará a *empatia* e travará relacionamento com pessoas aptas a gerar energia positiva em sua vida e dar-lhe estímulo?

O **Ato de Ouvir** leva à **Entrega**: Até que ponto você *ouvirá* as necessidades de todos os seus consumidores a fim de atender às necessidades deles com elegância e graça?

Diariamente temos de tomar dezenas de decisões. E podemos fazer isso de várias maneiras. Podemos agir no melhor interesse da alma, trazendo para o mundo mais *Proficiência*, *Química*, *Entrega*, gentileza, compaixão, honestidade, verdade e amor. Ou, ao contrário, seguir a orientação da personalidade e ser competitivos, egoístas, até mesmo hostis e coléricos. Essas escolhas são encontradas na roda dianteira do Ciclo de Valores. É a partir daí que obtemos o alinhamento necessário à nossa jornada na vida: as Mudanças de Valores que

Estabelecimento da Missão — 3º Passo
A Mudança de Valores

Prefira	Em vez de
concentrar-se em **você e nas suas necessidades**	eu e meu
conduzir **PESSOAS**	controlar coisas
ser competente em ***KAIZEN*** **(fazer melhor as mesmas coisas)**	pretender apenas fazer coisas diferentes
respeitar e desenvolver as próprias **FORÇAS**	aceitar a própria fraqueza
seguir modelos de **AMOR** e compaixão	seguir modelos de competição e medo

reafirmam nossos ideais, princípios, comportamento, padrões — nosso manifesto moral. A roda dianteira fornece o rumo, representando as Mudanças de Valores que dão equilíbrio à nossa bicicleta. São Mudanças de Valores da personalidade para a alma. A roda dianteira nos ensina como Mudar nossos Valores, permitindo que façamos o seguinte:

> Eu sou como um pequeno lápis na mão de um Deus que escreve uma carta de amor para o mundo.
>
> MADRE TERESA

Selecione algumas dessas Mudanças de Valores e acrescente-lhes as suas próprias. Em seguida, personalize-as e harmonize-as numa lista dos valores mais importantes para você. Escolha os valores-chave que irão guiá-lo na tarefa de reorientar sua vida.

Agora, está na posição de transformar essa informação num projeto capaz de definir sua Missão de Vida. Nessa missão, chegará a um novo sentimento de alegria e felicidade. Embora a sua jornada jamais conheça um termo, dado que cada destino novo ao longo do caminho alargará sua estrada e oferecerá novas escolhas, você nunca mais terá "apenas um emprego". Estará fazendo uma jornada com um propósito em mente. Terá o conhecimento íntimo de que serve a alguma finalidade neste mundo — dando à alegria uma oportunidade para reingressar em sua vida. Você terá uma missão.

Os males do *stress*

O *stress* é um dos problemas mais alarmantes que enfrento em meu trabalho. Os empregados, hoje em dia, estão sendo pressionados a tal ponto que me pergunto até quando resistirão. Espero sempre vê-los escancarar as janelas e, como os personagens de *Network*, de Paddy Chayevsky, gritar ao mundo: "Estou maluco, maluco, e não vou mais agüentar isto!" Será que não há aqui uma fórmula matemática: uma unidade de *stress* cancela dez unidades de alegria?

Segundo Thomas Moore, psicoterapeuta e ex-monge, as queixas que ele mais ouve no seu consultório são:

- sensação de vazio
- ausência de propósito
- vaga depressão
- desilusões com o casamento, a família, os amigos
- perda de valores
- ânsia de realização pessoal
- sede de espiritualidade[8]

No meu trabalho, observo os mesmos sintomas. Também percebo que as pessoas têm consciência do problema, mas nem sempre querem ou podem remover-lhe a causa. Em seu *best-seller* de 1991, *The Overworked American: The Unexpected Decline of Leisure* ("O Americano Sobrecarregado: O Inesperado Declínio do Lazer"), Juliet Schorr descreve essa síndrome como uma armadilha do tipo "trabalhe-e-gaste". No entanto, sabemos que o *stress* não é provocado por acontecimentos ou pessoas, e sim por nossas reações a eles.

Não proclamo ter achado a resposta para uma vida livre de *stress*, mas apresento aqui algumas idéias que fui reunindo ao longo dos anos e que podem ajudar a reduzi-lo:

- A meditação é uma grande força. Adote a prática diária da meditação e utilize-a para ensinar a você mesmo a arte do relaxamento, a fim de retomar o controle de suas emoções. Ao final da sessão, examine suas opções. Sua vida são suas escolhas.
- Reflita. Pare um pouco para estudar as alternativas e descartar as ninharias. Lembre-se de que sempre tem uma escolha. O que você faz é o resultado do que você escolhe. Examine as opções de vida e de trabalho — há uma imensa variedade de escolhas e talvez já seja tempo de analisá-las.
- Tente não ser perfeccionista demais. O perfeccionismo, no trabalho, é uma fonte inesgotável de *stress*. Sempre tento sufocar minha tendência a deixar minha escrivaninha em perfeita ordem. Embora meu escritório seja anexo à minha casa, gosto de ver a mesa limpa ao final do dia. Procuro retornar todos os telefonemas importantes e acabar com a bagunça no fim do expediente. No entanto, quando me recuperava de um grave acidente de esqui, concluí que não tinha energia suficiente para pôr em dia minhas mensagens. Em alguns casos, demorei duas semanas para responder, mas meus clientes não pareceram incomodar-se. Quando lhes expliquei os motivos da demora, compreenderam perfeitamente e acabamos concluindo o nosso negócio de uma forma ou de outra. Não foi uma tragédia. É uma simples questão de equilíbrio, não de grosseria.

> Pois, se Deus cuida tão maravilhosamente das flores que hoje estão aqui e amanhã desaparecerão, quanto mais não fará por vós?
> EVANGELHO SEGUNDO SÃO MATEUS

- Esquentar a cabeça com um problema gera poucas respostas, mas muito *stress*. Aprenda a pensar em termos de soluções, não de problemas. Pense em vencer, não em gemer. Já temos queixas demais.

O Coração

- Chefes coléricos ou desaforados confiam na intimidação, na tirania e no medo. Mas, pense um pouco: talvez você esteja exagerando o mal que podem causar-lhe porque precisam de você pelo menos tanto quanto você precisa deles. Lembre-se de que *Medo* (*FEAR*) nada mais é do que *Falsa Evidência Aparentemente Real*. Assim, apenas sorria de sua retórica biliosa, na esperança de que logo se acalmem.

- Concentre-se no agora. Torne-o sagrado. Faça o que está fazendo no momento da melhor maneira possível. Chamo a isso *Proficiência*, que é a fonte da auto-estima; concentrar-se no agora leva à *Proficiência*; concentrar-se em prazos e objetivos leva à pressa, à ansiedade, ao *stress*. Tentar executar muitas tarefas ao mesmo tempo resulta em superficialidade, mediocridade e trapalhadas, que são o oposto da *Proficiência* e resultam em perda da auto-estima.

> Um dos sintomas de crise nervosa iminente é achar que nosso trabalho é muito importante.
> BERTRAND RUSSELL

- Viva no presente, não no passado nem no futuro. O passado já se foi e não pode ser alterado. O futuro acena com crises, prazeres e possibilidades — alguns reais, outros imaginários. Se você for se preocupar com tudo isso, vai definhar. Além do mais, a vida é muito curta para que a gastemos especulando e planejando, na expectativa de algum desastre.

- Faça uma coisa de cada vez. Eis aí uma receita de excelência. Quando alguém tentar intimidá-lo impondo-lhe suas prioridades, esclareça que você adota a abordagem "uma coisa depois da outra" e que chegará a vez dele. Você não é o Papa-Léguas da história em quadrinhos.

- Há dois tipos de energia na vida: a positiva e a negativa. Nosso tempo neste planeta é precioso, por isso não convém gastar um só minuto gerando energia negativa. O mesmo esforço é necessário para gerar energia negativa ou positiva; mas só a positiva pode criar pessoas e acontecimentos favoráveis. A competição é negativa. Não tente esmagar os outros. Pense em vencer/vencer. Concentre-se no Acelerador do aprendizado, que aumentará sua *Proficiência* e auto-estima. Depois, o conceito de "competição" se tornará irrelevante.

> Posso sentir remorso pelo passado, posso me preocupar com o futuro, mas só posso agir no presente. A capacidade de viver o momento é um dos principais componentes da saúde mental.
> ABRAHAM MASLOW (1908-1970)

- Busque a paz, não a guerra.

- Se você não gosta de alguma coisa ou pessoa, tente mudá-la ou conviver com ela... uma vez. Se não funcionar, caia fora e não se preocupe mais. O passado se foi; estamos vivendo para o agora.
- Diga a verdade; do contrário, se sentirá tolhido. Isso não significa ser cruel, mas apenas honesto. Se as pessoas não gostarem, lembre-se de que o problema é tanto delas quanto seu.
- Um dia seus filhos se tornarão adultos responsáveis. Quando isso acontecer, explique-lhes que você não mais se responsabilizará pelos erros, crises, escolhas ou tribulações deles. Diga-lhes que, embora continue a amá-los ternamente e esteja disposto a ajudá-los no que for possível, não irá comprometer-se nem recriminar-se por quaisquer incidentes atuais ou futuros que lhes possam ocorrer.

> Ter uma família é ter uma quadra de esportes bem dentro do cérebro.
> MARTIN MULL

- Se você não está feliz no momento, visualize a felicidade e tente senti-la. Torne-se otimista: conte com o melhor. Isso produzirá ótimo efeito sobre os demais e se refletirá em você. A felicidade não é ter tudo o que se ama, mas amar tudo o que se tem. Leo Buscaglia perguntou certa vez a um desconhecido, em Nova York, como se sentia: "Péssimo!", foi a resposta; ao que Leo Buscaglia retrucou: "Então, por que você não aparenta o contrário?" Como diz a canção de Leonard Cohen, "Há uma fenda em tudo, é por isso que a luz penetra".
- O atraso provoca *stress*. Nunca estamos atrasados; apenas não começamos suficientemente cedo. Decida-se a não estar nunca mais atrasado — comece mais cedo.
- Resolva estar sempre bem. Dieta, exercícios, descanso, estilo de vida, comunicações e relacionamentos são fatores importantes para o seu bem-estar. Mesmo quando criamos um Santuário, nossa caminhada se torna mais fácil caso o corpo e a mente estejam em forma.
- Algumas pessoas se saem melhor em certas tarefas do que em outras; e, embora isso possa aborrecê-lo, você não pode fazer um serviço de primeira classe em todas as áreas. Faça só aquilo que sabe fazer e peça a *ajuda dos outros* para o restante. E, depois que comprar um cachorro, pare de latir.
- Por falar em cachorros... arranje um. Estando sentado com minha esposa diante da lareira, certa noite, com nosso cão Spirit no colo (embora ele fosse grande demais para estar ali), girava o cálice de vinho na mão e perguntava-me se um animal afetuoso não ajudaria a fortalecer o sistema imunológico. Não sei se ajuda (embora haja fortes indícios cientí-

ficos que apóiam essa teoria) ou não. Mas inclino-me a pensar que Spirit faz bem para a alma, se o leitor entende o que digo. A sensação de paz que vem de uma profunda e delicada ligação com um ser humano ou canino, capaz de oferecer amor incondicional, é boa para a alma. Assim, o meu conselho, além de comprar um cachorro, é...

- Ir em frente, sem medo de se apaixonar.

Trabalho artístico, não mecânico

Ao lidar com os meus clientes, procuro estimulá-los a conceber suas organizações artisticamente, não mecanicamente — isto é, de uma maneira antes espiritual que newtoniana. Isso exige que mudem radicalmente suas idéias. É desagradável para os executivos tradicionais renunciar à mania de estabelecer objetivos porque dependem justamente de objetivos pessoais ou empresariais para navegar pela vida. Esses faróis de navegação assumem a forma de projetos estratégicos, ofensivas de mercado, previsões de vendas, orçamentos, quotas, público-alvo, desenvolvimento de produtos e por aí afora. Embora todas essas coisas exijam enorme investimento de energia e criatividade, acabam incidindo em duas categorias. São, ou rituais tribais ignorados tão logo se completam, ou se transformam na razão de ser da organização. Ambas criam *stress*: a primeira por causa do cinismo e da hipocrisia, a segunda em virtude do medo e da intimidação. Em qualquer dos casos, o resultado é a ruína da alma.

Sem esses recursos de navegação, muitos executivos tradicionais se sentiriam completamente perdidos. Projetos e objetivos quantificados, nas organizações newtonianas, guiam-nos para um objetivo e, depois de uma pequena pausa, para o seguinte. Não há graça nenhuma numa gaiola de esquilos.

Nos anos 1960, Tom Chappell e sua esposa Kate mudaram-se para Kennebunck, Maine, onde fundaram a Tom's of Maine, firma que vende xampus, sabonetes, desodorantes e dentifrícios orgânicos. Chappell, que abandonou o cargo de vendedor na Aetna Insurance, recorda: "Nos meus piores dias, esforçava-me para alcançar objetivos que não eram os meus: participação de mercado, aumento das vendas, ampliação de lucros. Um grande vazio. Até certo ponto, eu estava deprimido, sem rumo, apartado de mim mesmo. Sentia-me como um ator porque o que fazia não era autêntico. Mentia a mim mesmo, já que não vivia aquilo a que me dedicava."[9]

Viver para os objetivos é moderno, mas não é natural. Embora não faltem especialistas para nos urgir a planejar, nenhuma outra parte da nossa existência é conduzida dessa maneira. Não é divertido; é sem graça e não satisfaz.

Depois de gastar uma década montando uma empresa que saiu do nada para chegar aos cem milhões de dólares em vendas anuais, fiz a mim mesmo a pergunta que muitos outros fazem em idêntica situação: "Então isso é tudo? O que virá depois? Duzentos milhões? Não haverá por aí algo que liberte mais, que satisfaça mais?" Um projeto é uma maneira pouco artística de fruir a vida, como interpretar a *Mona Lisa* de Da Vinci a partir da composição química de suas tintas ou usar um osciloscópio para apreciar a Quinta Sinfonia de Beethoven. Usar o *reducionismo cartesiano* para compreender o nosso corpo, por exemplo, força-nos a dividi-lo em suas menores partes apreensíveis, até que acabamos estudando as células. Ora, entender a célula não significa entender o corpo humano, assim como entender o corpo humano não significa entender a célula.

Acontece o mesmo nas empresas. Recorrer ao reducionismo cartesiano para montar projetos de departamentos ou mesmo de pessoas não nos faz compreender a organização, e muito menos nos inspira a alma. A física quântica ensina que a abordagem mecânica só funciona quando concebemos o mundo como um conjunto de peças numa máquina newtoniana. Se quisermos chegar até a alma, essas ferramentas são inúteis: a alma não se sujeita à análise rigorosa da ciência mecanicista.

Não estou sugerindo que deixemos de estabelecer objetivos, mas que modifiquemos a natureza desses objetivos e o modo de avaliá-los. Eis minha proposta: imaginemos as atividades da vida, tanto pessoais quanto profissionais, como arte. Para que criamos arte? Para inspirar a alma. Pois então consideremos nosso trabalho como arte, não como máquina. Não criamos uma obra de arte para com ela criarmos outra. Só os especuladores avaliam a arte em dólares, metros quadrados, quilos ou variedade de cores. Para os que apreciam o valor intrínseco da arte, ela existe a fim de inspirar a alma pelo maior tempo possível.

> Evitemos encarar a vida negativamente. Por que vasculhar esgotos quando tudo à nossa volta é gracioso? Podemos encontrar defeitos até mesmo nas maiores obras-primas da arte, da música e da literatura. Mas não será melhor apreciar seu encanto e glória?
>
> PARAMAHANSA YOGANANDA

Não se dá o mesmo com o nosso trabalho? Ele não tem por finalidade inspirar a alma? Não deveríamos perguntar, toda vez que metemos mãos à obra: "Até que ponto essa tarefa inspirará a minha alma e a alma dos outros?" E não será tão importante indagar "De que modo transformarei isso numa tarefa espiritual?" quanto "Como utilizarei meu orçamento?" Isso nos leva de volta aos Valores Primários. Reflita sobre algum aspecto crítico da sua vida e faça estas três perguntas simples:

	Sim	Não
Proficiência: **Isso é o melhor que posso fazer?**		
Química: **Isso será bom para as pessoas?**		
Entrega: **Isso atenderá às necessidades do consumidor?***		

Se fizermos essas três perguntas, avaliando nossas aspirações e eficiência, acabaremos por substituir a abordagem mecânica do estabelecimento de objetivos pela abordagem que caracteriza o Santuário: medir a qualidade de nosso trabalho pelo grau de inspiração que ele inocula na alma. Se formos sinceros na nossa tentativa de inspirar tanto a alma quanto a personalidade, a fim de ter um espírito jovial, precisaremos acrescentar a isso outra dimensão: a alegria. Quando o nosso trabalho se transforma em arte, nós criamos graça, fruímos jovialidade e revigoramos a alma com uma sensação de liberdade e plenitude — alguns dos componentes essenciais da regeneração.

> A lassidão moral nascida do culto exclusivo do deus SUCESSO: isso, mais a sórdida interpretação argentária da palavra "sucesso", é que constitui a nossa enfermidade nacional.
>
> WILLIAM JAMES, EM CARTA A H. G. WELLS

---

* Aqui, usamos a palavra "consumidor" no sentido de alguém que vem até nós com uma necessidade.

7 | O Fornecedor da Alma

Os programas de compensação tradicionais têm em mira manipular e controlar a personalidade, não a alma. Se quisermos inspirar a alma, deveremos primeiro conversar com ela. Se recompensarmos a personalidade e ignorarmos a alma, ficaremos intrigados com a nossa ineficiência? Durante mais de um século, só nos ocupamos em recompensar a personalidade. Mas que magia criaríamos se começássemos, deliberadamente, a recompensar a alma?

A Dog*trina*

Vou contar-lhes como obtive meu dog*torado* (*dog,* "cão"). Conforme já mencionei, tenho um maravilhoso cachorro chamado Spirit ("Espírito"). Nome muito adequado, pois ele é ativo, espirituoso e ama a vida. Quando ele era pequenino, eu aprendi (observem bem: "eu" aprendi!) que, se queria pegá-lo no colo ou tê-lo por perto, algumas técnicas funcionavam melhor do que outras. Hoje eu sei que, caso tente assustá-lo, perderei o meu tempo. Quando Spirit tinha quatro meses, percebi que, se realmente quisesse que ele viesse logo, teria de tornar-me absolutamente irresistível. Isso, quase sempre, equivalia a acenar-lhe com um biscoito. Atualmente, sei que o amor é a principal motivação. E, como funciona, utilizo-o. Deixei de assustá-lo, intimidá-lo e xingá-lo porque essas coisas de modo algum o inspiram: ao contrário, só o deixam in-

> **Todo dogma tem seu dia.**
> ABRAHAM ROTSTEIN

130 | O Coração

quieto e paralisado. Além do mais, criam uma tensão tóxica em mim. O amor funciona.

Estudei minuciosamente esse fenômeno e concluí que ele merece a condição de lei universal, a que dei o nome de Dog*trina*:

Os outros atenderão às tuas necessidades
caso atendas às deles primeiro.

Em contrapartida, ignorarão as suas necessidades caso você ignore as deles. O maior dos desmotivadores é o medo. O derradeiro elemento de minha pesquisa está em estudo: quero saber por que tantos seres humanos ainda precisam aprender essa lição ou aplicá-la uns aos outros. Embora saibamos muito bem que ameaçar e intimidar são atos ineficazes com os cachorros, muita gente ainda acredita que essas técnicas funcionem com seres humanos. Por que insistimos em utilizar, com os homens, técnicas motivacionais que nem sequer motivam os cães?

> Os cães vêm quando são chamados. Os gatos captam a mensagem e a trazem para nós.
> MARY BLY

É tempo de jogar fora os incentivos negativos, as multas e as punições como técnicas capazes de induzir a um bom desempenho nas equipes. Todos ansiamos por mais amor em nossa vida — não queremos mais medo. Esse é o grande desejo do nosso coração. Se substituirmos esses métodos negativos pelo encorajamento, a compaixão, a confiança, a paciência, a *empatia* e o amor, liberaremos o potencial não-aproveitado dos homens. Qualquer cachorro sabe disso.

Um tamanho só não serve para todos

Muitos líderes, cuja consciência ainda se limita à personalidade, continuam a excogitar sistemas que intimidam, molestam, punem e ostracizam as pessoas cuja alma eles tentam inspirar. A diversidade de seus métodos de recompensa baseados na personalidade, e de seus planos de compensação só perde para sua ignorância no que se refere ao funcionamento da alma. Seus incentivos calculados, provocadores de ansiedade, logram exatamente o efeito que não pretendem: obrigam a alma a refugiar-se, medrosa, num canto obscuro do coração.

Não existem duas almas iguais. Nunca houve, não há nem haverá uma alma como a sua. Todavia, nos termos do newtonianismo clássico, continuamos a lançar programas compensatórios de produção de massa destinados *às pessoas em geral*. Para a alma afortunada que não conhece o *Hay Guide Chart-Profile*

Method — um dos exemplos mais gritantes de método de compensação desalmado —, vou explicá-lo. O Sistema Hay classifica os empregos (não as pessoas) segundo seu conhecimento, capacidade de solução de problemas e conteúdo contábil. O objetivo é igualar empregos cujas tarefas são diferentes, mas não o esforço intelectual. Com isso se obtém um *nível salarial* que coloca cada indivíduo num patamar hierárquico — no "nível 5", por exemplo. Determinando-se o patamar, determina-se a posição.

Suponhamos que vamos montar uma nova firma. Para nos ajudar a formar a equipe administrativa, recorremos à Agência de Empregos William Shakespeare. A agência encontra diversos candidatos talentosos e nós oferecemos cargos para alguns deles, como Ricardo II e III, Henrique IV e V, Rei Lear, Macbeth, Rei João e Ricardo Coração-de-Leão. Estaremos fazendo justiça a toda essa gente com o mesmo plano de compensação? Como altos executivos, ficarão eles satisfeitos com os níveis determinados pelo "Hay Plan"? Os dois Ricardos receberão o mesmo prêmio de seguro ou Ricardo III preferirá um cavalo em troca de seu reino? Henrique IV acha que, "Se o ano todo fossem férias, divertir-se seria tão aborrecido quanto trabalhar". Nesse caso, os dois Henriques deverão ter dois ou três meses de férias por ano? Rei Lear e Macbeth responderão igualmente à psicoterapia ou só Macbeth continuará atormentado pelo espectro? O Rei João e Ricardo Coração-de-Leão aproveitarão no mesmo grau o seminário sobre "Construa Talentos Interpessoais com Seu Irmão"?

O sistema salarial que converte pessoas em "níveis" desumaniza a personalidade e ofende a alma. Representa o triunfo do eu e das exigências próprias (a folha de pagamentos, a contabilidade, as funções de recursos humanos) sobre o tu (o beneficiário) e as necessidades motivacionais específicas deste — o oposto da Mudança de Valores na ròda dianteira, *de mim para você*. Atinge-se o alvo administrativo da simplicidade, convertendo pessoas em números e tornando-as homogêneas ao máximo: ótimo para os administradores, mas letal para a alma.

Abordagens egoístas e inimigas do espírito como essas buscam soluções morosas em vez de um autêntico compromisso com a alma. O comportamento mecânico — tratar pessoas como máquinas e considerá-las meras unidades de produção — é uma afronta espiritual. Nossa incapacidade de reconhecer o caráter específico de cada alma encerra um verdadeiro insulto.

Só um motivo nos impede de elaborar tantos sistemas de recompensa e planos de compensação quantas sejam as almas: faltam-nos missionários preparados para investir tempo e dinheiro na infra-estrutura e na tecnologia necessárias para um projeto global. Embora artigos sob medida, feitos para atender às exigências específicas de cada consumidor, sejam comuns nas grandes empresas, o mesmo não se dá com os empregados. Se dois empregados ganham cem dólares cada um e um deles prefere dinheiro enquanto o outro prefere mais tempo livre, o que nos impede de atender a essas exigências tão simples senão a falta de convicção e a inflexibilidade administrativa?

O programa de qualidade total para as pessoas

Embora os Programas de Qualidade Total e as práticas voltadas para o consumidor tenham colocado a qualidade num patamar nunca visto na América do Norte, os empregados continuam esperando uma Iniciativa de Qualidade Total correspondente. A ruptura está próxima. Uma era de luz alvorece. Por mais admiráveis que tenham sido os resultados da Qualidade Total nos últimos vinte anos, em nada se comparam ao poder humano que aguarda liberação para quando aplicarmos a mesma filosofia à alma. As pessoas finalmente acreditarão na sinceridade de seus líderes, que vivem afirmando que o elemento humano é o maior patrimônio de suas empresas.

Se essa ruptura for acompanhada da completa superação dos sistemas de recompensa e oferecer uma gama infinita de prêmios materiais e não-materiais que apelem tanto à personalidade quanto à alma, limitados pela imaginação e não pela estrutura, seguir-se-á uma onda de inspiração no ambiente de trabalho. Quando os prêmios são concebidos para adequar-se exatamente às necessidades de cada alma, tanto quanto da organização, ocorre uma mudança na dinâmica do ambiente de trabalho. Recompensas específicas às exigências igualmente específicas de cada alma são um elemento fundamental da regeneração e da edificação de um Santuário.

Intrex

Nosso desejo de contribuir e servir prende-se diretamente aos prêmios intrínsecos e extrínsecos que podemos esperar de semelhante atitude. Os sistemas de recompensa que inspiram a alma representam em geral uma combinação de lucros intrínsecos e extrínsecos. A fórmula apresentada na Figura 16 mostra que, quanto maior for a mistura apropriada de prêmios intrínsecos e extrínsecos (a que chamo de *Intrex*), maior será a motivação para contribuir e servir. Uma das maiores recompensas intrínsecas é o significado.

Figura 16
O Modelo de
Inspiração Intrex

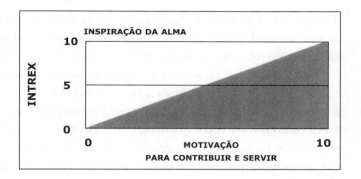

Significado e alma

Aprendi uma maravilhosa lição sobre a recompensa intrínseca do significado graças a um de meus clientes, a empresa Medtronic, líder mundial na fabricação de marca-passos. Para um retiro que organizei nas Bermudas, a firma convidou um palestrante que se apresentou como Arne Larsen. Ele mostrou um marca-passo e disse: "Quando vocês fabricam um destes, podem pensar que estão apenas fazendo uma peça sofisticada, cercada de bruxaria tecnológica, produzida sob condições exigentíssimas por uma mão-de-obra especializada e cara. Sim, tudo isso é verdade. Mas vou-lhes dizer uma coisa: usei dezenove deles nos últimos vinte anos. E é justamente porque vocês os fazem tão bem, todas as vezes, que hoje estou aqui falando-lhes. Além disso, na minha empresa de engenharia na Suécia, há quatrocentos empregados que dependem de mim e, portanto, do meu marca-passo — todos os dias. Assim, quando vocês fabricarem um marca-passo, por favor, compreendam o *significado* do que estão fazendo." Na sala, todos ficaram com os olhos marejados de lágrimas.

Todos ansiamos por significado. Precisamos ligar o que fazemos com sua utilidade e valor para as pessoas ou para o planeta. O significado é uma das mais poderosas recompensas intrínsecas e fala à alma. Todos temos a obrigação de ajudar os outros a entender o alcance amplo daquilo que produzimos. Nenhum de nós faz apenas marca-passos: ajudamos nosso semelhante a permanecer vivo para que possa, em paga, tocar o espírito de centenas de outras pessoas e propiciar-lhes significado na vida — em casa e no trabalho. Eis o significado verdadeiro, que inspira a alma.

Ouvir a alma

Todos os anos, trabalho com um grupo avançado de professores da Universidade de Toronto. Os professores-alunos lêem um de meus livros, *The Way of the Tiger* ("O Caminho do Tigre"), que conta a história de um professor, o tigre Moose, e seu aluno, o esquilo Tâmia. Os professores gostam desse livro porque ele mostra o relacionamento ideal entre mestres e discípulos.

Certa feita, uma professora madura e experiente contou-me que tivera dificuldade em motivar seus alunos a fazer a tarefa de classe. Sentia-se frustrada e desapontada. Teria eu alguma sugestão? Perguntei-lhe se a dificuldade era com todos os alunos ou apenas com alguns, e ela respondeu que com cerca de um terço deles. Fiz mais algumas perguntas sobre características especiais e diferenças, esperando que isso me desse uma pista capaz de explicar a atitude dos alunos. Descobri, por fim, que os maus alunos pareciam vir todos do Caribe. Perguntei então à professora o que, na sua opinião, poderia inspirar a alma deles. Ela pensou durante um bom tempo e respondeu: "Música." Lá estava a chave para a solução. "Por que você não os ajuda a organizar uma sessão de *reggae* na escola, para que esses alunos montem uma banda e mostrem seu talento musical? Depois, poderá convidar os outros para cumprimentá-los pelas boas notas que eles tirarem... desde que façam seus deveres de classe em tempo." Era simples, ela tentou isso e funcionou. O que há de estranho, quando se reflete no assunto, em recompensar com música, reconhecimento, aplauso, alegria e técnicas que falem à alma ou mesmo cantem para ela?

> Só agora percebo uma imensa lacuna na minha psicologia: o princípio mais entranhado da natureza humana é a ânsia por reconhecimento.
>
> WILLIAM JAMES

A American Express fez uma pesquisa interna e descobriu que, mais do que qualquer outra coisa, seus empregados queriam tempo livre. A empresa, então, solicitou que alguns de seus vendedores e analistas de crédito estabelecessem seus próprios horários, trabalhando da manhã à tarde caso o desejassem. Muitos agentes de viagem da Amex estão sendo atualmente estimulados a trabalhar em casa, utilizando terminais de computador para atender às chamadas dos clientes — que não fazem a mínima idéia do lugar onde esses agentes estão trabalhando. A pesquisa da Amex revelou também que os empregados gostariam de ter aconselhamento sobre progresso na carreira; assim, a empresa montou centros de informação em diversas instalações, para que os funcionários obtivessem dados sobre cursos e oportunidades. Na Intel, os empregados ganham onze semanas de férias a cada sete anos para pôr a cabeça no lugar e desintoxicar-se.[1]

Não é preciso ter muita imaginação para perceber que empregados trabalhando em sua própria casa, tomando o seu próprio café, saindo para dar um passeio com o cachorro e almoçando com a família se sentirão mais animados e serão, por isso mesmo, mais produtivos. Outros quererão progredir e aprender.

O Fornecedor da Alma | 135

Esses motivadores da alma, o *Intrex* no trabalho, estão bem longe do antiquado sistema de recompensas que teimamos em adotar. Os dólares e a sensação de mudança, em nossa abordagem, são esmagadores.

Há alguns anos, a *Harvard Business Review* publicou um artigo intitulado "Os Perigos de Recompensar A e Esperar B". O título já dizia tudo. Definiu-se insanidade como a tendência repetitiva a fazer a mesma coisa e esperar resultados diferentes. Obtemos os resultados que promovemos, portanto, devemos adaptar os sistemas de recompensa não só aos resultados que buscamos, mas muito mais à necessidade da alma que é recompensada. A recompensa pode ser material ou não, já que uma ou outra coisa talvez seja adequada, mas a ênfase deve incidir em quem recebe. Nesse sentido, o empregado — principalmente sua alma — é o nosso consumidor. Precisamos atender às necessidades de todas essas almas, não às da nossa. Mas é claro que, por um grato paradoxo, quando atendemos às necessidades espirituais dos outros atendemos também às nossas próprias.

Pense cor-de-rosa

Desde que Mary Kay fundou seu hoje famosíssimo império na área de cosméticos, sua filosofia tem sido a mesma: toda pessoa na empresa, do novo funcionário ao diretor, deve seguir a regra áurea: "Faze aos outros o que gostarias que te fizessem" e três prioridades: primeiro Deus, depois a família e, por último, a carreira. Mary Kay chama a isso espírito "desprendido" e acredita que esta seja a verdadeira razão do sucesso de sua companhia. "Quando você se dá e se interessa sinceramente pela pessoa como um todo, consegue tirar não só o melhor dela como o melhor de si mesmo. Um dos mais notáveis benefícios dessa atitude é a impressão positiva deixada nos consumidores. Além do mais, a atitude de desprendimento passa para a família e os amigos."[2]

O prêmio mais cobiçado na Mary Kay Cosmetics é o "Miss Desprendimento", cuja finalidade consiste em "promover a prática constante do espírito de desprendimento e recompensar as pessoas que o exemplificam por suas ações amáveis". A cada trimestre, todos os diretores votam numa "Miss Desprendimento"; dentre as quatro candidatas sai a vencedora anual, que recebe o Prêmio Sue Z. "Sue Z. foi, sem sombra de dúvida, uma das criaturas mais prestimosas e dedicadas que já tive o prazer de conhecer. Ela estava sempre disposta a dar a roupa do corpo. Nosso prêmio anual Miss Desprendimento tornou-se o mais cobiçado: mais até que um Cadillac cor-de-rosa."

Muitas empresas grandes e bem-sucedidas, como a de Mary Kay, insistem nas recompensas intrínsecas porque elas costumam ser mais eficazes que as extrínsecas: falam à alma. Embora centenas de prêmios por realizações e êxito em vendas sejam distribuídos anualmente na Mary Kay, o mais prestigiado é o Miss Desprendimento. Conforme Mary Kay provou, a chave para alcançar os resultados desejados é recompensá-los. Por isso, Mary Kay construiu um Santuário mundial.

As recompensas intrínsecas resultam da promoção e do reconhecimento da graça no nosso trabalho. Trabalho muito junto a companhias de seguros. O seguro de vida, como qualquer outro produto ou serviço, é um presente de amor. Quando alguém assegura a sua vida, manda uma mensagem ao beneficiário: "Amo-o tanto que quero protegê-lo de qualquer sofrimento causado por minha invalidez ou morte." Encorajamos os vendedores de seguros a avaliar seu trabalho pelo número de pessoas que ajudaram a dar esse presente de amor. Os seguros de propriedade e danos podem ser vistos da mesma maneira: coisas ruins acontecem a pessoas boas e o seguro é a maneira de auxiliá-las a recuperar-se dos prejuízos. As recompensas intrínsecas podem provir da graça inerente ao trabalho que executamos. Com efeito, se não conseguimos ver graça ou significado em nosso trabalho, precisamos perguntar a nós mesmos por que ainda o fazemos.

Como criar sistemas de recompensa para a alma

Agimos em resposta a recompensas, evitando comportamentos que provoquem resultados negativos e adotando outros que sejam positivamente reforçados. Muitos líderes se enganam ao presumir que todos responderão da mesma maneira a benefícios meramente extrínsecos ou materiais. Certas empresas desafiam seus vendedores, produtores, inovadores, diretores e geradores de lucros com prêmios tangíveis como viagens, computadores, dinheiro, relógios ou placas de "empregado do mês".

Essa abordagem nos faz ignorar duas oportunidades. Em primeiro lugar, ela apenas aperta alguns dos botões da nossa personalidade, deixando de lado os botões da alma com a entrega de uma plaquinha de metal, onde se vê gravado o logotipo da empresa. Em segundo, nada faz para melhorar a auto-estima ou premiar a alma dos trabalhadores de médio escalão, da equipe de apoio administrativa, do pessoal da manutenção, dos técnicos, dos fornecedores e dos consumidores — nem mesmo dos modestos vendedores que, embora não gozem de *status* heróico, são igualmente vitais para o êxito de sua empresa.

Também está em questão a lógica da concepção tradicional de incentivo. As pessoas lutam pela excelência a fim de ganhar a plaquinha de empregado do mês? Ou lutam pela *Proficiência* e, como resultado, ganham prêmios? Mônica Seles joga tênis tão bem para tornar-se rica ou porque ama o esporte e compara a *Proficiência* ao Nirvana espiritual?

Os sistemas tradicionais de recompensa muitas vezes gratificam a mente, mas ofendem a alma. A *Entrega* é o segredo de um sistema de recompensa capaz de inspirar a alma. Primeiro, precisamos compreender a pessoa que estamos tentando inspirar e descobrir se ela é movida pela personalidade, pela alma ou por ambas. Depois, tentar elaborar um sistema de recompensas que atenda especificamente às necessidades tanto extrínsecas quanto intrínsecas de cada pessoa. Conseguimos isso utilizando uma das Mudanças de Valores na roda dianteira — *de mim para você.*

Um programa de prêmios de viagem pode ser simples e eficiente (ênfase em *mim*), mas, se passarmos a *você* a fim de averiguar se é apropriado, talvez descubramos que só atendemos às *nossas* necessidades quando elaboramos o programa. Para agir com sabedoria, temos de pôr de lado o impulso a dar respostas e enfatizar alguns questionamentos profundos: O que seria bom

> A Proficiência nunca busca recompensa; a recompensa sempre encontra a Proficiência.
>
> LANCE H. K. SECRETAN, EM *THE WAY OF THE TIGER: GENTLE WISDOM FOR TURBULENT TIMES*

para você? Como obter resultados do tipo vencer/vencer? O que você precisa de mim ou da companhia, no momento? Quais são as suas preocupações e como poderemos ajudá-lo a superá-las? O que o livraria do *stress*, da tensão, da raiva, do sofrimento, do medo ou da insegurança? Não será o caso de pensarmos juntos num prêmio que seja capaz de ajudar? De que modo ajudaremos você a progredir? O que inspirará a sua alma?

Depois de fazer a um empregado essas perguntas, talvez recebamos a seguinte resposta: "O senhor sabe, uma de minhas maiores decepções, que constitui um canto escuro na minha alma, é o relacionamento com os meus filhos. Eu gostaria muito de estabelecer com eles as bases do relacionamento, a fim de convivermos melhor." Para nós, será perfeitamente legítimo responder: "Somos uma empresa grande e bem-sucedida, com talento, influência e patrimônio. Temos uma rede de ligações e contatos. Vamos utilizar todos esses recursos em seu benefício, a fim de ajudá-lo a reconstituir seu relacionamento com os filhos. De que maneira gostaria que empregássemos os recursos da organização para curarmos sua alma?" Se aplicarmos o *Intrex* dessa maneira, melhoraremos o desempenho individual e coletivo.

Suponhamos ainda que outro empregado queira aprender a tocar um instrumento. Os administradores tradicionais em geral se recusam a pagar por essa atividade, julgando que a música nada tem a ver com o trabalho e está, portan-

138 | O Coração

to, fora da jurisdição da empresa. Mas, por que não pagaríamos lições de música? Nosso empregado não se sentiria profundamente comovido e, em conseqüência, não trabalharia melhor? Se lançarmos generosidade e consideração nas águas da alma de nossos empregados, elas voltarão para nós numa maré montante de gratidão e alto desempenho.

Estaremos sendo pessoais? Pode apostar que sim. Os sistemas de recompensa que identificam essas perguntas e dão-lhes boas respostas, além de muita coisa mais, levantam o ânimo das pessoas porque mostram que o líder se preocupa e reconhece cada pessoa como uma alma à parte. Isso se chama *Entrega*. Os sistemas de recompensa individualizados contrastam vivamente com os vagos programas que levam em conta o mérito, como o famigerado Hay Plan, ainda muito em voga nas empresas. Quem continua acreditando que os empregados se sentem comovidos ao saber que passaram para o *nível 5* tem muito o que aprender sobre as sutilezas exigidas para atiçar as chamas da paixão, que gera uma alma inspirada e, conseqüentemente, desempenhos extraordinários.

Uma alma, uma recompensa

Tudo isso tem profundas implicações empresariais. Em primeiro lugar, dado que cada um de nós é único, não podemos esperar inspirar toda alma individual até sermos capazes de produzir programas que se adaptem, separadamente, a cada uma delas. Muitas vezes, quando dou essa sugestão a meus clientes, os chefes da contabilidade, dos sistemas de informação, dos recursos humanos, da tesouraria e até mesmo o presidente erguem os braços, horrorizados, certos de que falta algum parafuso em minha cabeça. Um presidente chegou a perguntar-me, recentemente: "É sério?" Sim, é sério!

Inspirar uma alma individual exige sistemas individuais voltados para a alma. Acreditamos, erroneamente, que a justiça consiste em *nivelar por baixo*, no nível do fundo do vale, onde a vida é a mesma para todos e os sistemas de recompensa são concebidos levando em conta a conveniência dos administradores tradicionais. Na realidade, a justiça é alcançada quando se ouve a necessidade da alma para, em seguida, atender a ela. Esse Valor Primário, que chamamos de *Entrega*, será encontrado no patamar superior. As grandes organizações concentram-se numa pessoa, numa alma inspirada por vez, ao passo que nossa abordagem "um-tamanho-só-para-todos" sufoca o potencial e o sonho de grandeza pessoal e empresarial.

8 | Espaço Anímico

Se você tivesse de procurar um espaço capaz de encorajá-lo a produzir a mais inspirada obra de sua vida, aonde iria? Pensaria imediatamente no seu escritório ou fábrica? Não escolheria, ao contrário, uma floresta verdejante, uma montanha soberba ou um oceano ao pôr-do-sol? Talvez preferisse um templo imponente, uma galeria de arte, um museu, um hotel de luxo ou uma sala de concertos. É verdadeiramente uma tragédia o fato de a alma não se emocionar com os atuais espigões de escritórios. No entanto, se quisermos inspirar a alma, por que não criamos belos ambientes que sejam também Santuários físicos, por onde nosso espírito possa adejar? Como conseguirão as pessoas produzir idéias inspiradas se se acharem presas a ambientes tão pouco inspiradores?

> Um dia sem ver ou ouvir a beleza, sem contemplar o mistério ou sem buscar a verdade e a perfeição é um dia perdido. A sucessão desses dias é fatal para a vida humana.
>
> LEWIS MUMFORD

Boa parte deste livro explora a relação entre trabalho e ambiente interior — a alma, a que chamei de Santuário —, mas temos de levar em conta, também, outro ambiente, o espaço físico que nos cerca, a que chamo de espaço anímico. Um espaço anímico é um ambiente que atrai a alma, que a estimula a cantar e sugere a grandeza. A alma se apaixona pelo espaço anímico. A resposta da alma ao espaço que a cerca pode variar grandemente, dependendo da relação entre o corpo e sua localização. Se o ambiente físico não for amistoso nem simpático aos nossos sentidos, uma reação negativa afetará adversamente nossa bioquími-

140 | O Coração

ca. Dos sentidos, esses sinais passam para o sistema imunológico e daí, rapidamente, para a alma.

Durante anos, nas minhas palestras, citei o caso do maior banco do Canadá. Trata-se de um triste exemplo de desmotivação em larga escala e de miopia inspiracional. O banco fez diversas tentativas para seguir as minhas recomendações. Há pouco fui convidado a visitar uma de suas matrizes e, de fato, fiquei impressionado com suas formidáveis instalações e avançadíssimo sistema automatizado. Estaquei ao lado das máquinas de atendimento e fui informado sobre o enorme montante de esforço e dinheiro investido na criação de um ambiente agradável e atraente para os consumidores.

Pedi então aos banqueiros que me descrevessem o ambiente físico mais aconchegante que conheciam. Depois de alguma reflexão, eles mencionaram seus lares. Com efeito, nossa casa é uma boa referência, pois todos fazemos o possível para transformá-la num espaço acolhedor. Muitas vezes, a casa constitui uma expressão de nossa alma, tanto quanto de nossa personalidade. Perguntei em seguida aos banqueiros quais seriam os elementos capazes de tornar uma casa agradável. Citaram, entre outras coisas, móveis elegantes, mesas e cadeiras confortáveis, vasos de flores, lareira, tapetes, obras de arte, música ambiental, iluminação indireta, em suma, um espaço aconchegante. Pedi-lhes então que descrevessem a área onde se localizavam as máquinas: metal, vidro, granito polido, piso sintético, lâmpadas fluorescentes, plástico, um quadro anódino firmemente pregado na parede, ausência de janelas e uma profusão de cartazes de propaganda agressiva.

> A carreira bancária pode muito bem ser uma daquelas das quais ninguém realmente se recupera.
>
> JOHN KENNETH GALBRAITH

Será que um espaço desses atrai e tranqüiliza os clientes? Receio que não. O que tínhamos ali eram administradores tradicionais fingindo-se de evoluídos. A decoração do recinto era do tipo egoísta: funcional, barata, à prova de vandalismo e feita para durar certo tempo comercialmente aceitável. Não motivava sequer a mente e o corpo, quanto mais a alma. No nosso ambiente de trabalho, precisamos passar de atitudes mecânicas, newtonianas, para atitudes artísticas.

Se dizemos que construímos um ambiente para atender às necessidades dos consumidores e dos empregados, mas a evidência é uma espantosa falta de beleza no local, estamos mentindo. *O ambiente conta a verdade diretamente para a alma, não importa o que as personalidades estejam afirmando.* Quando se pregam quadros na parede, a mensagem é: "Eu não

> Beleza é verdade e verdade é beleza.
>
> JOHN KEATS

confio em você." As palavras podem ser melodiosas, mas o quadro pregado à parede não conta mentiras.

Não estou sugerindo, é claro, que não se devam pregar quadros em áreas muito movimentadas e sem vigilância. Todavia, não é correto dizer que, quando pregamos quadros nas paredes, estamos criando deliberadamente espaços anímicos para clientes e empregados. Se de fato quisermos inspirar as almas que entram no recinto das máquinas de atendimento, por que não reunimos uma equipe de idealizadores iconoclastas e criativos para que façam a decoração? Talvez não queiramos quadros na parede, mas podemos dependurar artigos de jornal encaixilhados, que as pessoas lerão enquanto aguardam sua vez. Ou criar uma parede de *graffiti*, instalar um aparelho de CD, uma banca de revistas, um aparador com café e biscoitos, etc. Poderemos, enfim, incentivar as operações pelo computador doméstico, pois é em casa que o cliente gosta mais de ficar. Tudo o que precisamos fazer é examinar as coisas do ponto de vista da alma.

> A beleza suborna a carne para ter acesso imediato à alma.
>
> SIMONE WEIL

Meus comentários não são dirigidos unicamente aos bancos, pois aplicam-se também à maioria das empresas — embora o governo e as organizações sem fins lucrativos em geral levem a palma na criação de ambientes abomináveis, mortais para o espírito. Nós nos ludibriamos de duas maneiras: ignoramos a importância do espaço físico para o desempenho e o potencial humanos, e racionalizamos nossos projetos arquitetônicos paupérrimos com o argumento espúrio de que a mediocridade condiz bem com o local de trabalho.

Mas imaginemos o extraordinário impacto liberador, a obra mágica que poderia fluir de ambientes de trabalho sagrados, concebidos para a alma. Avaliemos até que ponto fazer projetos com vistas à alma transformaria aeroportos, lojas de departamentos, escolas, universidades, hospitais e edifícios públicos, para citarmos apenas uns poucos. Se esses lugares fossem sagrados, não é provável que os amaríamos e respeitaríamos mais? Se fossem locais bonitos e os amássemos, o desempenho humano ali dentro não seria outro?

Os projetos sem alma, baseados no seco raciocínio da "realidade comercial", simplesmente não se justificam. Há inúmeros motivos que desautorizam tais argumentos. Tomemos, por exemplo, a Wegmans, a Singapore Airlines ou a Herman Miller, cujos escritórios são projetados ergonomicamente. Consideremos as indústrias que, com zelo e afeto, criam belos ambientes para empregados e consumidores, certas de que estabelecer uma conexão com a alma é importante para o seu negócio. Todos temos nossos locais favoritos, que incidem nessa categoria — restaurantes aconchegantes, lojas agradáveis, hotéis acolhedores, a mercearia do bairro, a matriz da ServiceMaster em Downers Grove, Illinois, e a Body Shop.

A Body Shop

A Body Shop foi fundada por Anita Roddick em Brighton, Inglaterra, em 1976. Desde então, abriu mais de 1.300 lojas em 45 países de 23 línguas diferentes. Ela não é apenas uma organização que fabrica e vende cosméticos inspirados na natureza. Dirigida por uma visionária, é uma empresa com a missão de mudar o mundo. Os cosméticos são apenas o veículo comercial que ampara a causa. Anita Roddick observou há pouco: "Faço parte de um movimento empresarial pequeno e diferente, que tenta restaurar o idealismo. Queremos um novo paradigma, um esquema inédito em tudo, capaz de demonstrar que os negócios podem e devem ser uma força para a mudança social positiva. Ela não deve apenas combater o mal, mas fazer o bem."[1]

Mais que qualquer outra coisa na vida, Anita Roddick é uma missionária que valoriza a paixão — e isso é notório em tudo o que a companhia faz, sobretudo em sua atitude para com o meio ambiente global e local: lojas, escritórios e fábricas onde as pessoas trabalham e circulam. Desde o começo, a Body Shop foi contrária a experiências de produtos com animais, lutou pelos direitos humanos e proteção ambiental, promoveu o movimento "Trade Not Aid", desenvolveu relações comerciais com povos indígenas, apoiou causas como a Anistia Internacional e fez campanha pelo fim da violência contra as mulheres. A vitrine da Body Shop é mais uma declaração política que uma exibição de produtos. A companhia, cuja estratégia é orientada por seus valores, adotou meu lema empresarial "Coração, Mente e Resultados" (e o *layout* deste livro) como seus próprios durante sua conferência anual de 1993 no Canadá.

Quando menciono a extraordinária singularidade e as notáveis realizações da Body Shop, as pessoas alegam que se trata de uma companhia *"new age"*, cuja tendência foge ao padrão corrente. Dizem que é fácil, para uma organização assim, alardear originalidade, esposar causas, assumir posturas políticas ou tratar empregados, fornecedores e consumidores com graça. Mas a Body Shop não é diferente de qualquer outra empresa. É uma fabricante, distribuidora e vendedora de produtos de beleza — tal como a Revlon, Lancôme, Estée Lauder ou Avon. Ela, simplesmente, comporta-se de outra maneira porque resolveu agir assim — uma escolha ao alcance de todas as organizações.

> Uma coisa bela é uma jóia eterna.
> JOHN KEATS

A ética da Body Shop materializa-se em uma de suas subsidiárias, a Soapworks. Ela vende cerca de trinta milhões de sabonetes por ano, que uma empresa alemã costumava fornecer. A Body Shop resolveu então montar sua própria fábrica em Easterhouse, nos subúrbios de Glasgow, Escócia, numa área de desemprego avassalador, decadência urbana e desmoralização. A Soapworks começou com um punhado de funcionários. Ao construir a fábrica, Anita Roddick tomou primeiro uma decisão moral e depois uma decisão comercial. "Eu queria empregar os desempregados, não os que já estavam trabalhando. Os sabonetes são cerca de 30% mais caros e nós vamos devolver 25% do lucro líquido à comunidade. No entanto, isso é bom para a minha empresa. É um exemplo do que mantém viva a alma de uma companhia."

A Body Shop iniciou suas atividades no Canadá em 1980 e, em 1992, o escritório central, a produção, a distribuição e as oficinas de treinamento já tinham suas instalações separadas. Desde o início, concebeu-se cada edifício como um espaço anímico. Em primeiro lugar, atendendo ao compromisso da companhia com a reciclagem, tomou-se a decisão de reciclar um prédio inteiro. Em vez de demolir um prédio existente ou construir um novo, a firma adquiriu e recuperou um armazém construído há 35 anos numa zona industrial de Toronto. Diz Margot Franssen, presidente e sócia da Body Shop do Canadá: "Queríamos que o edifício refletisse a cultura e os valores da Body Shop, minimizando seu impacto ambiental... E queríamos também torná-lo um local de trabalho aberto, alegre e funcional."

A primeira medida de Franssen foi reunir, para uma sessão intensiva de *brainstorming*, quinze profissionais que incluíam arquitetos, paisagistas, engenheiros, geólogos ambientalistas, especialistas em redução de lixo e em reciclagem, conservacionistas de energia, babás e hosticultores, além de dez funcionários. Essa equipe revisou as idéias conceituais de cada aspecto do edifício, com a finalidade de aumentar os benefícios para os futuros usuários e diminuir o impacto ambiental. Discutiram por 24 horas, empenhados em transformar o prédio num exemplo de inovação extraordinária em termos de desenho, criatividade, arquitetura, economia de energia, paisagismo e controle de lixo.

A conservação era um objetivo importante. Boa parte da argamassa e das tintas usadas na restauração derivava de material reciclado. O mobiliário foi refeito para uso nos escritórios. Pias e vasos sanitários, jogados fora pelo Prince Hotel de Toronto, foram instalados nos banheiros. Os carpetes eram de *nylon* reciclado, aplicados com cola livre de solventes. Vidros que iam para o aterro sanitário acabaram nas janelas.

Outro objetivo da Body Shop era tocar a alma dos visitantes. A linha de produção localiza-se num dos lados da área de recepção. Uma das paredes é de vidro e separa-a da "sala de tédio", permitindo que os membros do conselho e os operários vejam-se uns aos outros enquanto trabalham. Do outro lado da área de recepção está a lojinha da Body Shop, utilizada para treinamento e desenvolvimento de material de propaganda. Desse modo, quando se entra, é

144 | O Coração

possível ver ao mesmo tempo o início e o fim dos trabalhos. Com um olhar, o visitante tem idéia da companhia toda.

A equipe de desenhistas procurou despertar o senso de comunidade no interior do edifício. Os escritórios ladeiam "ruas" com nomes do tipo "Estrada das Amoras" e "Alameda do Almíscar", baseados nos produtos da Body Shop. Todas convergem para uma "pracinha" banhada pela luz do sol, chamada "Encruzilhada da Inspiração", que é o centro espiritual e o ponto de encontro do edifício. Numerosas aberturas no teto economizam energia e levam a luz solar ao restante do espaço. Ao contrário de muitos prédios de escritórios, quase todas as áreas têm seus próprios comutadores, de modo que os empregados podem acender e apagar suas lâmpadas conforme a necessidade. O espaço é dividido em 22 zonas, cada qual com seu aquecedor.

O interior é claro e natural, com cores em tons de trigo, limão e relva. As paredes são decoradas com quadros pintados à mão e cartazes mostrando os produtos e campanhas ambientalistas e sociais da Body Shop. Um enorme mural da floresta amazônica enriquece a creche (chamada "Departamento do Futuro"); citações instigantes e divertidas povoam as paredes e painéis de avisos do edifício. O desenho do escritório oferece as melhores vistas aos funcionários, que ficam perto das janelas externas; os escritórios fechados ficam no centro do prédio. Os panoramas mais pitorescos são apreciados do lado sul, razão pela qual o Departamento do Futuro e a sala de estar localizam-se aí.

> **A beleza é o sorriso da verdade.**
> RABINDRANATH TAGORE

Uma vasta estufa foi construída ao longo da parede sul externa. Chamada "A Máquina Viva", é um sistema de tratamento de água usada autônomo e biológico, inventado no Canadá. A água usada flui do edifício para diversos tanques de pré-tratamento e, daí, para um lago cheio de criaturas vivas como mariscos, caracóis, peixes e plantas aquáticas. A água é sugada para uma série de grandes vasos suspensos do teto e retomba em cascatas para o lago, de onde, por seu turno, escorre para charcos povoados por plantas purificadoras de água. Depois de "polida" nesse processo, a água passa por um filtro ultravioleta e está pronta para ser reutilizada. O objetivo é tratar ali mesmo a água usada, em vez de lançá-la nos esgotos da cidade. A Máquina Viva é também um local aprazível, onde as pessoas podem descansar e relaxar.

Os missionários da Body Shop criaram um santuário no que era outróra um local decrépito. A antiga área desolada tornou-se um ambiente natural com pequenos prados, sebes, matas e pântanos. Construiu-se um "Jardim Físico" segundo as tradições dos mosteiros medievais.

A sede da Body Shop é um lugar onde empregados trabalham, estudantes passeiam, franqueados negociam, consumidores fazem visitas e varejistas são adestrados. Acima de tudo, é uma ilha de regeneração. O ambiente físico manda uma mensagem, tanto a empregados quanto a visitantes, de paixão, abertura, ausência de hierarquia, sensibilidade às necessidades dos funcionários, consciência social e ambiental, compromisso, alegria e profissionalismo. A direção da Body Shop acredita que o ambiente de trabalho pode ser um espaço anímico muito semelhante ao lar.

Ambientes que fazem a alma adejar

Sempre que menciono a Body Shop, ouço o comentário de que isso é fácil para eles e difícil para os outros. De modo algum. A Body Shop, para o observador de fora, não passa de um fabricante e varejista, que nisso não difere de milhares de outras companhias. Se precisarmos de uma lição, a Body Shop nos ensinará que não existem desculpas para se instaurar a fealdade no ambiente de trabalho ou em qualquer outro lugar. A fealdade corrói a alma e sua crescente presença constitui uma ameaça cada vez maior à realização humana. Não se pode alcançar um desempenho olímpico trabalhando na oficina do diabo.

Os negócios têm a oportunidade única de criar Santuários que apelam diretamente para a alma construindo ilhas de comunidade, amizade, aconchego e beleza num espaço maior em que tais qualidades sejam menos evidentes. Podemos criar espaços anímicos sagrados, tão estimulantes para o espírito das pessoas, que nos sentimos atraídos para eles tão irresistivelmente quanto para qualquer outro lugar de pujante beleza.

Se o local de trabalho é um Santuário, ele pode e deve contrastar agradavelmente com outros lugares menos sagrados e acolhedores. Um Santuário delicadamente concebido tem tanta capacidade de atrair pessoas quanto um templo, uma galeria de arte ou um parque. Nós apreciamos esses sítios porque eles nos revigoram e nos regeneram. Ali, nossos pensamentos voltam-se para a criatividade, a inspiração, a reflexão, a integridade, a amizade e o amor.

> As coisas são belas quando as amamos.
> JEAN ANOUILH

Nossos Santuários deveriam provocar e criar reverência, embebendo nossa alma de perfeição humana. A melhor poesia do mundo não trata da fealdade: inspira-se na beleza. Do mesmo modo, um Santuário verdadeiramente sagrado é o cadinho do potencial humano. Com sua arca do tesouro cheia de patrimônio humano e financeiro, por que os negócios não impressionariam nossa alma tanto quanto certas igrejas, galerias de arte e jardins públicos em decadência? É difícil entender a lógica dos planejadores de ambientes de trabalho que esperam ver a alma refulgir em cubículos escuros e sem imaginação. Ao conceber um Santuário, a Mudança de Valores *de mim para você* leva-nos a colocar em primeiro lugar os interesses da alma, pois assim iremos amplificar sua energia — o que é bom para os negócios. Nosso objetivo não é agrilhoar o espírito, mas fazê-lo adejar.

9 | O Espírito Competitivo

No fim da Segunda Guerra Mundial, pesquisadores do Exército Imperial Japonês realizaram um estudo para determinar quais eram as últimas palavras proferidas pelos soldados moribundos. Antecipavam coisas como "Vida longa para o Imperador!" ou "Banzai!"... mas tiveram uma surpresa. A maioria dos soldados não prestava tributo algum ao imperador, mas balbuciava "Oka-san, Oka-san" — isto é, "Mamãe!" *Esses soldados chamavam a mãe.* Quando os jovens guerreiros percebiam que aquelas seriam suas derradeiras palavras, a imagem do herói forte, agressivo e íntegro se esfumava, não mais parecendo importante para eles. O ego deles era eclipsado pela alma e eles só queriam a mãe por perto.

No fundo, somos todos assim: vulneráveis, ávidos de amor e intimidade, empenhados em restaurar nossa energia feminina, com mais perguntas que respostas e, acima de tudo, humanos, demasiadamente humanos. Lá no íntimo, a personalidade cede à alma. Enquanto isso, por fora, o falso macho heróico que tentamos projetar — os formidáveis Schwarzeneggers e Stallones a que procuramos dar vida — anseiam pelo homem real interior. Quanto mais incorporamos Hollywood na nossa auto-imagem, maior se torna a distância entre nossa personalidade e nossa alma. Somente quando começamos a nos comunicar autenticamente, a partir da alma, é que encontramos pessoas reais. No trabalho e

> Os fortes sempre optam por ser gentis. Só os fracos insistem em "pagar na mesma moeda".
>
> ELBERT HUBBARD

148 | O Coração

na vida, a verdadeira comunicação não ocorre quando dois atores conversam por intermédio da personalidade. Se cada um de nós aprender a substituir as charadas de macho por uma comunicação consistentemente genuína, a partir da alma, transformaremos a nós mesmos, desintoxicaremos as empresas nas quais trabalhamos e inspiraremos todas as almas afetadas.

Depois que apresentei, há pouco, essa idéia numa conferência, um senhor idoso aproximou-se de mim. Disse ser russo e ter pertencido aos exércitos de libertação no final da guerra. Passou, então, a descrever alguns acontecimentos da época. Segundo seu relato, Hitler obrigara meninos a amarrar bombas no próprio corpo antes de atirar-se contra os tanques aliados. Os passantes, com horror, ouviam-nos gemer: "Mutti! Mutti!" ("Mamãe", em alemão). A resistência da alma à agressão e à violência parece ocorrer em todas as idades, em todas as línguas, em todos os cantos do universo.

Já falei do meu sério acidente no esqui, ocorrido há cerca de dois anos, quando quebrei uma perna em nove lugares. A descida da montanha, mais a corrida de ambulância de Sugarloaf USA até Franklin, Maine, teria parecido interminável sem a piedosa ajuda da morfina. Durante as horas que passei na sala de cirurgia, minha mulher conversou com o proprietário da frota de ambulâncias. Perguntou-lhe o que as pessoas gravemente feridas e com fortes dores conversavam com ele, no trajeto até o hospital. O homem respondeu que um número espantosamente alto falava dos pais, especialmente da mãe. Assim, esse padrão parece ser mesmo universal. Quando nossa personalidade baixa a guarda por alguma razão, nossa alma pede a palavra e a imagem de força que projetamos para os outros torna-se de súbito irrelevante. Então, não esbravejamos sobre liquidar a concorrência, vingar perdas de participação de mercado ou "queimar" outro candidato à promoção que disputamos. Em vez disso, discorremos sobre a família, os afetos e os medos, as paixões e os sonhos — temas que inspiram nossa alma.

O efeito disfuncional da competição

Falando em 1994 à indústria de bebidas em Atlanta, Geórgia, o presidente da Coca-Cola, M. Douglas Ivester, declarou: "Eu gostaria de conquistar a amizade de vocês, mas essa não é realmente a minha prioridade. Gostaria de conquistar o seu respeito, mas essa também não é a minha prioridade. O que quero mesmo são os seus fregueses, espaços e prateleiras. Quero a parte de vocês no estômago do consumidor. Quero cada migalha do potencial de crescimento do mercado de bebidas existente."[1] Quando repelimos a amizade e o respeito em troca de participações de mercado, repelimos a alma em favor da personalidade. Será que essa postura é um modo civilizado de viver? Será ela boa para a alma? Como propor que eliminemos a concorrência, coloquemos seus empregados no olho da rua para que não possam pagar suas hipotecas e contas, e em seguida apregoar adesão a elevados padrões éticos e morais? Acaso poderemos sair de casa como pessoas íntegras, passar o dia no escritório esmagando concorrentes, voltar à tarde para o seio de nossa família civilizada e no domingo seguinte correr à igreja? Quando exprimimos esses desejos violentos, não estamos nos enganando com a ficção de que vivemos uma vida sagrada, própria para alimentar a alma? A violência não pára. Na melhor das hipóteses, ela se caracteriza pela rudeza, egoísmo e irritabilidade; na pior, manifesta-se como guerra. É mera questão de grau.

> Resisto à violência porque, quando ela parece boa, trata-se de um bem temporário; mas o mal que provoca é permanente.
> GANDHI

Recentemente, examinando os planos estratégicos de uma grande multinacional, deparei com a seguinte frase: "Sei que posso contar com você para adotar agressivamente estes planos e fazê-los acontecer." O que significa "adotar agressivamente"? Será isso boa coisa? De que modo *induziremos* pessoas a fazer acontecer coisas, a menos que *queiram*? Tais frases não motivam ninguém.

Nós usamos o termo "competição" num sentido muito negativo e nada amistoso. A palavra vem do latim *com* e *petere*, "procurar, lutar juntos". As definições coloquiais do dicionário dão "rivalidade, busca de algo em detrimento dos outros".

Em geral, o termo veicula uma força mortífera, literal ou metaforicamente, implicando emulação, agressividade e mesmo hostilidade. Lança pessoas umas contra as outras numa luta pelo poder cuja finalidade é escolher um vencedor e um perdedor. Vitórias repetidas, de um lado, eliminam por fim o outro. A competição gera *stress* pessoal, debilita a saúde física e mental, reduz a auto-estima, desmotiva, intoxica organizações, compromete relacionamentos e constitui um meio ineficaz de montar equipes. Concentra-se na energia negativa que destrói o adversário, não na energia positiva que valoriza os empregados, fornecedores e consumidores, atendendo às suas necessidades. Apela para os valores rudimentares da personalidade, não para a força mais humilde e forte do universo: o amor dentro de nossa alma.

> Como seria o mundo se os homens sempre se sacrificassem voluntariamente pela paz em lugar da guerra?
> FRANK A. CLARK

Em suma, o conceito de competição é altamente disfuncional. O jogo zerado, em que um dos lados vence todas as vezes, acaba por eliminar os outros partici-

150 | O Coração

pantes. Portanto, que faremos? Nossos "concorrentes" são consumidores e habitantes do mesmo planeta; cada qual tem sua família, amigos, hipotecas, contas a pagar e cartões de crédito. Seres humanos normais, como nós, trabalham para nossos concorrentes; ora, quando os expulsarmos do mercado e levarmos suas empresas à falência, qual há de ser nosso próximo passo? Isso será tudo?

Se Charles Dutoit, regente da Sinfônica de Montreal, acordasse todas as manhãs dizendo: "Vamos acabar com Seiji Ozawa e a Sinfônica de Boston", ele e sua orquestra conseguiriam fazer boa música? Se ele e seus músicos desenvolvessem um plano estratégico para competir com todos os teatros e restaurantes de Montreal, com vistas aos mesmos lucros, isso contribuiria para criar uma das maiores reputações internacionais no campo da música clássica? Claro que não. E mesmo assim Charles Dutoit montou uma orquestra de fama mundial. Como ele, todos nós fomos abençoados com dons individuais; cabe-nos utilizá-los no serviço aos semelhantes e não implantar o medo no coração deles ou tentar destruí-los.

Tom Chappell, fundador da Tom's of Maine, diz: "Não se trata de vencer a todo custo. Trata-se de tentar vencer de acordo com o que somos. Quanto a

> Hilel disse: Aquilo que te é odioso, não o faças a teu próximo. Cifra-se nisso a Torá. O resto é comentário. Então anda, vai estudar.
>
> TALMUDE DA BABILÔNIA

mim, estou procurando gerar mais amabilidade. Quero associar o que faço ao meio ambiente, à comunidade... Livramos a P&G e a Colgate de preocupações com participação de mercado e espaço nas gôndolas, recorrendo, não ao dinheiro ou aos músculos, que eles têm de sobra, mas a um produto que atende às expectativas e aspirações do consumidor cujos valores são os mesmos que os nossos."[2]

Está ficando cada vez mais claro que, a despeito de toda a conversa sobre competição global, ela antes enfraquece do que fortalece pessoas e organizações. Além disso, como indiquei no Capítulo 5, a competição nos faz doentes. Talvez seja tempo de reconsiderar se, de fato, a competição e a ferocidade constituem uma base apropriada para nossos relacionamentos.

Vitória sem competição

Phil Jackson, técnico da equipe tricampeã dos Chicago Bulls, conjura uma imagem bem mais ampla, inspiradora e positiva da competição, recorrendo à definição original do dicionário: "lutar juntos". Diz ele: "O importante não é vencer ou perder, mas dançar com os parceiros e adversários. Não convém sequer considerá-los oponentes: são, isso sim, nossos pares na dança." Considerar

O Espírito Competitivo | 151

assim a competição expõe, ao mesmo tempo, seu reverso negativo: uma atitude sombria, envenenadora e irrelevante. No entanto, a competição funciona como o paradigma dominante em nossa época e quem quer que a conteste será, provavelmente, considerado fraco ou idealista.

Trabalho com missionários em firmas em que vendedores partilham contas com consumidores, em que concorrentes colaboram para atender às necessidades dos consumidores, em que vendedores oferecem os produtos dos concorrentes para melhor satisfazer aos clientes, em que os departamentos perseguem uma visão compartilhada, em que sindicatos e patrões conspiram (do termo latino que

> Segundo o meu sistema de valores, não preciso fazer de tudo para vencer e posso vencer sem que os outros percam.
>
> SANDRA KURTZIG, FUNDADORA DA ASK COMPUTER SERVICES

significa "respirar juntos") para abrir brechas no mercado, em que consumidores e fornecedores desenvolvem estratégias de comum acordo e colaboram para criar planos de compensação em favor dos empregados. Trabalho com associações que dividem tecnologias com outras empresas do mesmo ramo, onde as oportunidades de aprendizado são consideradas vitais para que indivíduos e empresas continuem úteis e, portanto, sobrevivam no futuro. Trabalho até mesmo com uma grande firma que convidou uma empresa pequena para vender seus produtos com sua própria marca registrada. Os resultados foram impressionantes. Trabalho com organizações em que as pessoas *não* cumprem a pena perpétua de esmagar a concorrência. Esses são lugares que iluminam e inspiram — Santuários livres de competição —, em que a alma flutua ao lado do desempenho porque competição é anacronismo.

Proficiência: jogar para vencer

Como vimos, a raiz latina da palavra "competição" significa "lutar juntos", especialmente por um prêmio, o que implica vitória. Vencer é um objetivo de vida muito importante para a maioria das pessoas. No entanto, é preciso compreender bem o que esse termo significa. Vencer quer dizer "executar uma tarefa da melhor maneira possível" — outra forma de explicar aquilo que chamamos de *Proficiência*. Não tem nada a ver com disputar com alguém ou destruí-lo. Disputar com os outros é uma ação alimentada com energia negativa, medo e estresse; vencer graças à *Proficiência* pessoal, por outro lado, faz-se com energia positiva, que leva à satisfação. O caminho para o êxito da alma consiste em lograr o respeito, a confiança, a afeição, a amizade e a lealdade dos outros, sobretudo dos consumidores, sócios, empregados e até "concorrentes". Eis a verdadeira definição de vitória, que torna a competição baseada na energia negativa um conceito árido, inútil para a alma.

Conforme vimos no Capítulo 5, todas as ações humanas ocorrem no espaço entre o medo e o amor. Fazemos coisas, ou porque amamos as pessoas e as experiências a elas associadas (*Química*), ou em virtude do medo que elas nos insuflam. Nossa vida é empobrecida por medos: morte, pobreza, doença, rejeição; e enriquecida por aquilo que amamos: família, amigos, boa saúde, sucesso e prosperidade.

Figura 17: Jogar para Não Perder e Jogar para Vencer

Podemos escolher: defender-nos de nossos medos — *Jogar para Não Perder* (atender às necessidades da personalidade) — ou encher nossa vida de amor — *Jogar para Vencer* (atender às necessidades da alma).

Acordos do tipo jogar-para-vencer

Os contratos nos dão um exemplo muito real e freqüente de nossas escolhas. Os acordos entre as partes podem ser obtidos segundo duas diferentes filosofias: aqueles em razão dos quais jogaremos para não perder e aqueles em razão dos quais jogaremos para vencer. Os primeiros tendem a ser unilaterais e leoninos, isto é, favoráveis à parte que os lavra e que, em geral, se sabe a mais "forte". Tais contratos são redigidos na linguagem do "vencer/perder", que busca vantagens à custa da outra parte. Presumem que os outros são impostores, indignos de confiança. Contam com o pior, obviando a todas as eventualidades negativas, prevendo multas e incentivos negativos para brechas, quebras e infrações. Quase sempre incluem cláusulas que resguardam os interesses da parte "mais forte", mostrando pouquíssima consideração pelos da outra. Exigem o que não estão preparados para dar.

O acordo do jogar-para-vencer, por outro lado, é ao mesmo tempo justo e compassivo. Não procura afirmar o poder, mas encorajar oportunidades e bene-

O Espírito Competitivo | 153

fícios mútuos. Insiste nas vantagens da sinergia e da parceria. Não pretende impor termos que a outra parte seja incapaz de observar: considera igualmente os interesses de ambas, esperando o melhor sem temer o pior. Um bom acordo, baseado nesses princípios, adota valores partilhados e presume que as duas partes se tornarão uma só na busca de um objetivo comum. O acordo do jogar-para-vencer é assinado ao mesmo tempo por ambos os contratantes porque eles o *querem*. Sua pretensão é tornar-se um compromisso entre duas almas.

A seguir, esboçamos um exemplo desse acordo, lavrado segundo a filosofia do Jogar-para-Vencer e baseado no Ciclo de Valores:

Contrato do Tipo Jogar-para-Vencer — Nosso Compromisso Mútuo

OS VALORES PRIMÁRIOS

1. Proficiência

Quais são as principais tarefas, habilidades e talentos exigidos para implementar com êxito um acordo? Quais os padrões gerais exigidos? Que é excelência? Que é necessário fazer para alcançar os mais elevados padrões? De que modo as partes farão o melhor? Que habilidades, talentos e práticas serão necessários? Para que o acordo seja posto em prática com êxito, quais são: o conhecimento fundamental, o desenvolvimento profissional, o aprendizado, o ensino e a destreza, os sistemas de informação, a tecnologia, a ciência, a técnica, a eficiência, a sofisticação, a meticulosidade e as realizações? Quais são as oportunidades para o *kaizen* ou aprimoramento contínuo?

2. Química

Com quem devemos estabelecer e manter sólidos relacionamentos? Como e com quem serão estabelecidos esses relacionamentos harmoniosos? Quais os relacionamentos atuais que devem ser recuperados, mantidos ou estreitados? Quais as características e atitudes necessárias para estabelecer sólidos relacionamentos? De que maneira deixarão os relacionamentos de ser superficiais? Como desenvolveremos continuamente oportunidades capazes de conduzir a amizades mais fortes e laços baseados na confiança, respeito mútuo, integridade, melhor comunicação e veracidade? De que modo criaremos mais parcerias do tipo vencer/vencer? Em que situações o trabalho em equipe será mais importante? Quando o estilo gregário se tornará um patrimônio? Existem situações que a flexibilidade nos ajudará a resolver? Como criaremos as condições necessárias para aprofundar e recompensar relacionamentos mutuamente satisfatórios — com empregados (e seus parceiros), consumidores, sócios e colegas de trabalho?

3. Entrega

Quem são os consumidores* internos e externos para esta função ou atividade? Quais são as suas

---

* O leitor deve lembrar-se de que o termo *consumidor* foi definido de maneira ampla, que inclui a acepção de "aquele que vem até nós com uma necessidade". Para mais detalhes, ver *Observações sobre a terminologia*.

necessidades? Como enfocar suas necessidades, motivadas pelo altruísmo e o auto-interesse esclarecido? De que modo alimentaremos, em ambas as partes, uma paixão que as leve a atender às necessidades mútuas? Como desenvolveremos o respeito por suas necessidades? De que maneira acharemos o equilíbrio entre atender às necessidades dos consumidores e obter lucros, sabendo que os lucros são resultado de uma filosofia voltada para o consumidor? Como cultivaremos a filosofia do "vencer/vencer" nas transações e relacionamentos? De que modo garantiremos que os consumidores sejam tratados como sócios e não como adversários? Como distinguiremos, com clareza, entre fazer a coisa certa e fazer as coisas da maneira certa? Que mecanismos acionaremos para definir padrões inequívocos de desempenho para consumidores internos e externos?

OS ACELERADORES

4. Aprendizado

Como "romper as barreiras"? De que precisamos para atingir e superar os padrões aceitos de *Proficiência*? Que tipo de aprendizado contínuo será necessário para ultrapassar os níveis convencionais de *Proficiência*? Onde? Quando? Por quê?

5. Empatia

Como criar oportunidades para melhorar a comunicação graças à *Empatia* (veracidade, fidelidade, confiança, responsabilidade, energia, honestidade, integridade, respeito, compaixão e amor)?

6. Capacidade de Ouvir

Como desenvolver a *capacidade de ouvir* para atender às necessidades dos outros? Como obteremos um alto grau de atenção a fim de aprimorar a compreensão de nossas comunicações com os semelhantes? Por que meios calaremos a "tagarelice mental" de modo a dar aos outros toda a nossa atenção quando nos comunicarmos com eles? Que habilidades e práticas serão necessárias para percebermos outros sinais quando estivermos *ouvindo*, além das palavras: linguagem corporal, entonação, expressão, etc.? De que maneira aprimoraremos a capacidade de "ouvir tanto as palavras quanto a música"? Como *ouviremos* francamente e do modo mais eficiente possível, a fim de compreender, sem a necessidade de nos defendermos e de manipular os outros?

AS MUDANÇAS

7. De MIM para VOCÊ

Que passos estamos dando para apreciar o valor real da outra parte no acordo? Como garantiremos que as necessidades dela sejam supridas tanto quanto as nossas? De que modo atenderemos às necessidades de sua alma? Como criaremos oportunidades para mútuo desenvolvimento e aprendizado?

> **8. Das COISAS para as PESSOAS**
> Como valorizaremos mais o mérito inato e a sacralidade das **PESSOAS** do que a aquisição e o gozo das coisas materiais? De que modo esboçaremos nosso acordo a fim de continuarmos a agir assim?
>
> **9. Da RUPTURA para o KAIZEN**
> Existem incentivos e planos para a prática do **KAIZEN** (ajudar os outros a melhorar cada vez mais e a fazer melhor as mesmas coisas), como os há para a busca de rupturas (fazer as coisas de modo diferente)? Quais são os incentivos que nos estimulam a fazer ambas?
>
> **10. Da FRAQUEZA para a FORÇA**
> Graças a que mecanismos aplicaremos a prática espiritual de honrar e gerar **FORÇA**, ao invés de insistir na fraqueza? Qual incentivo nos induz a continuar fazendo isso?
>
> **11. Da COMPETIÇÃO e do MEDO para o AMOR**
> Até que ponto o nosso acordo encoraja o **AMOR** em todos os aspectos de nosso relacionamento, convidando-nos a mostrar compaixão e generosidade em vez de rivalidade, medo e conflito? Nosso acordo fala a língua do AMOR e não a língua hostil e agressiva da guerra?

Recebemos o que esperamos

Se esperamos medo e competição, vamos encontrá-los. Uma lenda do Oriente Médio conta que o criado de um mercador de Bagdá foi procurar seu senhor na maior aflição.

"Patrão", gemeu ele, "alguma coisa esbarrou em mim, esta manhã, no meio da multidão do mercado. Voltei-me e vi que era a Morte. Fixei-a nos olhos e ela me lançou um olhar tão estranho e aterrador que agora temo pela minha vida. Por favor, patrão, empreste-me seu cavalo para que eu possa fugir! Com a sua ajuda, ao cair da noite já estarei bem longe, em Samarra."

O mercador era um homem generoso e deu-lhe um de seus melhores cavalos. Mais tarde, passeando pelo mercado, avistou também a Morte no meio da multidão.

"Por que você assustou meu criado esta manhã e lançou-lhe aquele olhar ameaçador?", perguntou-lhe.

"Eu não o ameacei", respondeu a Morte. "Foi um olhar de surpresa... Espantei-me ao encontrar esta manhã, em Bagdá, um homem com quem tinha um encontro marcado à noite, em Samarra."

Jogar para não perder é um estilo de vida negativo, que esgota as energias e tende ao empate: não se pode marcar um gol quando se está defendendo a própria meta. Se jogamos para não perder, o melhor que podemos esperar é

156 | O Coração

diminuir o número de medos que se transformam em realidade. Jogar para vencer, no entanto, oferece boas chances de desempate, como qualquer jogador sabe muito bem. Assim, convém preencher nossa vida com graça e amor, fazendo tudo para remover de nossa prática diária a toxicidade e a disfuncionalidade da competição.

Dar antes de receber

Jack Kornfield conta a história de duas crianças, uma menina de 8 anos, que sofria de uma doença grave do sangue, e seu irmão de 6. A família soube que a menina precisava de uma transfusão, mas, como seu tipo sanguíneo era muito raro, a busca pelo sangue compatível foi malsucedida. A mãe e o médico perguntaram então ao menino se ele não concordaria em doar seu sangue para salvar a irmãzinha. Ele respondeu que precisava pensar no assunto. Dois dias depois, declarou: "Está bem, vou doar." Foram ao hospital e as crianças ficaram deitadas lado a lado enquanto a transfusão se processava normalmente. Após alguns minutos, o menino chamou o médico e, muito calmo, sussurrou: "Vou começar a morrer agora?"

Tão jovem e já jogava para vencer! Ele não tinha nada a ganhar se jogasse para não perder. Criou, ele próprio, as circunstâncias em que não poderia ser derrotado. Mesmo na morte haveria de ser um vencedor. Se sobrevivesse, obteria um resultado do tipo vencer ou vencer — para si mesmo, para a irmã e para a família. Jogando para vencer, assegurava a auto-estima e um fluxo constante de bioquímica positiva pelo resto da vida. O garotinho encarnou a definição positiva de competição: lutar esforçadamente pelo melhor, num movimento constante rumo à *Proficiência*.

Esse tipo de competição busca a excelência e o desempenho personalizado, que leva ao sucesso. Como vimos, ele cura o sistema imunológico e alimenta a alma. A competição encarniçada, por outro lado, leva ao *stress* e à estafa, sendo a principal causa do mal-estar que aflige hoje em dia tanto as pessoas quanto as organizações. A rivalidade provoca ansiedade, envenena relacionamentos e é essencialmente tóxica. Não existe competição destrutiva saudável: no fim, ela mata tanto a vítima quanto o agressor. *Como nos sentirmos bem se desejamos o mal para os nossos semelhantes?*

Competição interna

Temos falado de competição entre empresas, mas a competição dentro das empresas é igualmente corrosiva para a alma. Alguns executivos tradicionais acreditam que progredirão mais depressa se travarem lutas de gladiador com os empregados pela posse dos escassos recursos existentes, em vez de adotarem a cooperação, que aumenta o tamanho do bolo. É mesmo comum, entre esses executivos, brigar por alocação de orçamentos, aprovação de gastos e favores dos que detêm o poder.

Paradoxalmente, a cooperação costuma ser não apenas mais eficaz como mais saudável. Segundo um pesquisador, há provas consistentes de que a cooperação tira o "melhor" de nós. Observou-se isso em praticamente todas as ocupações, talentos e comportamentos pesquisados. Por exemplo, os cientistas que se consideram cooperativos costumam ter mais artigos publicados do que seus colegas competitivos. Homens de negócios que cooperam recebem salários mais altos. Do curso primário ao universitário, os alunos cooperativos tiram notas melhores. Diretores de recursos humanos que trabalham juntos têm menos vagas a preencher. E, o que não surpreende, a cooperação estimula a criatividade.[3]

A competição contraria os anseios naturais da alma. A alma quer ser plena, ao passo que a competição tende a dividir — entre vencedores e perdedores. Não conseguiremos sanar o sofrimento que atinge as almas de milhões de pessoas nas modernas organizações até exigirmos plenitude em tudo aquilo que fazemos. A plenitude encarna a graça e nos induz inevitavelmente à solidariedade. A alma, de um modo muito natural, afasta-se da competição e aproxima-se da cooperação. A alma é apenas parte de um universo maior e só alcança a plenitude depois de persegui-la em todos os níveis.

Num sistema de capitalismo democrático, devemos ser realistas nas nossas expectativas e não contar, da noite para o dia, com uma passagem da competição para a cooperação. Entretanto, há brilhantes perspectivas de, pelo menos, distinguir os dois tipos de competição:

- *luta conjunta* pela excelência para alcançar a *Proficiência* e
- rivalidade hostil.

A primeira nos cura; a segunda nos mata.

SEGUNDA PARTE

A MENTE

10 Primeiro, a Cabeça

Há, nas organizações mecânicas, uma boa dose de administração do tipo "casca de noz". Você se lembra do velho truque das três cascas de noz? A pessoa escondia uma ervilha sob uma delas, movimentava-as rapidamente e pedia a alguém que apontasse sob qual estava a ervilha. Esta tinha preso um fio de cabelo, de modo que quem conhecia o segredo não podia errar nunca. As primeiras vezes eram divertidas, mas o jogo logo ficava enfadonho. Ocorre o mesmo com esse tipo de administração.

Conforme referi no Capítulo 5, o cérebro humano morre quando se vê privado de informação, mas a alma decai antes. Quando a informação nos falta, a alma se torna ansiosa porque é naturalmente inquiridora, questionadora e incansável. Ainda assim, certos administradores de organizações mecânicas confundem invariavelmente o acúmulo de informações com a aquisição de poder pessoal — e o poder tem sido sempre um algoz da alma.

A vida anseia por equilíbrio. Quando *yin* e *yang*, as energias masculina e feminina, estão fora de proporção nas empresas, a alma tem de enfrentar a ausência de simetria, pois também ela apetece o equilíbrio e a plenitude. Informação e respostas representam a energia masculina; perguntas, a energia feminina. Se os empregados forem privados da energia masculina da informação, a alma deles procurará naturalmente o equilíbrio. Isso é funesto para as empresas porque, paradoxalmente, a procura de equilíbrio gera sua própria turbulência. A solução consiste em informar, ou seja, proporcionar a energia masculina que falta.

Abertura para inspirar a alma

O mito corrente é que, quanto mais informações monopolizarmos, mais poder conquistaremos. Isso resume o administrador machista e inseguro, sem um farol de valores para guiá-lo e sem compromisso com a graça. Os administradores tradicionais são governados pela personalidade e não pela alma, como Margaret Thatcher, a quem se atribui a frase: "Não me importa quanto os meus ministros tagarelem, desde que façam o que mando." A falta de informação não só prejudica o cérebro como torna a personalidade insegura e estiola a alma.

Os administradores tradicionais também guardam o sigilo empresarial por acreditar que, se "certas informações" caírem em mãos erradas, serão usadas contra eles. O descomedimento e a paranóia por trás dessa noção chegam a assustar. Infere-se que os empregados são tão imaturos e indignos de confiança que sua perfídia os levará a falar levianamente sobre "certas questões" das quais o "concorrente" se aproveitará.

Essas idéias vêm de outros tempos, quando uns poucos líderes (quase sempre homens) heróicos e competentes detinham toda a informação e eram os únicos qualificados para decidir. O "enxugamento" das empresas, a extinção da hierarquia, os progressos tecnológicos, uma força de trabalho melhor adestrada, a necessidade de maior rapidez na tomada de decisões imposta pelos mercados atuais e a crescente especialização de tarefas engendraram um novo contexto para o processo decisório, a informação e o poder.

Hoje, há urgência em colocar o máximo de informações e autoridade nas mãos de quem mais sabe decidir em proveito dos empregados, consumidores e fornecedores: ou seja, o mais perto possível da ação. As empresas esclarecidas, como a Levi Strauss, incorporaram esses objetivos à sua filosofia. A "Profissão-de-Fé" da Levi Strauss inclui as seguintes palavras:

CAPACITAÇÃO: A administração deve fomentar a autoridade e a responsabilidade de quem está mais próximo de nossos produtos e consumidores. Estimulando ativamente a responsabilidade, a confiança e o reconhecimento na organização, conseguiremos aumentar e liberar a capacidade de nosso pessoal.

Já não vivemos na época dos servos e fidalgos, das caixas-fortes e cidadelas. Estamos na era da cibernética, em que duas almas — consumidor e prestador de serviços — procuram comunicar-se e criar significado... agora mesmo. Reter informações é apenas um dos métodos que os administradores tradicionais adotam para interferir nesse fenômeno natural. Nas organizações mecânicas, a falta de informação sólida resulta numa avassaladora escalada de angústia pessoal para as almas que lá vivem. Veja-se, por exemplo, a atitude da equipe da Penske nas 500 Milhas de Indianápolis. Durante a corrida de 1994, o piloto campeão da Penske, Al Unser Jr., voou para seu *pit stop*, onde seis membros da equipe saltaram uma mureta de um metro de altura, deram-lhe de beber, trocaram quatro pneus, reabasteceram o carro e fizeram pequenos ajustes, devolvendo-o ao seu circuito de quase trezentos quilômetros por hora em menos tempo do que você gastou para ler esta frase. Responda agora: o desempenho da equipe seria tão bom se cada um de seus membros não dispusesse de todos os dados necessários para vencer?

A alma anseia tanto pela informação *quanto* pela autorização de usá-la sabiamente. A alma quer ser livre — para conhecer e fazer. A alma exige mais, não menos informação.

Jack Stack, diretor-presidente da Springfield Remanufacturing Corp. (SRC), montou uma empresa notavelmente bem-sucedida na certeza de que "a maneira melhor, mais eficaz e mais lucrativa de dirigir um negócio é explicar a cada funcionário como a companhia é dirigida e quais foram os resultados financeiros, bons ou maus". Desde que Stack adquiriu a SRC da International Harvester, em 1983, e concebeu o processo de planejamento anual, os lucros passaram de dezesseis milhões para 105 milhões de dólares, enquanto o número de empregados aumentava de 119 para mais de 750.

Stack desenvolveu um estilo aberto de administração que envolve todos os funcionários no processo de planejamento, dando livre acesso às informações financeiras e de desempenho empresarial a qualquer tempo. Cada empregado participa tanto da gestão quanto do sistema de bonificações oferecidas a quem cumpre os objetivos do plano. A meta de Stack tem sido induzir os empregados a pensar como proprietários. A SRC destinou 11.200 horas aos cursos de adestramento profissional em 1993 — e 30.300 horas aos de negócios e finanças. "Não é que, com apenas uma reunião, você vá aprender tudo sobre o relatório financeiro", explica Kevin Dotson, que trabalha no galpão de serviços pesados da SRC. "Eu, de cada vez, aprendo um pouco mais. No entanto, é possível entender os itens do relatório que você afetou diretamente. Então, percebemos que poderíamos ter sido mais eficientes ou que nosso pequeno grupo tem a possibilidade de melhorar para que o próximo assuma com mais facilidade. Aqui, cada um tem a sua função, mas todos perseguem o mesmo objetivo."

> A grande amargura dos homens é ter muito conhecimento e pouco poder.
>
> HERÓDOTO

Em 1992, Stack reuniu suas idéias no livro *The Great Game of Business* ["O Grande Jogo dos Negócios"], que logo se tornou um fenômeno editorial. Ele

164 | A Mente

acertou em cheio. A reação dos leitores, que sabiam da existência de um caminho melhor e desejavam conhecer um estilo de administração mais receptivo, foi notável. A isso Stack e sua equipe responderam elaborando um curso de dois dias para explicar suas idéias — o qual, desde então, já recebeu mais de mil pessoas que visitaram a fábrica no sul do Missouri a fim de aprender o que ele chama de "a única maneira de dirigir uma companhia com sensibilidade".[1]

Um passo importante na criação de uma administração aberta é divulgar números. Percy Barnevik, ex-diretor-presidente da Asea Brown Boveri (ABB), fez justamente isso ao criar a ABACUS — o ABB Accounting and Communicating System (Sistema de Contabilidade e Comunicação da ABB). Esse departamento fornece a todos os funcionários da empresa as mesmas informações, extraídas de uma única base de dados. Isso, além de inspirar confiança, ainda gera um único conjunto de dados que permite aos funcionários decidir, a partir deles, qual o rumo de ação mais apropriado, em vez de ficar discutindo a validade dos números.

Segundo minha experiência como consultor de equipes empresariais, o sigilo em torno da informação não garante coisa alguma. De fato, pouca diferença faz se ela cai em mãos erradas: nossa auto-importância, orientada pela personalidade, sempre nos levará a crer que assim foi. Algumas das informações que mais apoquentam os executivos das firmas de caráter mecânico são as referentes a compensação, mudanças estruturais, fusões e aquisições, estabelecimento de preços, desenvolvimento de produtos ou demissões. As informações mais melindrosas são, é claro, as que dizem respeito à personalidade: salários, bonificações, promoções, desempenho e por aí além. Ora, essa paranóia da personalidade decorre na verdade do medo, que é o motor do poder e do controle. Tendo alcançado algum sucesso, o administrador tradicional fica com medo de perder tudo e por isso retém informações para preservar seu poder. O poder é a resposta da personalidade que alivia o sofrimento provocado pelo medo; portanto, é o ópio dos medrosos.

> **Todos os homens perseguem naturalmente o conhecimento.**
> ARISTÓTELES

Ao limitar o livre fluxo da informação, os caçadores de poder removem o significado contextual e, dessa forma provocam o medo do desconhecido no coração de suas vítimas. O caçador de poder, avaliando unicamente a personalidade, acha intoxicantes os sucessos de curto prazo, obtidos graças ao medo: e ficam paralisados. Cada conquista exige outra. Renunciar ao controle da informação vai-se tornando cada vez mais difícil; a cada dia, os motivos para não fazê-lo ficam mais fantasistas e paranóicos. Os administradores tradicionais conservam o poder pelo medo — escondendo informação. Esse é o chamado "estilo cogumelo": todos são mantidos no escuro e cobertos periodicamente com estrume.

Se pararmos para refletir a respeito da necessidade de classificar informações, vendo o problema pelas lentes de nossos valores, seguramente questionaremos as justificativas do sigilo. Se realmente quisermos aplicar a Mudança de Valores *do medo e da competição para o amor*, por que não consideramos a retenção de informação como uma prática intimidatória e damos os passos necessários para eliminá-la de vez? Acaso não pomos fé nas pessoas de que dependemos para implementar nossa concepção empresarial? Se tivermos mesmo de escolher um dos lados, nossos funcionários não estão conosco? Se os líderes de uma empresa não confiam em sua própria gente a ponto de dividir com ela a informação sobre a organização da qual dependem para viver, por que essa gente haveria de confiar neles e respeitá-los? Desconfiança gera desconfiança.

Eis as mensagens que o sigilo envia: "Não confiamos em você e por isso não lhe daremos essa informação", "Você não é importante o suficiente para receber esses relatórios". Embora nem sempre sejam tão explícitas, é justamente isso o que essas mensagens querem dizer. Pense um pouco sobre elas e sobre a maneira como elas repercutem em seus ouvidos. De que modo afetam a sua alma? Se lhe fossem comunicadas, você as acharia agressivas, humilhantes e injuriosas? São mensagens que desmoralizam e desmotivam qualquer um. Despertam o espectro assustador da consciência de classe nas organizações (os que detêm a informação pertencem a uma "casta superior") e assim atiçam o ressentimento e a inveja, diminuindo ao mesmo tempo a auto-estima — verdadeiros venenos para a alma. Semelhantes afrontas à personalidade e à alma obrigam as pessoas a deixar o coração em casa. Em outras palavras, o mal provocado pelo sigilo é, de longe, muito mais grave que os possíveis riscos a que a organização se submeteria caso adotasse uma postura aberta.

Nas organizações mecânicas, a prática da administração "casca de noz" desmotiva a personalidade e devasta a alma.

Nos Santuários, a informação é partilhada livremente; agindo, assim, enviamos um sinal de respeito e confiança que estimula a personalidade e inspira a alma. Equipados com informações vitais e não precisando mais recorrer a adivinhações, rumores e tagarelice, os empregados podem colaborar plenamente, e sua alma se sente segura. Líderes que não escondem informações muitas vezes se surpreendem com o modo inovador com que elas são usadas e os formidáveis resultados alcançados. Vale a pena sacrificar o sigilo pela abertura.

> Vivemos de informação, não de vista.
> BALTASAR GRACIAN

A administração do tipo "casca de noz" mostra-se igualmente insidiosa quando aplicada a consumidores ou fornecedores. Pode-se supor que grandes empresas públicas mantenham departamentos encarregados de rever os dados bru-

166 | A Mente

tos do relatório anual para saneá-los, censurá-los, escamoteá-los e confundi-los. Isso gerou uma indústria paralela de farejadores, cuja maioria trabalha em Wall Street, especializados em esmiuçar balanços para descobrir o que realmente está acontecendo. O jogo se tornou altamente tóxico.

A prática de reter informações vitais dos fornecedores também é tóxica. Em ambos os casos, estamos enviando a mesma mensagem: não confiamos em vocês, não os respeitamos e vamos enganá-los. É claro que consumidores e fornecedores pagam na mesma moeda. Não surpreende que toleremos semelhante prática, considerando-se que os criadores de informação enganosa e incompleta engolem todos os dias os mesmos insultos de seus chefes. Esse fenômeno é explicado às vezes, de maneira rude, com a frase "o que o macaco vê, o macaco faz".

George Gendron, editor-chefe de *Inc.*, sempre defendeu a administração aberta, vendo-a como um sinal de que, nas modernas organizações está surgindo uma nova estirpe de líderes esclarecidos. Num enfático editorial de junho de 1996, ele escreveu: "A revolução da abertura é parte de uma mudança mais vasta e mais profunda que vem ocorrendo à nossa volta, mudança que alterará o ambiente no qual se fazem negócios. Não afirmo que todas as empresas 'abrirão seus livros'. Longe disso. Penso, porém, que todas elas serão afetadas por esse novo clima de maior sabedoria econômica e responsabilidade financeira. De que maneira se adaptarão caso não sigam esse caminho? Não sei dizer. Mas, se administrasse uma delas, trataria logo de descobrir."[2]

> A ignorância é a maldição de Deus, o Conhecimento é a asa com a qual ascendemos ao Paraíso.
> WILLIAM SHAKESPEARE,
> *HENRIQUE V, 1, 2*

Quando os líderes mudam de atitude e liberam informações para todos os empregados, a fim de envolvê-los no *espírito* do negócio, então, como bem nos ensinou Jack Stack, os empregados captarão a mensagem e tratarão os demais com o mesmo respeito e integridade. A falta de informação é como uma doença auto-imune da alma. A alma tenta sanar o dano e nada a pode deter enquanto, por mais que sofra, ela não atingir seu objetivo: a plenitude.

Tomada de decisões —
uma canção para a alma

A alma não deixa de fazer indagações. Mesmo que seja bem-sucedida na busca de informações, não pára de questionar e de procurar até atingir outro imperativo: a liberdade. Isso é verdadeiro em todos os aspectos da vida e não apenas no trabalho. Entre as necessidades da alma, duas são simples e diretas: informação adequada e liberdade de participar na tomada de decisões — exigências das mais humildes para a atividade cotidiana da alma. Sem elas, a alma se sente frustrada em sua busca de plenitude e equilíbrio. Atender a essas necessidades é, pois, um pré-requisito para inspirar a alma.

Parece mais fácil de dizer que de fazer. Os missionários que fundam Santuários sabem disso; mas nas organizações mecânicas, em que as pessoas continuam a ser vistas como peças de engrenagem, o uso do poder e do medo faz com que a informação e o processo decisório sejam distribuídos de maneira desigual. Informação e processo decisório são freqüentemente utilizados com vistas a dividir, manipular e controlar pessoas — práticas das mais repugnantes para a alma. Ao defender o processo de sigilo e autocracia, os administradores tradicionais apregoam que seus funcionários não têm capacidade para tomar decisões. E talvez estejam certos: afinal de contas, se os empregados não dispõem de acesso à informação e são expelidos do processo decisório, não podem ter experiência nem prática em tais assuntos. Nas organizações mecânicas, esse argumento vicioso é apresentado para manter o *statu quo*.

Em 1994, um estudo da Gordon Group Inc. para o California Public Employees' Retirement System (CalPERS) mostrou que as companhias cujos empregados participavam da tomada de decisões eram mais bem cotadas no mercado que as outras. Diz Richard S. Koppes, do conselho-geral da CalPERS: "Esse será um dos critérios pelos quais avaliaremos as empresas que temos em mira."[3] A Tandem Computers adotou a tradição da tomada de decisões por consenso. Os departamentos se reúnem com freqüência e, muitas vezes, um departamento inteiro entrevista candidatos para determinar se se integrarão bem à equipe. Há reuniões regulares onde os empregados discutem novos projetos. A Tandem fomenta o espírito de comunidade e comunicação entre os funcionários de muitas maneiras: das reuniões de consenso às "festinhas de fim de semana".[4]

Todo trabalho é sagrado, todo trabalho é feito com a alma. Se faltarem alguns elementos essenciais ao nosso trabalho, como a informação ou a oportunidade de contribuir para as decisões que afetam a companhia — conseqüentemente nossa própria vida e subsistência —, o trabalho sufocará a alma. Uma vez que vivemos na era da informação, é totalmente absurdo subtrair informações e poder decisório das pessoas que deles necessitam e podem usá-los muito bem — aquelas que fazem o trabalho. Sem informação e autoridade para tomar decisões, que outras tarefas desempenharão os funcionários qualificados em nossos tempos?

A informação, bem como a capacidade e a autoridade para usá-la inteligentemente, constituem música para a alma. Quase todos já experimentaram a grandiosa sensação de manusear dados valiosos e usá-los para obter *Proficiência* com êxito. Grandes momentos na escola e na universidade, a elaboração de uma estratégia vencedora no esporte, a execução perfeita de uma peça musical, a realização pessoal no aprendizado e nas viagens são eventos que combinam ação e informação, abençoando a alma com liberdade e plenitude. Para muitas pessoas, a chance de criar magia desse tipo nas organizações modernas ainda está por vir. Podemos ajudar a alma a alcançar a plenitude fornecendo-lhe a essência que falta: informação e ação. Se o fizermos, a liberação das forças reprimidas transformará de tal maneira os homens e suas empresas que as regras existentes de produtividade, índices econômicos, liderança e comunicação logo ficarão cobertas pelo pó da História.

> Quanto mais decisões formos obrigados a tomar sozinhos, mais consciência adquiriremos da nossa liberdade de escolha.
>
> THORNTON WILDER

11 | O Código Invisível

O mito da capacitação

Como muita gente, sou um adepto da capacitação, mas irrita-me a maneira com que essa palavra foi distorcida. Sinto-me, a esse respeito, como Bertrand Russell deve ter-se sentido em relação ao Cristianismo, quando lamentou: "O problema do Cristianismo é que ele nunca foi experimentado." Os bancos nos asseguram que seus funcionários foram capacitados, o que de modo algum se percebe quando pedimos a um deles para não seguir as regras tão à risca. Os executivos das companhias de petróleo dirão a mesma coisa, mas não tente negociar um desconto no posto de gasolina local. Em verdade, quando convidamos o varejista ou prestador de serviços americano a fazer uma concessão ou quebrar as regras, descobrimos que a tal capacitação não passa de um mito: nunca existiu. *As regras mandam.*

A ex-primeira-ministra britânica Margaret Thatcher vivia a gabar os méritos da capacitação, mas ela própria jamais a praticou. Uma anedota apócrifa nos mostra Maggie Thatcher levando seus ministros conservadores para jantar num restaurante. "Rosbife", pediu ela ao garçom. "E quanto aos legumes?", indagou o garçom. "Ora, eles comerão a mesma coisa", replicou Maggie.

A diferença entre alardear e praticar realmente a capacitação é quase a mesma entre a maioria dos administradores tradicionais. Discorrer sobre capacitação e não praticá-la constitui uma das maiores mentiras das modernas organizações. E também uma das mais destrutivas tanto para a alma quanto para a personali-

170 | A Mente

dade. Em 1995, o presidente da Seagram, Edgar Bronfman Jr., comprou a MCA por 5,7 bilhões de dólares. Na época, alguns analistas insinuaram que a empresa valia mais de 7 bilhões. Por que isso? A Matsushita, antiga proprietária da MCA, recusava-se a capacitar seus executivos e exigia que o prodigioso fluxo de caixa que eles geravam fosse remetido para a matriz. Em vez de perder todos esses dólares para a empresa-mãe, que não queria reinvestir em sua subsidiária, os executivos da MCA preferiram gastá-los. Isso deprimiu os lucros e não houve meio de o ex-diretor Lew Wasserman e o presidente Sidney Sheinberg remediarem o mal; nem eles se sentiam motivados a aumentar o fluxo de caixa.

Exemplo disso foi o grupo de televisão, que tinha receitas de setecentos milhões de dólares, mas um lucro insignificante de cinco milhões e isso a despeito de poder gerar receitas de cem milhões com a administração de uma livraria televisiva montada em anos passados.[1] O fracasso em capacitar empregados pode ter custado aos acionistas da Matsushita nada menos que dois bilhões de dólares. Essa perda talvez faça sofrer sua personalidade, mas sua alma padecerá ainda mais quando constatarem que os antigos proprietários deixaram de libertar o gênio da lâmpada. O exemplo mostra também que a personalidade ganha quando a alma é recompensada.

Existe uma grande diferença na maneira de encarar a liderança, entre líderes e liderados. Numa pesquisa feita pela minha empresa, os líderes disseram que as características da boa liderança incluem orientação firme, visão de objetivos e definição clara da estratégia. No entanto, quando pedimos aos empregados para explicitarem as qualidades que procuravam nos bons líderes, eles mencionaram compaixão, veracidade, respeito, integridade, sabedoria, justiça, disposição a ouvir, comunicação fácil e afeto.

Abrir mão do controle com graça é mais fácil para a alma que para a personalidade. A personalidade deseja fortalecer o ego, e controlar os outros é a maneira que encontra para medir o sucesso nesse campo. Os que buscam cargos de poder, e não liderança, freqüentemente consolidam sua autoridade ampliando o controle sobre os outros. Só quando a alma é convidada a partilhar a responsabilidade da liderança, um código invisível de verdade, amor e respeito substitui as portarias, políticas e regras da organização mecânica.

Não proclamo que a ordem deva ceder à anarquia. Acredito, isso sim, que devemos remover, reduzir e repor (o que chamo de "os três RR do ambiente de trabalho" [*remove, reduce* e *replace*]) as regras que sufocam a alma nas empresas para que o código do amor, da confiança e do respeito possa ser implantado.

A rede emaranhada que tecemos

Walter Scott escreveu: "Ah, que teia emaranhada tecemos quando, pela primeira vez, praticamos o ludíbrio!" A alma é oprimida pela orientação rígida no trabalho, na sociedade e ao longo de toda a nossa vida e, na sua eterna busca de liberdade, unidade e plenitude, luta para escapar dessa teia emaranhada da tirania. No entanto, insistimos em tecer uma teia ainda mais complicada de fraudes e contra-fraudes.

Nas últimas três décadas, o número de jornalistas em Washington subiu de 1.500 para 12.000. Rondam por ali cerca de 91.000 lobbistas. Em 1960, havia 365 lobbistas políticos registrados junto ao Senado. Hoje são 40.111, ou 400 por senador. A equipe do Congresso dobrou desde 1970.

A administração das modernas companhias se tornou igualmente confusa graças à entronização do *yang* da personalidade, que é o "como?", no lugar do *yin* da alma, que é o "por quê?" Resignamo-nos ao crescimento contínuo da burocracia porque os administradores tradicionais continuam nos dizendo que as farsas da complicada e litigiosa sociedade dos anos 1990, que ameaçam tragar as empresas, fazem parte do jogo. Nossa personalidade pode ter-se tornado embotada, mas nossa alma prossegue na busca da luz, fugindo de coações e regulamentos, e só encontrando paz quando as normas cedem espaço à clareza de visão e aos valores.

Os valores substituem as regras

A alma inspirada mostra-se grata pela orientação, adestramento e ensino técnico porque recebe esses dons e aplica-os para bons propósitos. As regras dizem o que *não pode* ser feito; a alma, porém, quer ser capacitada e saber o que *pode* ser feito. As regras limitam, os valores libertam. A alma acolhe favoravelmente a oportunidade de dizer "sim" em vez de "não" e se aborrece com a frieza da regulamentação exagerada. Quando trabalhamos a partir da alma e não da personalidade, há pouquíssima necessidade de normas.

Conforme declarei no Capítulo 2, a cultura e os valores se tornaram as linhas-mestras e, quando somos chamados a tomar uma decisão, recorremos aos valores para alicerçar nosso tirocínio. Uma alma inspirada sabe o que fazer, pois segue um código invisível baseado em valores. Quando pessoas ou bens são considerados sagrados, a alma inspirada se esforça para protegê-los e melhorá-los.

Na Hewlett-Packard há uma forte tendência a fazer as coisas "à maneira da H-P". Diz o diretor-presidente, Lewis Platt: "Se os empregados percebem que compreender os valores capitais da companhia é a âncora a que podem se agarrar, existe grande liberdade para mudar."[2] Andy Grove, diretor-presidente da

172 | A Mente

Intel, declara: "Para nós, é impossível adotar sistemas de administração formais, que controlem todos os compromissos e tarefas a serem assumidos no ambiente em rápida mudança no qual vivemos. Existe, ao contrário, o entendimento implícito de que, se concordamos com um aceno de cabeça durante uma discussão, a coisa vai ser feita."[3] Ele deve saber o que diz: a Intel passou de três bilhões para doze bilhões de dólares em cinco anos.

Usando o gabarito dos Valores Primários do Ciclo de Valores, podemos desenvolver nosso quadro de tomada de decisões:

Proficiência Faça o que tem a fazer segundo os mais elevados padrões de que é capaz.	**Estarei trabalhando tão bem quanto poderia?**
Química Relacione-se com os outros de tal maneira que eles procurem associar-se ativamente a você.	**Isso será bom para as pessoas?**
Entrega Identifique as necessidades dos outros e atenda a elas.	**Isso atenderá às necessidades do consumidor?**

Se fizermos a nós mesmos essas três perguntas, mostrando-nos capazes de responder "sim" com paixão e convicção, que outros benefícios iremos esperar das regras? Afinal de contas, se acreditarmos realmente que utilizamos todos os recursos disponíveis para tomar a melhor decisão naquela conjuntura; que essa decisão será benéfica para as pessoas; e que ela irá, com graça, atender às necessidades da personalidade e da alma de nossos semelhantes, que regras poderiam importar em tais circunstâncias? Que palavras não-ditas conseguiriam inspirar a alma? Com toda a certeza, qualquer coisa a mais seria não apenas redundante, mas desmotivadora.

A confiança substitui o controle

O falecido Wilbert L. "Bill" Gore deixou a DuPont, após dezessete anos no cargo de químico pesquisador, para montar com a ajuda da esposa, Genevieve, a W. L. Gore and Associates no andar térreo de sua casa. Desde o começo Bill Gore foi um legítimo missionário, que plantou sua própria liderança inovadora. Tinha um estilo original, capacitador e criativo. Os resultados desse estilo único incluíam novidades brilhantes como a Gore-Tex, uma fibra sintética usada em tecidos e inúmeros produtos médicos, eletrônicos e industriais. O verdadeiro gênio de Gore, no entanto, era saber avaliar a ânsia de liberdade da alma, que ele reconhecia como um componente essencial do sucesso pessoal e, portanto, empresarial. Isso o levou a desenvolver o conceito de "linha de flutuação". Um memorando interno da companhia explica o conceito:

> A segurança e o sucesso da Empresa exigem que sejamos discretos no exercício de nossa liberdade quando a reputação, a solidez financeira ou as oportunidades futuras da Empresa estiverem em perigo. As consultas aos associados certos são necessárias antes de tomar decisões que envolvam tais riscos.[4]

Gore usava a analogia de que a Empresa (assim chamava sua organização) podia ser identificada com um navio, sendo todos os empregados, na verdade, os tripulantes. Dado que seus membros eram interdependentes, ninguém podia abrir buracos abaixo da linha de flutuação. Podiam abri-los acima dela, nunca abaixo. Assim, os empregados tomavam a linha de flutuação como um limite auto-imposto quando tinham de decidir: "Essa medida está acima ou abaixo da linha de flutuação?" Ou seja, ela afetaria os outros materialmente? Se a resposta fosse "sim", os empregados deveriam consultar colegas mais experientes; se fosse "não", a decisão seria tomada sem mais discussões. A combinação da linha de flutuação com o gabarito do Ciclo de Valores mostrado anteriormente é altamente liberadora, pois substitui o controle pela confiança.

Quem determina a linha de flutuação? Ninguém. Este é um exemplo perfeito de verdadeira capacitação. Se estamos de fato num barco, sabemos onde se localiza essa linha. E se não sabemos, o passo natural é perguntar a alguém que sabe ou recorrer à observação. Se ficamos em dúvida, pomos em prática o valor *empatia* e examinamos até que ponto nossas ações irão afetar os outros. Se não temos toda a informação e vemos que é arriscado perfurar abaixo da linha, paramos. Quando estamos seguros de nós mesmos, vamos em frente, pois nos sentimos capacitados. A alma pode esclarecer a diferença entre falsa capacitação e capacitação real entre confinamento e liberdade.

A alma continua a buscar e espera, um dia, encontrar a liberdade; mas, até lá, ela sofre. É esse sofrimento da alma, provocado pelas pressões administrativas, pelo excesso de regras e pela falta de confiança, que expeliu os espíritos criadores da burocracia e lançou-os em seus próprios empreendimentos. A esse respeito, as pesquisas sobre o espírito empreendedor são todas consistentes: mostram a ânsia de liberdade, os efeitos deletérios da burocracia e a vontade de

174 | A Mente

sacudir os entraves dos padrões de operação convencionais. Bill Gore constituiu brilhante exemplo desse tipo de refugiado: ele achou que seu período na DuPont foi instrutivo, mas também sufocante.

A palavra "capitalismo" deriva do latim *caput*, que significa "cabeça". O capitalismo democrático é puramente intelectual: criamos riqueza com a cabeça. Nenhuma instituição na Terra igualou o capitalismo democrático no número de realizações em prol da humanidade e nenhuma promete tanto, em sua forma ideal, atender e consolidar as expectativas da gente comum. Esse é o patamar mais alto a que podemos aspirar e já se faz tempo de reivindicá-lo. Primeiro, porém, precisamos permitir que as pessoas usem a cabeça, livrando-as da tirania desnecessária da administração. Quando as pessoas conseguem usar a cabeça no trabalho, a alma acorre. Ao considerar a burocracia, as regras e a hierarquia, devemos perguntar: "A quem isso beneficia?" E a resposta será: "A todas as almas que integram nossa equipe." Como Percival, ninguém ignora quanto vale fazer as perguntas certas. Temos de assegurar que agir assim é seguro e proveitoso.

12 | A Forma Segue a Função

A energia da organização

As organizações produzem fluxos de energia formados pelos campos positivo e negativo. A alma seleciona e absorve essas energias, tentando converter todas elas em ações positivas. A alma utiliza a energia positiva que recebe como um complemento às suas próprias reservas, aplicando a combinação para fomentar a energia positiva do sistema circundante. A alma pouco utiliza a energia negativa, que apenas a desacelera. Por isso, o excesso de energia negativa numa empresa resulta na atrofia da alma, provocada pela exigência externa de energia positiva feita a essa mesma alma. A empresa, bem como as almas que ela abriga, está constantemente liberando e absorvendo energia, ampliando assim os campos energéticos positivo ou negativo do sistema.

> Energia é deleite eterno.
> WILLIAM BLAKE

Esse dinâmico fluxo de maré afeta profundamente a condição da alma, determinando até que ponto ela irá progredir ou enlanguescer. Por isso é possível perceber quase imediatamente o *tom* de uma organização quando se entra numa delas.

Trata-se de uma sensação mística pela qual quase todos já passaram. Em algum lugar, bem no fundo de nós, percebemos

> A má atitude é a pior coisa que pode acontecer a um grupo de pessoas. Ela é infecciosa.
> ROGER ALLEN RABY

de repente que um surto de energia nos está sendo transmitido pela alma dos outros e por toda a organização.

176 | A Mente

Por outro lado, algumas empresas irradiam uma sensação de vazio, solidão, desordem e melancolia que pode ser percebida na boca do estômago. Nenhuma dessas sensações é fácil de explicar, mas elas são reais e facilmente reconhecidas. O que experimentamos é o comentário da alma sobre a energia que ela encontra num dado ambiente.

O silo sufoca a alma

Na organização mecânica, as pessoas tendem a pensar por fragmentos. Em vez de considerar as organizações como sistemas totais, os empresários tradicionais quebram-nas em pedaços para analisá-las com mais facilidade. Grande parte da ciência newtoniana usa esse processo de reducionismo cartesiano da mesma maneira. Por exemplo, costumamos comparar a mente com o cérebro, imaginando-a um sofisticado computador que envia instruções ao resto do corpo. Esse, porém, é um modelo incorreto que só se tornou popular por ser uma simples metáfora. Na verdade, toda célula do corpo tem sua própria mente — e memória — dotada de conhecimento exclusivo que transmite sob a forma de instruções pelo sistema inteiro. A "mente" do ser humano, portanto, não é o cérebro e, sim, a soma das células do corpo — cerca de cem bilhões. Esse modelo apresenta dificuldades aos leigos. Mas reproduz a realidade, e nossas tentativas de fragmentar tudo em pedacinhos manipuláveis podem parecer simples, mas são equivocadas e errôneas.

Acontece o mesmo nas organizações. Para entender os sistemas organizacionais como um todo, nós os transformamos em peças de fácil manipulação. Isso nos leva a definir as "peças" como funções e a etiquetá-las como departamentos — de *marketing*, finanças, recursos humanos etc. No mundo dos negócios, tal atitude equivale a dividir o corpo humano em funções, estabelecendo setores separados para a circulação, a audição, a respiração e o tato. O corpo é um sistema total; essas atividades são realizadas pela totalidade do corpo, não por algumas de suas partes. As organizações também: processos, não tarefas, é que atingem objetivos.

Continuando a usar o corpo como metáfora, uma única célula não pode, por si só, conseguir um resultado significativo. Isoladamente, nada de proveitoso é realizado por uma função empreendida por um grupo de células. Mas processos que envolvem sistemas inteiros resultam em ação e mudança. Manter níveis adequados de sangue, audição, oxigenação ou tato é um processo sistêmico, não uma coleção de tarefas; e nenhuma destas, por si mesma, consegue preservar a vida. Todavia, desde o começo da Revolução Industrial, analisamos organizações dividindo-as em funções e tarefas, criando estruturas para

A Forma Segue a Função | 177

conformar-se a essa concepção. Ora, estruturas funcionais não se prestam a inspirar a alma ou propiciar-lhe realização; elas são elaboradas a fim de tornar a vida mais fácil para uns poucos executivos do primeiro escalão, que com seu tradicionalismo desejam conservar nas mãos o poder e o controle empresariais.

Tenho um amigo que é um excelente consultor-executivo de pesquisa. Depois que o apresentei a um dos meus clientes da área de resseguros, o presidente encarregou-o de encontrar um diretor de divisão. Pesquisas de alto nível são complicadas e aquela não constituía uma exceção. Meu amigo empreendeu uma busca continental para identificar os candidatos convenientes e seus endereços atuais. Essa investigação pressupunha uma compreensão profunda da empresa, do candidato e das pessoas com quem o novo diretor iria trabalhar.

Tudo correu bem até os funcionários do departamento de recursos humanos se envolverem. Para eles, a tarefa era uma questão de território e especialização profissional. Eles achavam que seu traquejo na área dava-lhes vantagem sobre o presidente. Interessaram-se pela maneira como a pesquisa iria ser conduzida, pelo método de seleção, pela lista de candidatos a ser apresentada, pelo perfil psicológico etc. Embora o departamento de recursos humanos jamais tivessem trabalhado numa pesquisa desse porte, queria sentir-se à vontade a cada etapa da tarefa e, para tanto, convocava reuniões sem fim a todo instante. Para preservar a autoridade, o grupo exigiu que o consultor lhes passasse todas as informações e não se avistasse mais com o presidente. Essas medidas atrasaram consideravelmente o trabalho e comprometeram em muito a facilidade das comunicações. Quando isso acontece, os bons candidatos podem ir parar em outras empresas simplesmente por se sentirem frustrados ou desiludidos, retirando assim sua candidatura.

A energia do meu amigo desviou-se de repente da sua missão para tentar resolver essas questões políticas interdepartamentais. Desesperado, solicitou que eu esboçasse uma estratégia. Deveria ele acomodar-se ao processo burocrático do departamento de recursos humanos? Ou explicar ao presidente que se encontrava num dilema e que todas aquelas interferências estavam diminuindo sua eficiência? Como poderia evitar passar por frouxo e tolo aos olhos do presidente e restaurar as ótimas comunicações originais que mantivera com ele? Qualquer desses caminhos apresentava o risco de gerar má vontade, ameaçando o êxito da missão e talvez até arruinando as chances de futuros trabalhos. Por outro lado, meu amigo não queria envolver-se numa disputa de poder com o departamento caso passasse por cima dele. Aconselhei que falasse a verdade. A missão foi salva e completada com sucesso graças ao contato direto com o presidente e o apoio do departamento de recursos humanos.

Embora o dano imediato ao trabalho fosse evitado, houve desperdício de tempo e energia, bem como de entusiasmo da alma. A burocracia do departamento de recursos humanos sobreviveu mais um pouco, aprendendo a melhor justificar seu ponto de vista para a próxima ocasião. Esse tipo de coisa ocorre todos os dias em milhões de empresas, confundindo a alma com a névoa da ação competitiva.

Os departamentos de qualidade e serviço ao consumidor constituem exemplos típicos do anacronismo em que se transformaram as funções. Conforme já demonstrei, a única razão lógica para montar um departamento de qualidade seria a necessidade de enfrentar um problema de qualidade. Se não houver tal problema, para que um departamento encarregado de resolvê-lo? Quando se monta um departamento de qualidade, a má qualidade se institucionaliza e nós já não conseguimos detectar-lhe as causas. Seria o mesmo que montar um departamento de empregos justamente quando surge um sério problema de desemprego. O departamento não é a solução. A solução depende de toda uma mudança de atitude — uma solução sistêmica bem mais complexa que a reação banal de inventar um departamento ou função.

> **A prova real é saber se iremos ter um departamento eficiente e programático ou mais uma burocracia federal emperrada.**
> JOHN PHILLIPS

Todos sabem como oferecer bons serviços ao consumidor, mas quase ninguém deseja fazê-lo. A solução não é desenvolver um departamento ou um novo nível de burocracia para monitorar, controlar e adestrar bons prestadores dentro da organização; é propiciar às pessoas um senso de "propriedade" ao longo do processo inteiro, de modo que se levantem de manhã tão inspiradas, que *queiram* melhorar os níveis de prestação e oferecer o melhor serviço que *seus* consumidores poderiam pleitear. A paixão que motiva sua *Entrega* é tão forte que promove a inovação sob a forma de *kaizen* e ruptura — uma mudança de valores da roda dianteira.

As organizações deitam fora enormes quantidades de energia e talento canalizando informações pela sua hierarquia. A alma investe energia nessas tarefas, mas fica insatisfeita porque é afastada e mesmo excluída do processo. As organizações que criam unidades empresariais, ou divisões, e que passaram por reestruturação nos últimos anos estão descobrindo agora que esgotaram suas opções de cortes de custos. Mais importante ainda, dado que são dirigidas pela personalidade, mostram-se incapazes de descobrir caminhos que conduzam à evolução pessoal, à motivação e à inspiração. Em conseqüência, a alma se debate num ambiente confuso e burocrático.

Os Santuários são lugares onde os departamentos e as estruturas funcionais foram substituídos por valores e relacionamentos de natureza pessoal. Embora consultores internos possam fornecer valiosa contribuição — setores de recursos humanos, jurídico, de *marketing* e engenharia, por exemplo —, seu novo papel restringe-se a sugerir e facilitar, mas não é operacional. O conhecimento e a responsabilidade, no caso dessas funções, cabem atualmente aos corações e mentes de equipes encarregadas de todos os processos sistêmicos capazes de produzir resultados. Para usar o exemplo da compra, o objetivo não é adquirir o componente mais barato, mas ter a certeza de obter o produto adequado, que ajudará a equipe a atender às necessidades de serviço, qualidade e preço do consumidor — *Proficiência, Química e Entrega*. Para tanto, a equipe decidirá se é preciso complementar seu conhecimento especializado com mais informação técnica da parte de consultores internos ou externos — mas o sistema funciona mais quando a própria equipe decide buscar auxílio extra.

Pouco depois de ser nomeado vice-diretor da PepsiCo, Robert Enrico decidiu reservar metade de seu tempo para adestrar a próxima geração de líderes da empresa. Examinou e em seguida abandonou diversas idéias, inclusive a de expandir o orçamento de desenvolvimento de executivos utilizando departamentos funcionais internos e consultores ou gurus externos. Ao contrário, dirigiu ele mesmo as sessões de cinco dias, marcou a sessão seguinte para dali a três meses e adaptou os retiros às necessidades de aperfeiçoamento de cada pessoa. Graças a esse processo, estabeleceu um sólido relacionamento com seus líderes de equipe e pôde conhecer a fundo seus negócios e filosofias como indivíduos. Os retiros permitiram que Enrico se envolvesse intimamente com o pensamento estratégico dos membros das equipes e ajudasse grandemente na determinação dos rumos da companhia.[1]

Mesmo que a Home Depot empregue agora setenta mil pessoas, os fundadores Bernard Marcus e Arthur Blank continuam promovendo sessões de adestramento e desenvolvimento para todos os funcionários. Os líderes dessas organizações de alto desempenho são os treinadores-chefes — não os departamentos de treinamento.

O planejamento estratégico convencional, bem como os setores de recursos humanos ou de desenvolvimento executivo, já não importam tanto nas organizações desierarquizadas, onde a rapidez e a eficiência são essenciais. Mais importante ainda, a alma se curva sob o fardo estrutural, que frustra sua busca de autonomia e plenitude. Para a alma, a estrutura é um entrave à realização, não um meio de obtê-la.

Para adquirir um veículo a ser alugado a um consumidor, a Ryder Systems, firma nacional de aluguel de automóveis, costumava exigir de catorze a dezessete aprovações de diferentes setores nacionais e locais. A companhia encarava cada tarefa como uma atividade separada, que requeria sempre a aprovação do departamento correspondente. Quando alterou sua atitude, passando a ver essas

180 | A Mente

atividades como um único processo sistêmico — comprar um veículo para entregá-lo a um cliente —, eliminou trabalho desnecessário, permitiu que as pessoas diretamente envolvidas tomassem as decisões acertadas e removeu aprovações supérfluas. Hoje, o processo se completa quase sempre com apenas duas aprovações e nunca mais que cinco. Em resultado, o ciclo de aquisição foi reduzido em um terço: de seis para quatro meses.[2]

Organizações esclarecidas, no mundo inteiro, estão compreendendo que remover os obstáculos apresentados pelos departamentos funcionais cria uma mágica empresarial que inspira a alma, tanto dos empregados quanto dos consumidores e fornecedores. A Chrysler Corp. adotava uma abordagem processual não-funcional para produzir seu automóvel Neon com mais rapidez e economia que pelo método tradicional, de departamentos especializados separados. A subsidiária química da Eastman Kodak montou mais de mil equipes, eliminou diversas funções nas áreas de administração, manufatura, pesquisa e desenvolvimento, substituindo o vice-presidente de produção por um grupo composto de todos os gerentes da fábrica. A estrutura vertical do setor de iluminação da General Electric foi substituída por um esquema horizontal com mais de cem processos e programas.

De posse do processo

A estrutura pesada gera energia negativa; os "silos" funcionais criam bloqueios de energia, impedindo o livre fluxo de energia positiva que é tão essencial à alma. Os departamentos funcionais promovem competição e conflito, ambos prejudiciais à alma. A energia negativa produz um campo negativo que se traduz na deterioração da alma e, também, da personalidade.

Existem, literalmente, centenas de exemplos dessa triste condição. Vimos, há pouco, o caso da Westinghouse Electric Corporation. No final dos anos 1980, o departamento de planejamento estratégico da Westinghouse foi considerado o mais sofisticado dos Estados Unidos. Sua missão era administrar minuciosamente o portfólio de produtos da companhia. Com o tempo, os executivos desse departamento passaram a dedicar boa parte de seu tempo a justificar a existência de sua função. Ampliaram projeções, exageraram estimativas e camuflaram dados — quase sempre com conseqüências catastróficas. Por fim, a má administração dos créditos, bem como decisões equivocadas nas áreas de operação e investimento geraram prejuízos de cinco bilhões de dólares.[3]

A alma exige flexibilidade para florescer e acha embotadora a rigidez. O livre fluxo é essencial se a alma quiser sobreviver e crescer. A alma não aceita ser apanhada no fogo cruzado entre comercialização e fabricação, nem gastar horas intermináveis em reuniões para resolver conflitos funcionais. Grandes organizações reconheceram isso e estão criando novas liberdades graças ao desmantelamento da estrutura hierárquica e departamental, redesenhando a empresa e, como principal item organizacional, procurando sistemas e processos, em vez de funções. Allied Signal, Boeing, British Telecom, Chrysler, General Electric e Motorola são apenas algumas das que se empenharam naquilo que Frank Ostroff e Douglas Smith, da McKinsey & Co., definem como "a organização horizontal". Essas novas estruturas, livres de departamentos funcionais, concentram quase todos os recursos da organização na *Entrega*: atender às necessidades dos consumidores.

Afinal, é isso que inspira a alma — servir ao próximo. A pergunta associada ao Santo Graal permanece: "A quem isso beneficia?" Se a alma puder dedicar-se, não a tarefas ou atividades funcionais, mas ao processo de atender às necessidades dos semelhantes — *Entrega* —, achará o trabalho inspirador e satisfatório.

As organizações newtonianas favorecem o esquema das caixinhas conetadas a outras caixinhas porque se trata de um sistema simples. Quando examinamos superficialmente as coisas, ferramentas superficiais de observação já bastam. É como olhar o cérebro e declará-lo a sede de todas as emoções, conhecimentos e ações humanas, embora saibamos que não é e que existe uma realidade muito mais complexa. Preferimos o sistema newtoniano por sua simplicidade; o novo exige tempo e energia para ser compreendido e, além disso, estamos muito ocupados vivendo nossa vida segundo o modelo antigo, e não temos tempo para aprender um novo paradigma. Entretanto, os Santuários de amanhã não serão funcional nem estruturalmente planejados. Consistirão em equipes que dominem todo o processo sistêmico, quer se trate de desenhar um carro, adestrar a próxima geração de líderes empresariais, comprar um caminhão para um consumidor ou gerenciar uma companhia de energia elétrica.

A Internet é um bom exemplo do sistema auto-organizado; ninguém acha estranho que um sistema usado por milhões de pessoas não tenha "dono" ou que ele não esteja compartimentado numa estrutura hierárquica. Num Santuário, a forma segue a função. As equipes serão "donas" de todo o processo sistêmico. Ficarão responsáveis pela criação de seus próprios modelos de aprendizado, de seus sistemas, processos, recompensas, desempenhos, bens, comunicações e alegria. Ficarão responsáveis também por integrar o que fazem com os objetivos e atividades do restante da organização — e, ainda, com os fornecedores e consumidores. Serão equipes de almas inspiradas que ganharam a liberdade, despojaram-se da estrutura e passaram a ser guiadas por sistemas, informações e valores. Acima de tudo, mostrar-se-ão mutuamente responsáveis pela própria alma. Isso requererá confiança ilimitada, que é uma das características básicas do Santuário.

13 | A Alma e a Musa

A deusa romana dos cereais, da agricultura e das colheitas, Ceres, derivava seu nome da antiga palavra *ker*, que significa "fazer crescer". Para os gregos, ela era Deméter, filha de Réia e Crono, e mãe de Perséfone. A história de Deméter e Perséfone explica o ciclo das estações. Quando Perséfone foi arrebatada ao mundo subterrâneo por Hades, Deméter ficou tão desolada, que se esqueceu das searas, de modo que o primeiro inverno caiu sobre a terra. Por fim, Zeus permitiu que Perséfone vivesse com a mãe durante dois terços do ano, iniciando-se assim o ciclo das estações. A palavra "cereal" vem de Ceres, como também "criatividade". A criatividade fertiliza a alma, encorajando o desenvolvimento pessoal e permitindo, assim, que façamos a nossa colheita. A criatividade nutre tudo na vida.

Muitas vezes o trabalho é repetitivo, aborrecido e sem significado; os homens, porém, nasceram para criar. As organizações foram fundadas, como a própria palavra diz, para organizar: dirigir, controlar, refrear. Bem ao seu jeito irreverente, Anita Roddick, da Body Shop, deu vida a essa tendência introduzindo um programa chamado Departamento das Idéias Danadas de Boas.

O ato de criar alguma coisa é uma prática cheia de espírito, mas quando o espírito criativo é refreado, rebela-se. Assim, as organizações pululam de almas rebeldes que lutam para ser livres — o que, dificilmente, pode constituir a base do desenvolvimento pessoal, da descoberta ou *Proficiência*. O espírito individual anseia por ser despertado e liberado, ao passo que as organizações se esforçam para suprimir essa independência e espontaneidade. O conflito de vontades não se limita à alma nem à personalidade de umas poucas pessoas: implica *todas* as almas e personalidades da organização. Trata-se da antítese da evolução pessoal e produz a intoxicação da empresa. Essa vasta disjunção da alma e da personalidade é altamente corrosiva para ambas. Abrir caminho até nossa musa não parece fácil em semelhantes circunstâncias. Na tradição oriental, a energia vital do universo é equilibrada dentro de nós pelos sete centros de poder espiritual e emocional do corpo. Eles se chamam *chakras* e põem em ligação nossas energias ou pressões emocionais e espirituais. Por exemplo, o segundo *chakra*, localizado na porção baixa do abdome, é a fonte de boa parte da nossa energia criativa. Ora, como muito de nosso potencial criativo se esgota no trabalho, tanto quanto em outros setores de nossa vida, a energia criativa às vezes é suprimida. Se não consegue encontrar um foco, libera toxicidade para os órgãos vizinhos. Desse modo, o alívio da atual epidemia de câncer na próstata e ovariano, bem como das dores da coluna, pode ser obtido se alimentarmos a musa que existe dentro de nossa alma.

A alma transcende

Nosso trabalho não produz nada de duradouro, exceto uma contribuição para a alma. Mesmo os mais grandiosos empreendimentos acabarão por desaparecer; somente nossa alma durará para sempre. Grandes corporações, fábricas e qualquer outro patrimônio material nada significam quando não são Santuários onde a alma possa engendrar sua contribuição perene. Nossa casa, nosso carro, nossas jóias e outras armadilhas foram concebidos para decompor. Devemos perguntar-nos: "Depois que nossas posses materiais se forem, as contribuições de nossa alma permanecerão?" Vida e trabalho são coisas vazias quando não exibimos criatividade. Sem criatividade podemos existir, mas podemos realmente viver? Que herança estamos amealhando para a alma?

São extremamente raras, nas modernas organizações, as condições que estimulam a criatividade. Esta exige a remoção das pressões e julgamentos, duas constantes nas empresas mecânicas — e, por que não dizer, na sociedade em geral. Pressões e julgamentos acompanham prazos de entrega, orçamentos, comissões, demissões, hierarquias e normas, que entre outras muitas coisas refreiam a imaginação.

Remoção de barreiras à criatividade

Era uma vez um grupo de bichos que, desencantados com o sistema educacional vigente, decidiram fundar uma nova escola. Aboliram o currículo antigo e o substituíram pelas disciplinas de correr, escalar, nadar e voar. Para facilitar a administração e elaborar o *software* informativo da diretoria, exigia-se que os alunos cursassem todas elas.

O pato era campeão na natação e até ultrapassava nisso seu instrutor, sendo igualmente hábil no vôo. Entretanto, era fraco na corrida e, por mais que tentasse, não alcançava *Proficiência* nessa área. Assim, seu instrutor persuadiu-o a interromper o curso de natação e aperfeiçoar-se na corrida com a ajuda de um técnico. O pato aplicou-se com afinco, mas seus pés chatos ficaram inchados e doloridos, chegando a interferir com suas proezas na natação. Tornou-se um nadador apenas mediano, mas, como a mediania era aceitável na escola, ninguém se preocupou com isso — exceto o pato.

O coelho tirou a nota máxima na corrida; porém, seu desempenho piorou quando começou a freqüentar sessões de psicoterapia para combater a baixa auto-estima, provocada pelas notas pouco satisfatórias na natação (conforme explicou o psicoterapeuta).

No começo, o esquilo mostrou-se um notável escalador. Infelizmente, logo se sentiu frustrado quando o instrutor o obrigou a iniciar as subidas desde a base do tronco, em vez de lhe permitir saltar de galho em galho. Ficou esgotado pelo excesso de esforço e recebeu um 5 na subida e um 4 na corrida.

A águia passava grande parte do tempo no gabinete do diretor, defendendo suas técnicas pouco ortodoxas. Embora fosse sempre a primeira a alcançar o topo da árvore, usava métodos inusitados que os professores não haviam aceito no currículo.

Ao final do curso, uma tartaruga que se mostrara brilhante na natação, na corrida e no vôo, tirou as melhores notas. Fingia voar saltando dos rochedos. Foi eleita a oradora da turma.

As toupeiras boicotaram a escola, alegando que seu currículo não incluía a disciplina de escavar tocas. Perderam todas as demandas e, por fim, foram fazer um curso prático com o texugo. Mais tarde, juntaram-se às marmotas e raposas para iniciar uma Escola-Santuário.

Os mesmos princípios aplicam-se ao mundo real. Hal Sperlich gerenciou o desenvolvimento do Mustang original sob o comando de Lee Iacocca, na Ford, e mais tarde inventou a minivan na Chrysler. Recordando essas inovações, disse ele: "Caminhamos por uma estrada muito solitária. A vida numa grande empresa, torna-se mais fácil

> Poderia o *Hamlet* ter sido escrito por um comitê ou a *Mona Lisa* pintada por um clube? O Novo Testamento poderia ser composto como notas de conferência? As idéias criativas não brotam de grupos. Brotam de indivíduos. A centelha divina salta do dedo de Deus para o dedo de Adão.
>
> ALFRED WHITNEY GRISWOLD QUINN

A Alma e a Musa | 185

quando nos deixamos levar e não defendemos mudanças radicais. As pessoas que propõem coisas diferentes deixam nervosos os conservadores; e o ambiente empresarial não recompensa os que desafiam o *statu quo*." Sperlich não inventou apenas a minivan como salvou a Chrysler, pois o carrinho tornou-se o mais lucrativo da companhia durante muitos anos. Um protótipo da minivan fora desenvolvido quatro anos antes em outro sorvedouro criativo — a General Motors — e, segundo Vincent Barabba, alto executivo de vendas da GM, "Tínhamos aquele mercado nas mãos, mas ninguém se interessou".[1]

Sperlich desenvolveu a idéia da minivan quando trabalhava na Ford. Queria criar um veículo utilitário mais prático que a perua, porém com dimensões capazes de atender à necessidade dos usuários. Seu projeto arrojado incluía a direção dianteira, coisa que ninguém na Ford aceitou. Ficar condenado a conduzir a tocha da criatividade em meio a uma tempestade sem fim esgota a alma. Sperlich jogou a toalha depois de vinte anos na Ford e foi para a Chrysler. Lá, tentou sem sucesso vender a minivan por mais dois anos.

Quando Lee Iacocca* foi da Ford para a Chrysler, a fim de dirigir a empresa, Sperlich ganhou uma alma gêmea — e as chuvas nunca mais apagaram a chama de sua criatividade. Sperlich explica que seu fracasso em introduzir antes a minivan devera-se à rigidez de Detroit quanto ao desenho de produtos. "Eles não acreditavam que existisse um mercado para um produto que não existia. Durante os dez anos que passamos desenvolvendo a minivan, nunca recebemos cartas de donas de casa pedindo-nos que a inventássemos: e isso, para os céticos, provava que não havia mercado para o produto."[2]

A minivan é o exemplo clássico da frustração de uma alma criativa até ser descoberta e incentivada pelo líder. Os líderes que criam ambientes nos quais a alma pode mostrar-se louca, extravagante, atrevida e absurda induzem espíritos brilhantes a fazer invenções lucrativas. Em 1922, um inventor da Minnesota Mining and Manufacturing, Francis G. Okie, apareceu com uma lixa para substituir a lâmina de barbear. Achava que os homens prefeririam lixar o rosto a escanhoá-lo. A idéia foi acolhida com polidez, mas não inteiramente aceita, embora nem por isso Okie fosse transferido para a Mongólia Exterior. Ao contrário, foi encorajado a continuar fazendo o que fazia melhor: gerar idéias ousadas, sem precedentes. Um dia, lá veio ele de novo com uma lixa à prova d'água que logo se tornou um sucesso na indústria automobilística: graças a ela era possível obter um polimento externo mais fino, que também não produzia tan-

---

* Sempre me pareceu um tanto surrealista o fato de o sobrenome de Lee Iacocca ser um acrônimo para *I Am Chairman Of Chrysler Corporation of America* [Eu Sou o Presidente da Chrysler Corporation da América].

to pó quanto os produtos até então existentes. A companhia transformou-se na 3M Co. e a lixa à prova d'água foi a primeira de uma série de lendárias inovações espetaculares.

> A verdadeira essência do criador é a novidade; portanto, não temos padrões pelos quais avaliá-lo.
> CARL ROGERS

Apegar-se às convenções muitas vezes inibe o livre fluxo da criatividade.

A prática do pensamento livre é boa para a alma e valiosa quando se trata de enfrentar situações extremas. A caminho do aeroporto de Hong Kong, na primavera de 1955, Paula Dixon foi vítima de um acidente de motocicleta. Durante o vôo da British Airways para Londres, começou a sentir uma dorzinha no braço esquerdo. Vinte minutos após a decolagem, já se queixava de dores no peito. Dois passageiros, Angus Wallace e Tom Wong, eram médicos. Examinaram Dixon e descobriram que ela fraturara as costelas, as quais lhe haviam perfurado o pulmão. Temiam que, se o avião descesse para que Paula fosse levada ao hospital, a mudança de pressão na cabine a matasse. Os médicos improvisaram então uma sala de cirurgia isolada do resto dos passageiros por lençóis. Usando um pequeno escalpelo para fazer-lhe uma incisão no tórax, começaram a trabalhar. Nos céus da Índia, empregando talheres de bordo para manter aberta a incisão, introduziram um cateter no peito de Dixon com um cabide esterilizado com conhaque. Uma tampa de caneta, que ligava o tubo a uma garrafa de água mineral, foi usada para extrair o ar que se formara em volta de um dos pulmões. "Aqueles dois heróis literalmente salvaram a minha vida", confessou Dixon. E Derek Ross, da British Airways, acrescentou: "E ela até tomou o café da manhã antes de desembarcar!"[3] Quanto a Wallace, esgotou o que restara da garrafa de conhaque. Se o nosso local de trabalho fosse recuperado e invocasse tamanho espírito de criatividade, poderia inspirar-nos como jamais aconteceu antes.

O editor interior

O uso propositado do medo e do poder, por parte dos executivos tradicionais das organizações mecânicas, já é bem ruim e inibe a criatividade. No entanto, nosso fluxo criativo pode ser tão contaminado de dentro quanto de fora. Natalie Goldberg, autora de *Writing Down the Bones: Freeing the Writer Within* e *Wild Mind: Living the Writer's Life*, dá aulas sobre redação criativa.

> Ele escreve tão bem que me dá vontade de colocar a pena de volta no ganso.
> FRED ALLEN

Ela chama à pequena voz que sussurra na nossa cabeça, fazendo-nos corrigir, refazer e manter a linha, de "editor". A voz recrimina tudo o que contraria os padrões externos e julga excessivamente infantil, pretensioso e incorreto tudo o que escrevemos ou pretendemos escrever. A alma deixa escapar a verdade que o editor censura impondo os padrões correntemente aceitos. Nosso editor vai instalando obstáculos ao longo de nossa estrada criativa e nunca deixa de estar em nosso calcanhar enquanto viajamos pela vida e pelo trabalho. A alma não é um editor, pois não julga; mas a personalidade mais que compensa o desprendimento da alma. Só quando a personalidade silencia o editor é que a alma se torna livre para criar.

O editor enfatiza a fraqueza, mas nós precisamos usar a Mudança de Valores *da fraqueza para a força*. Charles Kettering, o inventor da caixa-registradora e fundador da Delco, fez certa vez a um amigo o seguinte desafio: se lhe desse uma gaiola e ele a suspendesse em sua casa, cedo ou tarde instalaria nela um passarinho. O amigo aceitou o desafio. "Assim, dei-lhe uma magnífica gaiola feita na Suíça, que ele pôs perto da mesa de jantar. Bem, vocês adivinham o que aconteceu. As pessoas entravam e perguntavam: 'Joe, quando o seu passarinho morreu?' 'Eu nunca tive um passarinho', replicava Joe. 'Ora, então por que comprou uma gaiola?' Ele então reconheceu que era mais simples comprar um passarinho que explicar o motivo de ter uma gaiola vazia." Se você dependurar uma gaiola na mente, no final achará algo de belo para pôr dentro dela.

Quando um jovem compositor pediu a Mozart um conselho sobre como desenvolver a criatividade, ouviu isto: "Comece compondo coisas simples, como canções." "Mas você já compunha sinfonias quando era apenas uma criança!", exclamou o rapaz. "Ah", retrucou Mozart, "mas eu nunca perguntei a ninguém como fazer para me tornar compositor."

Como romper as amarras

A nossa maneira de vestir pode denunciar a nossa concepção de criatividade. As roupas são atavios cheios de alma. Os executivos tradicionais, que nos impingem o equivalente ocidental da túnica do Exército Vermelho de Mao Tsé Tung, eliminam a preciosa singularidade de nossa alma. Nosso uniforme de trabalho obriga-nos à mediocridade e à mesmice — o oposto da criatividade. Como poderá a alma ser criativa se for subjugada dessa maneira?

Antes de dar uma palestra, acho prudente determinar o código de vestuário. Prefiro não embaraçar meus convidados ou a mim mesmo, aparecendo de *jeans* e botas de vaqueiro quando todos usam trajes de noite, ou em roupas de trabalho quando todos estão vestidos de acordo com o tema da conferência e eu não fui avisado. Isso sempre me pareceu uma bobagem, mas nunca tenho a ousadia de romper o hábito do conformismo. Quando estive temporariamente

188 | A Mente

> A roupa é uma coisa muito tola; mas é uma coisa muito tola um homem não estar bem-vestido.
> PHILIP CHESTERFIELD

confinado a uma cadeira de rodas, depois do acidente de esqui, as regras mudaram. O destino deu-me licença para usar o que bem entendesse. Quem criticará um conferencista numa cadeira de rodas por ele estar usando *jeans*? Assim, os tênis se tornaram um item permanente e ninguém reparava nisso quando eu saía para tomar um avião — exceto eu. Pelo menos, minha personalidade sentia-se confortável e minha alma, liberada. Essa liberdade recente encorajou-me a retomar as antigas excentricidades e, a cada saída, ampliavam-se os limites de minha descontração.

Mas, por que tanto interesse no material que cobre o nosso exterior quando o material que vamos divulgar do interior é muito mais importante? Eu acho que sou pago pelo que digo, não pelo que visto. Se o ambiente no qual trabalho – o meu espaço anímico — pode extrair o melhor de minha alma – o meu trabalho anímico — não se dará o mesmo com minhas roupas? Não deveríamos enfatizar a necessidade de fazer tudo para criar espaços anímicos e códigos de vestuário capazes de inspirar a alma, tanto quanto a personalidade? Afinal, o que todos tentamos conseguir é inspirar a alma. Deveríamos, sim, incentivar as pessoas a vestir-se de modo a liberar a alma e a musa criativa interior — não só nos dias de folga.

Sonhos e intuição

Para o executivo tradicional, que combina os cinco sentidos com as técnicas analíticas do pensador newtoniano, sonhos e intuição são, na melhor das hipóteses, uma coisa pouco científica; na pior, um perigo. Se a personalidade não leva a intuição a sério, a alma vê nela seu sentido mais útil, relegando os outros cinco a papéis secundários.

A alma trabalha, primariamente, com pressentimentos, emoções, premonições e sensações agradáveis. É quase impossível ponderar o valor dos sonhos e da intuição para o progresso; seus resultados, no entanto, são, às vezes, espetaculares. Se aceitarmos a noção de que nem tudo pode ser quantificado e valorizarmos o incognoscível como fonte legítima de informação, promoveremos a emancipação da alma, seguindo-se daí a liberação do pensamento criativo.

> Se todos os sonhos que os homens sonharam em dado período fossem registrados, dariam uma noção exata do espírito que prevaleceu nesse período.
> GEORG HEGEL

Kaizen — como fazer o melhor

Conforme mencionei no Capítulo 2, há duas maneiras de se desenvolver: fazendo as coisas de modo diferente e fazendo melhor as mesmas coisas. Essa idéia é bastante sutil, mas vigorosa. Na alma, a musa aspira à criatividade.

Os japoneses chamam a isso *kaizen*: aperfeiçoamento contínuo na vida pessoal, familiar, social e profissional, envolvendo a todos. Trata-se de uma atitude que faz honra ao cultivo da microexcelência.

A Procter & Gamble (P&G) empenhou-se durante quatro anos em reinventar processos de trabalho nas diversas divisões, reduzindo a variedade de suas ofertas e padronizando as encomendas e o faturamento. Antes, cerca de 25% dos pedidos — 27 mil por mês — exigiam correção manual. Hoje, se o consumidor deseja ao mesmo tempo Pampers e Tide, esses produtos aparecem na mesma fatura e são entregues pelo mesmo caminhão — com a fatura quase sempre em ordem. Durante o mesmo período, a companhia conseguiu reduzir também os custos da matéria-prima, embalagem, linha de produção, frete e entrega em 7%, repassando essas economias aos consumidores.[4] Esses progressos não foram espetaculares nem ganharam prêmios — mas os consumidores e os empregados ganharam. Fazendo-se as coisas da melhor forma possível, os custos entre fabricante e varejista foram significativamente reduzidos, enquanto a reputação da P&G como fornecedor de alto nível melhorou seu relacionamento comercial com os clientes. Os fornecedores aperfeiçoaram sua capacidade e seus processos a fim de atender às exigências de seus consumidores. Ao mesmo tempo, a força cada vez maior da companhia garante mais segurança aos funcionários. *Kaizen*, na P&G, beneficia o planeta por se preocupar com a ecologia e também com os acionistas: em 1994, o lucro líquido foi o maior em seus 44 anos de história.

Liberdade para a alma

Os administradores tradicionais costumam temer que, se seus colegas produzirem idéias criativas muito bem-sucedidas, eles, comparativamente, ficarão parecendo uns bobalhões sem imaginação. A insegurança que provoca esse medo gera uma condição do tipo perder ou perder: os tradicionalistas não só sufocam a criatividade nas suas equipes como não conseguem ser, eles próprios, originais. Como resultado, toda a equipe perde e fica desanimada. *TEAM* [equipe] é o acrônimo de *Together Everyone Achieves More* [Juntos, Todos Fazem Melhor]. Nosso papel é estimular a criatividade e, quando o conseguimos, merecemos crédito por montar o ambiente onde ela possa florescer. Quem inventou a minivan — Hal Sperlich ou Lee Iacocca? Que importa? Iacocca aposentou-se

190 | A Mente

rico; Sperlich continua a trabalhar como consultor independente. A Chrysler também venceu, como também todas as almas que lá vivem. A energia criativa que produziu a minivan, além disso, gerou um ímpeto de criatividade na empresa que jamais fora igualado nos çinqüenta anos precedentes: insuflou vida nova no Jeep e trouxe à luz os LHS de cabine avançada, o Stealth, o Neon e muita coisa mais.

Preparar o ambiente para a criatividade é, por si só, um ato de criação. Espontaneidade, dinamismo, alegria, humor, destemor, incentivos, valores, simpatia, espaço anímico e louvor são apenas alguns dos ingredientes de uma cultura criativa. Os líderes que insistem em libertar a alma por meio da criatividade devem estabelecer um Santuário no qual o fracasso não seja punido, mas valorizado como experiência educativa.

A verdadeira criatividade é alimentada por muitos dos critérios descritos neste livro. Exige uma cultura orientada por valores sólidos, na qual a veracidade e o apego à palavra dada são importantes. Os membros das equipes precisam sentir que têm permissão para oferecer idéias criativas que, num primeiro momento, talvez não se adaptem facilmente ao pensamento ortodoxo vigente na organização. Precisam saber que os projetos não-convencionais ou a crítica positiva das práticas correntes serão acolhidos, não punidos. A equipe deve conservar um permanente estado de graça no qual a alegria, a civilidade, a integridade, o respeito e a boa natureza constituam práticas diárias. A recompensa tem de ser individual, nobre e intencional; o ambiente físico deve ser concebido para inspirar um trabalho digno. Uma cultura bem-sucedida e criativa considera irrelevante a noção de competição, propicia todas as informações necessárias, encoraja a participação no processo de decisão, impõe pouquíssimas regras e cria um ambiente de aprendizado. A escolha dos colegas é determinada pela equipe e o lucro é colocado em sua real perspectiva. Isso define o Santuário: um cadinho da criatividade e um lugar de regeneração.

Os paladinos da criatividade removem os obstáculos ao pensamento criativo e dão permissão para que a alma se liberte, pense livremente e *seja*. Eles fazem as perguntas certas: O que posso fazer para ajudá-lo a ser mais criativo? Quais são as necessidades de sua alma? O que poderá inspirá-lo?

Os que praticam o pensamento criativo precisam fazer a si mesmos duas perguntas importantíssimas:

1. Como poderei fazer isso melhor? (*kaizen*)
2. Como poderei fazer isso de maneira diferente? (criatividade)

Amor e criatividade

Mais que qualquer outra coisa, a criatividade depende do amor. Uma antiga história exemplifica a diferença entre personalidade e alma. Um bom homem, ao morrer, foi despachado temporariamente para a quarta dimensão. Ali, como castigo, era obrigado a comer com uma colher mais comprida do que seus braços. Como sempre deixava cair o alimento, logo começou a passar fome. Por fim, foi transferido para a quinta dimensão, onde descobriu, surpreso, que as colheres tinham o mesmo comprimento — mas ninguém morria de fome, pois uns alimentavam os outros.

A criatividade floresce num ambiente amável porque o amor capacita o ego da personalidade a renunciar à autonomia. Dessa maneira, a personalidade fica livre para entregar-se à musa e, dessa transformação, brota a criatividade. A musa reside na alma.

Os Três Valores Primários do Ciclo de Valores constituem um guia útil para o tipo de amor do qual estou falando aqui:

Proficiência Faça o que tem a fazer segundo os mais elevados padrões ao seu alcance	**Gosto do que faço?**
Química Relacione-se com os outros de tal forma que eles procurem associar-se ativamente a você	**Gosto das pessoas com quem trabalho?**
Entrega Identifique as necessidades dos outros e atenda a elas	**Gosto do motivo pelo qual trabalho?** (Para atender às necessidades dos outros)

A liberdade de expressar a própria criatividade é um direito de nascença da alma. Reclamar esse direito é dar um passo rumo a um patamar superior. Eis a tarefa do missionário nobre, pois, se os administradores tradicionais estão obstruindo esse direito, a vocação da alma consiste em remover todos os obstáculos do caminho.

14 | Combustível para a Alma

Não tem havido recessão. Não estamos passando por uma. Não estamos saindo de uma. Na verdade, provavelmente, nunca houve recessão nem haverá. A recessão é uma atitude. Tive a sorte de consultar alguns dos melhores líderes e suas equipes em toda a América do Norte e aprendi deles, o tempo todo, esta importante lição: "recessão" é uma desculpa de incompetentes.

Há dois tipos de queixosos: a versão empresarial, que culpa a "recessão" pelo mau desempenho, diminuição nas vendas, lucros menores, mercados se evaporando e competição desleal. Os queixosos empresariais vivem propalando que tudo melhorará quando a recessão for superada. A segunda versão é a do empregado queixoso, que teme perder seu trabalho, ser "encostado" ou rebaixado e depois não encontrar outro emprego com o mesmo salário e condições.

Os queixosos da recessão pensam assim porque se tornaram incompetentes. A sobrevivência e evolução dos indivíduos, e, portanto, de suas organizações, dependem hoje de sua competência no mercado. Empresas que já não atendem às exigências do mercado ou funcionários cuja capacidade está ultrapassada logo se transformam em queixosos da recessão.

A organização incompetente

Primeiro, estudemos as organizações. Diz-se que as indústrias passam por ciclos no ambiente econômico. A indústria tecnológica é um bom exemplo, com exceção da Microsoft. O

Combustível para a Alma | 193

governo está desmoralizado e ultrapassado — exceto o Corpo de Engenharia do Exército Americano. Há também exceções na siderurgia, hotelaria, serviços financeiros e propaganda — em muitas organizações dos setores público e privado. Na verdade, alguns dos queixosos mais eloqüentes estão no governo. Os administradores tradicionais não podem admitir que eles (e, portanto, suas organizações) se tornaram incompetentes. Suas organizações já não inspiram os empregados e fornecedores, já não excitam e encantam seus consumidores. Fabricam produtos ou prestam serviços que *não interessam mais aos clientes*. Quando estes desaparecem, os líderes das organizações incompetentes acusam a recessão — nunca parando para perguntar por que outras empresas mais competentes florescem. Na tentativa de defender sua reputação, esses líderes recusam-se a ver o óbvio: que outras organizações estão procurando talentos novos porque, a despeito da "recessão", continuam a crescer e a atrair fregueses. Em vez de abandonar o seu método de fazer negócios, passando a inspirar, a motivar, a ajudar os empregados a progredir, a manter e a conquistar clientes fiéis, os líderes desse tipo ficam fazendo microanálises da recessão. O empenho em aprender nos torna imprescindíveis para os consumidores e, assim, recompensa nossa alma.

O empregado incompetente

E quanto aos empregados? Muitos deles se transformaram em vítimas das decisões disparatadas de líderes tradicionais sem competência. Outros, porém, permitiram que sua capacidade fosse desgastada. Numa época de adrenalina e pulso rápido, em que a obsolescência é medida em semanas ou meses, não em anos, ninguém pode esperar vender talentos superados. No clima atual, operários da linha de montagem que andaram fazendo o mesmo serviço durante quarenta anos não devem surpreender-se ao perceber que suas capacidades se tornaram irrelevantes. Se houvessem conservado seus talentos de vida e trabalho com o mesmo cuidado com que conservaram as ferramentas utilizadas por todos esses anos, sua situação seria bem diferente. O desemprego é a recompensa das habilidades que se tornaram inúteis. Há poucos desempregados entre analistas de sistemas e programadores, bioquímicos, profissionais da assistência à infância, guardas e vendedores de equipamentos de segurança doméstica ou médicos homeopatas. O saber é o combustível da alma.

> A educação é a melhor provisão para a velhice.
> ARISTÓTELES

O diretor da Motorola, Gary Tooker, diz: "Graças aos novos processos e tecnologias, você quer substituir a você mesmo e não deixar que outro o faça.

O sucesso vem do enfoque constante na renovação."[1] Enquanto outros vociferam contra a recessão, os líderes que ouvem as necessidades de seus clientes e fornecedores, aprendendo a supri-las, sobrevivem e crescem — assim como os empregados que constantemente reciclam suas habilidades. Como Darwin poderia ter-lhes ensinado, o futuro pertence a ambos.

Numa pesquisa com executivos do primeiro escalão, diretores de treinamento e profissionais de recursos humanos, a Lakewood Research, editora da *Training Magazine*, descobriu que apenas 15% dos cem bilhões de dólares que as empresas norte-americanas gastam por ano em adestramento seriam sustentáveis depois do primeiro ano. Na era do conhecimento, o aprendizado constante (e não o adestramento, que, como já observamos, é para cachorros) é o bilhete de entrada para o jogo da vida. E a experiência é um dos melhores mestres.

O contrato de manutenção de aprendizado vitalício de 10%

A experiência esconde um perigo: só nos ensina a fazer melhor a mesma coisa. Isso não basta para nossa necessidade de desenvolvimento e devemos estar prontos a escapar do paradigma vigente, aprendendo algo de absolutamente novo. A mudança não afeta unicamente os outros — poderá também liquidar todos os nossos empregos, o que é especialmente verdadeiro no caso de carreiras em que novas tecnologias estão substituindo pessoas ou redefinindo tarefas. Nossa jornada de aprendizado vitalício, portanto, deverá levar-nos a um contínuo desenvolvimento pessoal, capaz de assegurar que continuemos *relevantes* para o mercado mutável, em particular, e para o planeta, em geral. O saber é também o combustível da personalidade.

Há pouco, um cliente perguntou-me como evitar a perda da confiança dos empregados, que inevitavelmente resulta do "enxugamento". Sugeri que tanto os líderes quanto os funcionários compartilhassem a responsabilidade de melhorar a capacidade de vida e trabalho, e que essa se tornasse uma prática duradoura. Desse modo, todos os membros da organização poderiam continuar importantes e longe do risco da demissão.

Ele me perguntou ainda quanto tempo levaria para fazer isso e calculei esse tempo em cerca de 10% do ano de cada empregado. Declarou que era um objetivo pouco realista porque significava que cada empregado estaria ausente do trabalho durante cinco semanas por ano. Perguntei-lhe então se achava que um contrato anual de serviços de 1.500 dólares para uma fotocopiadora de quinze mil dólares era inviável. Ele concluiu que não. "Como se dá, então, que você esteja preparado para investir 10% todos os anos na manutenção física da fábrica e do equipamento, mas não queira fazer o mesmo pelo patrimônio mais importante e valioso de seu negócio — as pessoas que põem a fábrica para funcionar?" Por que hesitaríamos em gastar na manutenção do capital intelectual a soma que gastamos na manutenção das instalações físicas?

Não faz muito tempo, era costume incentivar os filhos a estudar medicina, odontologia e direito. Acreditava-se que assim se arrumariam para toda a vida.

> O homem que carrega um gato pelo rabo aprende algo que de outra forma não aprenderia.
> MARK TWAIN

Hoje não é mais assim. Hoje, não é raro ouvir falar em médicos, dentistas e advogados sem emprego. Costumávamos pensar que, quando formados para determinada profissão, já não precisaríamos nos debruçar sobre os livros e o futuro estava garantido. *Mas nós não somos o nosso emprego.* Pensar como um funileiro, um mecânico de carros ou um vendedor é perigoso. Além disso, poderá acontecer a esses profissionais o mesmo que aconteceu ontem ao maquinista de trem, ao ascensorista e ao perfurador de cartões; e amanhã acontecerá ao encarregado das reservas das companhias aéreas, ao caixa de banco e ao agente de viagens. Todavia, em todas essas áreas existem pioneiros reinventando-se a si mesmos enquanto outros afundam — Southwest Airlines, BancOne e Rosenbluth Travel são alguns dos exemplos que acorrem à mente.

O benefício mais importante não é a assistência médica nem a pensão. É o direito de aprender. Este é uma injeção contra a incompetência. O desafio não

> Experiência não é o que acontece com você. É o que você faz com o que lhe acontece.
> ALDOUS HUXLEY

consiste unicamente em aprender para preservar a importância da carreira, mas aprender depressa o bastante para acompanhar as mudanças da vida. Aqueles que se dedicam ao aprendizado vitalício — manutenção intelectual — podem ficar tranqüilos, certos de que continuarão sendo requisitados... e jovens. E, além do mais, isso é bom para a alma: o aprendizado conduz à regeneração.

Aprendizado e auto-estima

Um artigo recente do *Wall Street Journal* afirmava que "Os prestadores de serviços tratam seus clientes do mesmo modo que são tratados pelos seus patrões. Em muitas empresas desse tipo, os administradores consideram os funcionários gente sem valor e sem inteligência. Os funcionários, por sua vez, transmitem a mesma mensagem ao cliente". Um ótimo serviço ao consumidor resulta diretamente da elevada auto-estima do empregado. Um mau serviço é conseqüência direta da baixa auto-estima do empregado.

A auto-estima é um presente da personalidade para a alma e é obtida graças ao aprendizado. A auto-estima funciona como o sistema imunológico da alma: quanto maior for a auto-estima, mais robusta será a alma. A auto-estima é um dos elementos mais importantes para as realizações de uma vida porque determina como nos relacionamos com nós mesmos e, portanto, como os outros se relacionam conosco. A auto-estima é um pré-requisito para a veracidade, pois, se não nos sentirmos seguros — isto é, à vontade para expressar nossos pontos de vista —, distorceremos a verdade sobre nós mesmos e sobre nossa organização.

Quando gostamos do que fazemos, fazemo-lo melhor porque é agradável e divertido. Níveis elevados de *Proficiência*, assim alcançados, são difíceis de igualar. Quando nos entregamos a atividades inspiradoras, adotamos uma forma muito humana de nos recompensarmos. Podemos atingir momentos de rara bem-aventurança graças a níveis superiores de *Proficiência*, que só ocorrem se há dedicação ao aprendizado.

Mihaly Csikszentmihalyi descreveu um estado de consciência a que chama *fluxo*, no qual a concentração é tão grande que a pessoa fica inteiramente absorvida na atividade.[2] Todo mundo tem essa experiência de vez em quando e sabe reconhecer suas características: a pessoa se sente forte, alerta, controlando tudo serenamente, esquecida de si mesma e no auge de sua capacidade. A consciência do tempo e os problemas emocionais parecem desaparecer e sobrevém uma sensação eufórica de transcendência.

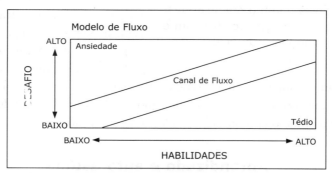

Figura 18: Fluxo: A Psicologia da Experiência Ótima de Mihaly Csikszentmihalyi

As duas dimensões mais importantes da experiência de fluxo são o *desafio* e a *habilidade*, representadas nos dois eixos da Figura 18. O desafio que exige mais habilidades que de costume provoca ansiedade; o excesso de habilidades com relação ao desafio provoca tédio. O fluxo ocorre no canal em que desafio e habilidades se equilibram e crescem — aquilo que chamo de *Proficiência*.

O fluxo é um estado de consciência estreitamente associado à auto-estima. Se nosso trabalho gera fluxo, desenvolver-se-á a ponto de tornar-se tão grande quanto nossa alma. Se ele é menor que nossa alma, devemos perguntar-nos que lição estamos tirando dessa tarefa, quando a aprenderemos e de que modo nos graduaremos para passar a uma lição maior.

Todos temos uma necessidade intensa e constante de nos sentirmos bem. Tratar empregados como peças ou unidades de produção mina-lhes a auto-estima, o que resulta na deterioração e a seguir na destruição da qualidade de serviços prestados aos consumidores e aos semelhantes. Isso prejudica a qualidade de vida dentro da organização e assim põe em perigo a nossa alma.

> A única maneira de gerar sentimentos positivos a respeito de nós mesmos é agir positivamente. O homem não vive como pensa, pensa como vive.
> REVERENDO VAUGHAN QUINN

Como conquistar mais auto-estima? Muita coisa se escreveu a esse respeito (Nathaniel Branden é uma das principais autoridades nisso) e houve até uma comissão estadual (a Força-Tarefa em Prol da Auto-estima, chefiada por John Vasconcellos, da Assembléia Legislativa da Califórnia), mas pelo menos uma lição aprendemos: não se consegue auto-estima repetindo mantras diários ou beijando o espelho todas as manhãs.

Se quisermos nos sentir bem, teremos de fazer algo concreto que nos faça sentir assim. Isso significa alcançar um nível superior de *Proficiência* em uma área — qualquer que seja —, desde que se trate mesmo de uma realização concreta. Portanto, a chave da auto-estima é a *Proficiência*, que se obtém por intermédio do aprendizado. Essa relação é ilustrada na Figura 19: O Modelo do Aprendizado.

Figura 19: O Modelo do Aprendizado

O teste do aprendizado

Use essa técnica quando voltar ao seu escritório. Abra o diário e volte as páginas até o começo do ano. Examine cada dia que passou a fim de determinar quanto tempo dedicou, até agora, ao aprendizado. Calcule a percentagem de horas que *realmente* gastou estudando e refletindo a respeito daquilo que gostaria de ser. Esboce um mapa da evolução do aprendizado para o ano que vem, capaz de conduzir a um visível aumento da *Proficiência* pessoal, auto-estima e importância. Procure se aproximar ao máximo, realisticamente, do padrão de 10%. Uma senhora de meia-idade estava pensando em aprender russo, mas mudou de idéia ao saber que levaria dez anos para tornar-se proficiente nessa língua. Ela disse a um amigo: "Hoje estou com 50 — e estarei com 60 quando tiver aprendido." O amigo refletiu um instante e ponderou: "Mas, minha cara, você terá 60 de qualquer maneira!" Certos aspectos do aprendizado trazem sentimentos passageiros de insegurança porque, de repente, nos apercebemos do quanto teremos de aprender. Mas o *seu* prêmio é a *Proficiência*, que por seu turno leva à auto-estima. Poucas recompensas são mais gratificantes para a alma.

Responsabilidade pelo aprendizado

Quem é responsável pelo aprendizado — a companhia ou a pessoa? Eis como esse assunto foi analisado num artigo recente de *Fortune*:

> Isto lhe parece familiar? Você é descartável. Não queremos despedi-lo, mas faremos isso se for necessário. Sentimos muito, mas as coisas funcionam assim. E outra coisa: você é inestimável. Sua dedicação aos nossos consumidores tem salvado esta companhia. Dependemos de você para sermos inovadores, assumir riscos e perseguir objetivos. Certo?

O artigo prossegue informando que o antigo contrato social, baseado na lealdade em troca da segurança, deu lugar a uma nova ética:

> Jamais haverá segurança no emprego. Você permanecerá conosco enquanto for importante para a organização e caberá a *você* a responsabilidade perene de agir assim. Em troca, tem o direito de exigir trabalho interessante e de importância, liberdade e recursos para executá-lo bem, salário justo, experiência e capacitação para trabalhar aqui ou em outro lugar.[3]

O vice-presidente de recursos humanos da Intel, Kirby Dyess, esclarece: "Você é dono da sua empregabilidade. Você é responsável."

Acho que essa explicação cobre apenas metade do problema porque não se mostra suficientemente sensível às necessidades da alma. A evolução pessoal — o aprendizado — acontece quando as responsabilidades são partilhadas. Trata-se de uma parceria entre organizações e empregados. A alma é flexível: está constantemente aprendendo. Responde ao ambiente, encanta-se ou decepciona-se em conseqüência do que aprende das pessoas e dos acontecimentos que enfrenta. A alma procura também sentir-se segura e receia tornar-se descartável em virtude da perda da *Proficiência* (portanto, da auto-estima).

> Todo aquele que pára de aprender é velho, tenha 20 ou 80 anos. Todo aquele que continua aprendendo é moço. A melhor coisa da vida é conservar a mente jovem.
>
> HENRY FORD

Entretanto, a personalidade sufoca as ambições da alma inventando desculpas para adiar o aprendizado: "No momento, não posso dedicar-me a isso", "Tenho outras prioridades", "No próximo ano, sem falta, vou começar". A personalidade discute eternamente com a alma a propósito da necessidade e da importância do aprendizado; e, quase sempre, vence a discussão. Isso conduz à incompetência.

Não é mera coincidência o fato de muitos autores de sucesso publicarem seu primeiro livro na casa dos 50 anos, pois, a essa altura, a alma deles declara à personalidade: "Você andou dando desculpas a vida toda; se não começarmos agora, o livro morrerá dentro de nós." Ocorre o mesmo com o aprendizado: o mercado para estudantes adultos está explodindo. A alma sabe que a personalidade é mortal e espera pacientemente; sua sabedoria, no fim, prevalece.

> De todas as coisas belas que dizem respeito à alma, restauradas e devolvidas à luz na nossa época, nenhuma é mais grata ou fértil em promessa divina e confiança do que esta: Você é o senhor das suas idéias, o modelador do seu caráter, o criador das condições, do ambiente e do destino.
>
> JAMES ALLEN

Conforme o modelo de aprendizado ilustrado anteriormente, o saber leva à *Proficiência*, que por seu turno leva à auto-estima, resultando tudo em evolução pessoal — o contrário da inutilidade pessoal. Assim, o aprendizado é um combustível essencial para a alma, propelindo-a a um estado de expansão, inspiração e graça. Criar oportunidades para pessoas capacitadas gera o desenvolvimento de organizações inteligentes e, portanto, um objetivo de aprendizado extremamente importante: a sociedade ilustrada.

TERCEIRA PARTE

E OS RESULTADOS

15 | O Proprietário da Alma

O Santuário é um sistema completo. Seus componentes não lembram peças newtonianas isoladas, mas uma mescla integrada de capital humano e financeiro, que trabalha em perfeita harmonia, como um sistema unificado. A soma da energia, criatividade, evolução, amor e intelecto gerada pelas almas que compõem a organização constitui sua fonte vital. Embora uma organização tenha financiamento, fábricas, equipamentos e instalações adequadas, permanece uma organização morta sem sua *fonte vital*. Não vive enquanto não é animada pelo talento, boa vontade e espírito das pessoas. Sem essa fonte de vida, as empresas nada mais são que um maço de documentos jurídicos. As empresas geram aumento de capital e lucros, mas só sua fonte vital é capaz de fazer isso acontecer. Qualquer tentativa de desvincular a fonte vital da produção da empresa é retrógrada, ilógica e newtoniana. Veja-se a árvore, por exemplo: sua fonte vital — os nutrientes da terra, o sol, a seiva — não é separada do novo crescimento que engendra, assim como os esforços dos proprietários não são separados do capital e dos lucros que promovem.

Os administradores tradicionais removeram, e pela maior parte ignoraram, essa relação vital entre propriedade e fonte vital da organização. Em resultado, os empregados pouco esperam de sua empresa, no futuro, além de sua sobrevivência. Sua esperança se limita aos resultados de curto prazo da organização e à sua capacidade de continuar pagando os salários. Uma vez que estes freqüentemente não condizem com o desempenho, há pouco interesse em progredir, mostrar mais eficiência, inovar, encon-

204 | E os Resultados

trar novas opções de negócio, encorajar pessoas brilhantes a entrar para a equipe, inventar processos ou criar mais riqueza. Com efeito, não havendo ligação entre o desempenho e a alma, para que tentar melhorar o coração, a mente ou os resultados? No entanto, são justamente esses os objetivos de uma organização dotada de espírito.

Quando Bernard Marcus, presidente da Home Depot, é convidado para fazer parte do conselho de outra companhia, ele sempre adquire dela pelo menos duas mil ações. E quando a Home Depot convida um novo diretor para seu conselho, segundo Marcus, "Nós pedimos que ele faça um investimento financeiro pessoal e sério na Home Depot — quer comprando ações ou aderindo a um programa de opções que lhe oferecemos. É preciso que o montante seja substancial para que cada pessoa sinta que está correndo um risco".[1] O olho do dono é que engorda o gado.

Hollywood e a alma

A indústria do entretenimento é o exemplo clássico do pensamento evoluído a respeito de participação e propriedade. Poucas indústrias estimulam tanto o empenho, a paixão e o entusiasmo. Quando Jeffrey Katzenberg, ex-presidente dos estúdios da Walt Disney Co., demitiu-se em 1994, imediatamente conquistou duas almas gêmeas em David Geffen e Steven Spielberg. Juntos, montaram a Dream Works SKG, o mais vibrante estúdio de Hollywood. Não o fizeram por dinheiro — os três eram podres de ricos. O que lhes atiçou o espírito foi a paixão pelo trabalho — a alegria, o entusiasmo, a *Química*, a oportunidade de forjar sua *Proficiência* numa organização capaz de exaltar o espírito de milhões de pessoas ao redor do mundo. Essa jovialidade de espírito é alimentada pelo vínculo que os três estreitaram entre seu talento e paixão e seu desempenho material.

O sucesso dessa indústria peculiar deve-se, em parte, à sua estrutura. Os dinossauros gigantescos e destituídos de alma do passado se foram. No lugar deles surgiu uma rede de equipes pequenas — flexíveis, solidárias e muito empreendedoras. Elas se aliam em torno de um projeto — um filme, por exemplo — e, completado esse projeto, dispersam-se em busca de outros. Formando esses nichos interdependentes, optaram por viver e trabalhar com *Proficiência*, *Química* e *Entrega*. A reputação e o dinheiro de todos está em jogo e existe uma ligação visceral, para os envolvidos, entre fonte vital e resultados.

Essa energia acabou criando a segunda maior exportadora da América, com vendas anuais de serviços de entretenimento que chegam a quatro bilhões de dólares. Numa deliciosa ironia, que dá novos ares ao velho ditado "Faça o amor,

O Proprietário da Alma | 205

não faça a guerra", o marasmo causado pelos cortes no orçamento de defesa do município de Los Angeles foi superado pela arte, a fantasia e a alegria. Essa área é agora o lar de 92% das 370.000 pessoas que ganham a vida com o negócio de entretenimento da Califórnia. Numa das mais exigentes indústrias do mundo, a *Proficiência* é a chave da sobrevivência e do sucesso. Em Hollywood, essa *Proficiência* foi alcançada por meio da especialização, da flexibilidade, do *kaizen*, do aprendizado e da colaboração intensa entre equipes solidárias.

O êxito da indústria do entretenimento repousa igualmente na ligação direta que seus membros estabeleceram entre fonte vital e desempenho material. Em caso de sucesso, enriquece-se de todas as maneiras; em caso de fracasso (como *Heaven's Gate* e *Ishtar*), tem-se tempo para refletir sobre as lições recebidas e esperar pelo próximo projeto. Esse é um mundo em que a alma da pessoa se envolve quando está diretamente voltada para resultados. Muitos empresários de Hollywood consideram-se mais artesãos do que homens de negócio. Sua remuneração varia, derivando em parte do antigo prestígio em termos de *Entrega* ou *Proficiência*, e em parte do impacto positivo de sua contribuição para o sucesso de um projeto. Isso se tornou o equivalente de participação para os empresários de Hollywood, que assim se identificam com a totalidade do resultado e não com uma porção dele.

A combinação, feita em Hollywood, de estrutura de rede e vínculo entre fonte vital e resultados estimula a dedicação ao êxito do projeto todo — o que se pode chamar de uma perspectiva abrangente. Um senso claro de propriedade, responsabilidade pelo desfecho, visão global e compromisso com resultados — eis como inspirar a alma. Embora a personalidade seja regiamente paga, o salário psíquico maior vai para a alma. Esse será o modelo para as organizações evoluídas do futuro.

Participação nos lucros

Para a alma, é confuso estar na organização e não ser dela. Pergunto-me às vezes por que os grandes arranha-céus do centro da cidade deixam as luzes acesas a noite toda. Trata-se de um alarde do ego, de propaganda ou apenas de comportamento negligente? Esses edifícios ficariam às escuras caso as pessoas que trabalham neles dividissem a conta da eletricidade? A propriedade afetaria esse hábito de prodigalidade, além de muitos outros? Afetaria, ainda, os resultados e os preciosos recursos do planeta? Se cada empregado tivesse de arcar com sua parte nas centenas de milhares de dólares gastos na iluminação noturna do edifício (o que seria normal, caso fossem donos), sua atitude a respeito do problema mudaria? Aplicada a cada aspecto da organização, essa mudança de

206 | E os Resultados

postura diminuiria os custos operacionais, aperfeiçoaria os padrões de manutenção, preservaria os recursos da Terra, aliciaria o coração e a mente dos empregados, e inspiraria a alma.

A alma quer estar ligada ao todo, inclusive aos resultados obtidos pela organização. Vincular a fonte vital da empresa à participação em seus lucros não é um alvo material e, sim, emocional. A finalidade da participação, para os empregados, não é criar um esquema de enriquecimento rápido, mas tentar mudar atitudes e estabelecer ligações entre o desempenho da organização e cada uma das almas que a compõem. O objetivo da participação não consiste apenas em aumentar a riqueza pessoal com planos de opções acionárias e coisas assim (um apelo direto à personalidade), mas acelerar também a evolução pessoal (um apelo direto à alma). Exceto nuns poucos casos como os da United Airlines, UPS e Avis, essa prática está totalmente ausente das grandes organizações. Propiciar a participação acionária transforma as pessoas em proprietários da alma, permitindo-lhes sanear as empresas e torná-las novamente inteiriças. Ela remove as barreiras de classe e os rótulos artificiais que separam acionistas de empregados. Todos se tornam uma só e mesma coisa porque *são* a mesma coisa — compartilham os mesmos objetivos e se revigoram graças às mesmas inspirações que dão ânimo aos proprietários.

> **O instinto de propriedade
> é inato no ser humano.**
> WILLIAM JAMES

A propriedade liga as pessoas ao desempenho avaliado pelo relatório de lucros e perdas, forçando-as assim a prestar contas. Mas a propriedade também confere responsabilidade. O proprietário da alma é dono dos resultados que decorrem de suas ações e decisões. Em conseqüência, a propriedade implica a responsabilidade pelo desempenho. Esse é um desvio radical das práticas convencionais na maioria das empresas e em quase todas as organizações sem fins lucrativos. Trata-se de uma mudança cultural praticamente revolucionária, uma declaração de democracia em que a verdadeira autoridade e responsabilidade, bem como a participação no êxito ou fracasso financeiro e espiritual da organização, são compartilhadas por todos e não por uns poucos executivos de alto nível. Isso se faz com mais facilidade quando as hierarquias são suprimidas e as estruturas tradicionais, desmanteladas.

A verdadeira participação financeira, como a propriedade de ações, representa o caminho desejável para a democracia empresarial autêntica. É uma condição necessária para criar o senso de propriedade da alma. O mecanismo exato pelo qual efetuamos a mudança na propriedade não é a questão mais importante. Importante é nos *comportarmos* como se possuíssemos um pedaço da organização. Por outro lado, essa evolução no conceito de propriedade não visa ameaçar as estruturas de propriedade existentes. O mercado determinará de que modo a propriedade será transferida com justiça, não havendo limites à criatividade ou à forma estrutural da propriedade. Nem se pretende transferir propriedade por razões políticas ou intelectuais — tudo é resultado da evolução da consciência humana, um processo que brota do desejo de inspirar a alma, de curar e não de ferir.

Para uma visão do futuro, não se precisa mais do que examinar o fenômeno da franquia, que demonstra vivamente a força da propriedade. Cerca de um terço do varejo acha-se atualmente sob o sistema de franquia. É o setor da economia que cresce mais depressa. Uma grande proporção dos novos empresários são refugiados de organizações onde não tinham nenhum senso de propriedade. Muitos deles optaram por um estilo de vida bem mais árduo e menos lucrativo do que o anterior, em troca da renovação pessoal proporcionada pela propriedade — uma substituição da personalidade pela alma.

A franquia é, simplesmente, um dos indicadores da revolução que por aí vem. Nossa sociedade será outra em vinte anos, graças à implantação das práticas e conceitos de propriedade. O modelo atual já não funciona, tendo resultado em concentrações e disputas de poder que só provocaram medo, alienação e desesperança no ambiente de trabalho. Nosso objetivo consiste em promover com segurança essa transformação notável, para que a propriedade e a ideologia empresarial sejam reposicionadas, renovando as velhas concentrações de poder e ações. Embora alguns de nós sejam proprietários indiretos, como no caso dos fundos de pensão e de mutuários, isso pouco encoraja sentimentos de controle e envolvimento. A propriedade direta é o passo mais ambicioso e definitivo nessa transformação. Refiro-me aqui, é claro, não à pseudopropriedade, mas à propriedade real.

> Feliz o homem que, longe dos esquemas de negócios, trabalha como as antigas gerações da humanidade suas terras ancestrais com os bois que ele próprio criou, livre de toda usura.
>
> MARK TWAIN

Para os líderes esclarecidos e evoluídos, desenvolver planos para a transferência de propriedade é medida prioritária, pois eles sabem até que ponto a propriedade faz diferença para a alma e, portanto, para o desempenho empresarial. Os administradores tradicionais continuarão a engalfinhar-se com a implementação de conceitos baseados na personalidade — reestruturação, reengenharia, TQM, etc. —, mas a verdadeira ruptura não se faz dessa maneira. A verdadeira ruptura ocorrerá em Santuários que dão passos largos para forjar ligações permanentes entre a fonte vital da organização e seus consumidores, empregados e sócios. Quando a propriedade for transferida, uma nova cultura de responsabilidade surgirá, baseada no envolvimento e no entusiasmo, não na abstenção e no desinteresse.

> O mundo precisa, isso sim, de umas pílulas de "dane-se".
> WILLIAM MINNINGER

No final das contas, nosso objetivo é aliciar a alma, inspirá-la e espicaçar as oito pessoas, de cada dez, que atualmente pouco se importam com o trabalho. Desde os dias de menino, quando montávamos nossa barraca de refrescos para ganhar um dinheirinho, andávamos em busca da peça que faltava para excitar nossa alma — a propriedade. Procure lembrar-se de como aquela barraca despertava bons sentimentos. Embora o dinheiro fosse festejado pela personalidade, havia também grandes recompensas para a alma: auto-estima, orgulho, diligência, dedicação, serviço, zelo, economia, poupança — e um agradável cansaço.

A propriedade recupera esses mesmos sentimentos, aperfeiçoa nosso caráter e inspira nossa alma. Todos ansiamos por sentir essa felicidade novamente e usar a energia de nossa alma para transformar as organizações. Quando formos proprietários da alma, transformaremos o trabalho e nos alçaremos a uma consciência superior.

16 | Quando os Membros da Equipe Entram e Saem

Figuremos por um momento que você é membro de uma equipe olímpica de oito remadores. Um novo membro está para ser admitido. Quem deve tomar essa decisão? O técnico? O capitão? O presidente do Comitê Olímpico de Remo? Como você depende desse novo membro — muito literalmente —, da colaboração que ele pode dar, não é lógico que você seja consultado previamente e participe da decisão final?

Já que quase todos somos afetados de maneira semelhante, não devemos aplicar esse princípio para todo o grupo? Que critérios serão usados para selecionar o novo membro da equipe? Os critérios avaliarão tanto a condição da personalidade quanto o estado de alma? Em suma, quando as admissões e as substituições são planejadas, será considerada a opinião de cada membro da equipe? Haverá alguma diferença entre uma equipe empresarial e uma equipe de oito remadores? O processo de aumentar e diminuir membros de equipes empresariais é talvez o exemplo mais controverso da tomada de decisões baseada na personalidade das organizações nos dias atuais.

Para os administradores tradicionais, a necessidade de controlar as decisões relativas à seleção e substituição de empregados é muito arraigada, não raro chegando às raias da paranóia, porque eles resistem obstinadamente a abrir mão de seu controle sobre o corpo de funcionários. A sabedoria avançada, contudo, não está do lado deles, porque a lógica da transferência do controle de contratação aos que são mais diretamente afetados pelo desempenho de um novo membro da equipe é irrefutável.

210 | E os Resultados

A evolução na organização acabará levando a uma abordagem mais democrática, a menos que a revolução venha a realizá-la primeiro.

A noite escura da reengenharia

Uma das razões pelas quais as pessoas são tão medrosas no trabalho é que têm todos os motivos para sê-lo. Na última década, elas foram aterrorizadas com crescente intensidade por uma sucessão de manias administrativas. A maioria delas era eufemismos para táticas de cortes sumários com o fim de reduzir os custos da empresa. Os empregados vivem numa expectativa temerosa, esperando o dia em que um ceifeiro sinistro venha abater suas firmas e não deixar nenhum empregado em seu rastro. Antes de tornar-se mais humano, Jack Welch, diretor da General Electric, era conhecido como "Nêutron" Jack, por causa da bomba que destrói todas as pessoas mas deixa intactos os edifícios. Na Xerox Canada Inc., o ex-CEO Richard Barton demitiu uma equipe inteira de administradores num só dia. Segundo um ex-empregado da Xerox, "foi às vésperas do Ano-novo [1993]. Várias ambulâncias achavam-se estacionadas diante do edifício porque havia um medo real de que as pessoas sofressem um ataque cardíaco ao serem notificadas de sua demissão".[1] Quando o Chemical Bank e o Chase Manhattan Bank anunciaram a sua fusão, os executivos anunciaram euforicamente as economias que o corte de funcionários acarretariam uma vez consumada a fusão dos dois bancos.

Para piorar as coisas, toda essa diminuição de custos (ou seja, redução da folha de pagamento) não funcionou. As dispensas temporárias, os fechamentos de fábricas, as protelações e os brilhantes discursos sobre a necessidade de reduzir os gastos não trouxeram os resultados prometidos. A produtividade não-rural dos Estados Unidos cresceu a uma média de 1,2 por cento anualmente durante a década de 1980 — virtualmente não houve nenhuma melhora em relação à de 1970. Metade das empresas reestruturadas avaliadas pelo Human Resource Management informou que a produtividade piorou ou permaneceu inalterada depois das dispensas temporárias de empregados.

Um estudo recente de Deborah Dougherry, da McGill University, e de Edward Bowman, da Pennsylvania's Wharton School, mostrou que as empresas eram menos inovadoras seguindo sua experiência de redução de porte do que as suas congêneres que não se contraíram. Outro estudo, dos consultores Mitchell & Company, de Massachusetts, revelou que embora as ações das firmas que diminuíram de porte apresentem um bom desempenho na Bolsa de Valores durante os seis primeiros meses, esse desempenho cai nos três anos seguintes.

Um estudo do Right Associates de Filadélfia mostrou que 74 por cento dos gerentes de firmas que tiveram seu tamanho recentemente diminuído sofriam de baixo moral, temiam cortes futuros e não confiavam na administração. As equipes informadas de que adquiriram mais poder estão especialmente angustiadas — ficam assustadas e confusas quando recebem "mais poder" da parte de diretores tradicionais que continuam a reter um controle total. É como pintar listras num cavalo e gritar: "Zebra!" Daqui a alguns anos olharemos retroativamente a noite escura da reengenharia e a veremos como a época mais estéril da administração moderna.

Não deve ser assim

Na organização mecânica, a personalidade foi incentivada a seguir as estratégias de cortes sumários para manter o equilíbrio entre custos e preços. Mas esse é o procedimento covarde. Há mais coisas na vida do que reengenharia e "enxugamento" ("gerência ING", como diz um amigo meu), e temos a obrigação de ser mais imaginativos, em vez de limitar-nos a copiar quem quer que seja usando de táticas que são tão cruéis para a alma.

A Wisconsin Public Service Corporation (WPSC) é uma empresa do ramo de gás e eletricidade que possui 2500 empregados que prestam serviço a quatrocentos mil clientes numa área de quinze mil quilômetros quadrados do norte do Wisconsin e uma parte adjacente do alto Michigan. É uma empresa apaixonada, com um líder apaixonado que está construindo um Santuário. A missão da empresa é "proporcionar aos clientes o que há de melhor em energia e serviços correlatos", e sua visão consiste em ter uma equipe de "pessoas empenhadas em criar a primeira empresa de energia do mundo".

Quando se defrontam com o desafio de alinhar custos com forças de mercado, eles escolhem um caminho mais difícil, porém mais nobre — um caminho que respeita a sacralidade das pessoas, um caminho que leva a um patamar superior. A WPSC já foi um líder da indústria, mas quer melhorar ainda mais. Ela trabalhou com afinco para desenvolver relações de trabalho positivas, e Daniel A. Bollom, presidente e CEO, aproveitou-se disso para evitar uma crise de vulto. Ele e sua equipe administrativa sabiam que a estrutura superior de sua empresa acabaria frustrando suas perspectivas futuras. Aproximavam-se as negociações trabalhistas anuais e ele viu a oportunidade de ir além do estilo de negociação antagônico que tem caracterizado historicamente as relações sindicato/empresa. Dan e sua equipe sabiam que sem mudanças fundamentais nas atitudes humanas a WPSC teria pouca possibilidade de sobreviver numa indústria tendo nos trilhos uma locomotiva chamada desregulação. A empresa

212 | E os Resultados

tinha adotado antes uma prática de negociação chamada barganha vencer/ vencer, e a equipe de Dan empregou-a em suas sessões de contrato.

No contrato de trabalho trienal de 1990 foi lançada a base para fortalecer as comunicações e promover a cooperação. Quando principiaram as negociações contratuais de 1994, os dois lados expuseram os seus problemas e preocupações: o sindicato queria evitar dispensas, a empresa queria flexibilidade na estruturação do emprego. Tradicionalmente, as duas partes se teriam colocado em posições opostas. Mas dessa vez foi diferente. Elas perguntaram uma à outra, no espírito de tentar estabelecer um acordo vencer/vencer, se cada qual estava preparada para empenhar-se de boa-fé em prol dos objetivos de *ambas*. Dan fez a sua proposta: "Garantimos que não haverá dispensas se vocês garantirem que serão flexíveis." Nesse dia fez-se história na WPSC — ambas as partes concordaram em enfrentar o futuro como parceiros e não como guerreiros.

> Se os homens têm a capacidade de inventar novas máquinas que tiram homens do trabalho, têm também a capacidade de devolver esses homens ao trabalho.
>
> JOHN F. KENNEDY

Desenvolveu-se um novo conjunto de crenças que foi usado para guiar a empresa na sua nova jornada:

- Nossos clientes são o foco básico dos nossos esforços;
- Nossas ações devem basear-se sempre na honestidade e na integridade e devemos sempre promover a confiança, a fé nos outros, a probidade e o respeito;
- Nossa aprendizagem por meio do estudo, da autocrítica, do diálogo e da experimentação beneficia os nossos clientes, a nós mesmos e à nossa empresa;
- Devemos trabalhar juntos continuamente para criar e aprimorar processos e eliminar os que deixaram de ser válidos;
- Não podemos tolerar ações que destroem a auto-estima, as aspirações, a individualidade ou a dignidade das pessoas;
- Devemos reconhecer que cada empregado aumenta o valor da empresa; portanto, não devemos permitir que meros títulos tomem o lugar do talento ou da boa vontade do empregado em colaborar;
- Devemos reconhecer e usar as experiências e idéias trazidas à empresa por meio das diversas experiências, escolhas, situações de vida e perspectivas de cada pessoa e assegurar a liberdade de expressar a nossa diversidade;

Quando os Membros da Equipe Entram e Saem | 213

- Devemos ser flexíveis como indivíduos e como empresa;
- Devemos compartir idéias, informação e conhecimento de maneira livre, rápida, franca e não embaraçada por estruturas organizacionais ou por indivíduos;
- Devemos agir responsavelmente, como fiéis administradores dos recursos que nos foram confiados por outros;
- O trabalho deve enriquecer cada empregado e trazer-lhe alegria.

Essas crenças guiaram os parceiros em seu diálogo e no desenvolvimento e implementação das estratégias que se seguiram. Nos anos que se passaram, virtualmente qualquer outra utilidade produziu o massacre que decorre da redução de tamanho e da reengenharia, mas a WPSC continuou sendo um produtor de energia de baixo custo na região. Existem 109 usinas nucleares operando nos Estados Unidos, e a Usina da WPSC de Kewaunee é uma das quatro que ganharam o Prêmio de Excelência da indústria por quatro vezes. As taxas de apólice da WPSC continuam sendo as duas ou três mais elevadas na indústria, e o estilo compassivo e inovador da empresa chamou a atenção de alguns analistas financeiros.

Tudo isso se realizou graças à criação de um Santuário no qual a WPSC foi capaz, entre outras coisas, de honrar o seu compromisso de não fazer nenhuma dispensa, em vez de recorrer à estratégia da reengenharia ou redução de porte. Como disse Dan Bollon, "não estamos dispostos a sacrificar o nosso futuro para lucrar hoje. Não reduziremos arbitrariamente o pessoal ou os orçamentos nem tolheremos o nosso crescimento". Como paladino do Santuário da WPSC, Dan Bollon mostrou que honrar a alma pode ser tão eficiente quanto lucrativo.

Dan Bollon e sua equipe pediram a todos os empregados que reinventassem a si mesmos e aos seus serviços. Para proteger sua própria segurança, os empregados voltaram à escola, aprenderam novas habilidades e abandonaram talentos antigos, desenvolveram a capacidade de liderança e de comunicação e perguntaram aos clientes como a empresa podia mudar e que novos serviços gostariam de receber da WPSC. Em um caso, a empresa anunciou internamente que precisava de vinte voluntários para transferir um novo grupo de *marketing* de gás. Cada um recebeu o equivalente a um ano de treinamento técnico-escolar antes de ser transferido para um novo cargo, criado para atender às necessidades de clientes recém-definidas. Os clientes estão satisfeitos, os empregados sentem-se revitalizados e a organização está entusiasmada. Um executivo confidenciou-me: "Adoro este lugar!"

Hoje a sobrevivência já não é a maior ameaça à WPSC. A preocupação maior é que o seu extraordinário sucesso e sua nobre cultura possam atrair uma

214 | E os Resultados

empresa de serviços públicos maior capaz de adquiri-la. Isso levanta o problema de saber se a nova empresa respeitaria o Santuário que a equipe de Dan Bollon criou ou se a WPSC seria gerida por executivos tradicionais, vindos de uma organização mecânica, que extinguiriam um brilhante exemplo do tipo de liderança que exige um nível superior e inspira a alma.

Como capacitar a equipe e inspirar a alma

Anteriormente, contrastamos o largo uso da palavra *capacitação* com a sua escassez na prática. Nas raras ocasiões em que uma equipe está plena e adequadamente capacitada, ela assume a responsabilidade pela consecução das metas da equipe. Esse conceito ainda é tão novo e foi tão pouco testado que é incomum. Admitindo-se que os leitores deste livro aceitaram os princípios da capacitação há muito, vários passos ainda devem ser dados antes de se poder dizer que a plena capacitação existe no interior das equipes. Um desses passos é atribuir à equipe o direito e a responsabilidade de admitir novos membros e decidir quando os colegas existentes já não atendem aos padrões estabelecidos no grupo — e o que se deve fazer diante disso.

O mundo dos esportes oferece muitos exemplos de decisões ligadas à seleção de atletas que são tomadas pelos membros da equipe. Os efeitos nocivos sobre a moral e o desempenho da equipe são mais que óbvios. Os donos das equipes esportivas, cada vez mais preocupados em abreviar o processo que leva à vitória, estão negociando contratos e compensação com grandes jogadores que virtualmente garantem que nunca ganharão um campeonato. Em 1994, Glenn Robinson, a estrela para a NBA do ano, assinou com o Milwaukee Bucks um contrato de dez anos no valor de 68 milhões de dólares. Ficamos perguntando quais membros da equipe estão murmurando nos bastidores. Há uma lei natural nos esportes coletivos: *uma equipe de campeões não pode tornar-se uma equipe de campeonato*. Claro, as equipes precisam do *input* de técnicos, especialistas e conselheiros externos — para não falar dos banqueiros —, mas no fim é a equipe que deve atuar, e assim é ela que deve assumir a responsabilidade pela seleção dos jogadores.

Os gerentes do estilo sabor-do-mês seqüestraram e corromperam irremediavelmente a palavra *equipe*. Todo mundo está "trabalhando em equipe". Usamos indiscriminadamente o termo *equipe*, associando-o a qualquer coisa: equipe de serviço, formação de equipe, trabalho em equipe, colegas de equipe, espírito de equipe e esforço de equipe, sem consideração pelas sagradas e significativas sustentações requeridas para que exista uma verdadeira equipe. O dicionário define *equipe* como um grupo de pessoas que trabalham juntas num esforço coordenado. As equipes têm a uni-las um propósito comum. Elas compartem harmonia, confiança, veracidade, respeito, apoio, coragem, *Química*, visão compartida, objetivos e valores. A equipe de alto desempenho num campeonato sintetiza o conceito de Santuário.

Seleção de membros de equipe

As decisões que afetam as pessoas são tão importantes quanto as que afetam os lucros. De fato, *toda* decisão afeta primeiro as pessoas, que depois afetam os lucros. Assim, nenhuma decisão que afeta as pessoas deve ser tomada isoladamente de seus colegas. Mais que uma questão de sabedoria econômica, é uma questão de integridade e confiança, para assegurar que cada membro da equipe se torne um Santuário dentro do Santuário.

Ricardo Semler, diretor-presidente da Semco do Brasil, criou um Santuário no qual a liberdade fortaleceu a alma. Os empregados da Semler virtualmente dirigem a empresa — na verdade, Semler divide o título de diretor-presidente com seus altos executivos, cada um deles possui o título durante metade do ano. Um terço dos empregados estabelece seus próprios salários e é solicitado a recandidatar-se ao seu cargo de seis em seis meses. Os gerentes retêm suas posições com o apoio dos seus liderados, baseados nas avaliações do desempenho de cada um deles. Semler, cuja empresa é de caráter privado, divide 23 por cento dos lucros da empresa com os empregados; das rendas de 30 milhões de dólares auferidas em 1994, Semler dividiu 278 mil. Cinqüenta empresas satélites operam nas instalações da Semco, algumas delas geridas por ex-empregados da Semco que trabalham meio expediente para a Semco e meio expediente para si mesmos. Diz Semler: "Quando eu descrevo a Semco para outros empresários, eles riem. 'O que você faz?', perguntam. 'Faz contas de rosário?', dizem. 'Não, entre outras coisas fazemos misturadores-propulsores de combustível de foguetes para satélites.'"

Semler diz que a confiança é a base de sua filosofia, e acrescenta: "Esse sistema parece caótico, pode ser frustrante e de certa forma é incontrolável [...] Requer saltos de fé diários. Ele destruiu qualquer aparência de segurança corporativa." Semler assumiu a direção da empresa há catorze anos, quando tinha 21 anos de idade. Desde então, as vendas por empregado passaram de 10800 a 135 mil dólares — mais de quatro vezes a média de outras empresas do ramo da Semco.[2]

Os cínicos dirão que isso é demasiado difícil numa organização moderna às voltas com as pressões dos mercados contemporâneos. Se não mudarmos o paradigma e continuarmos a usar os velhos conceitos das organizações mecânicas, os cínicos estarão certos. Mas se mudarmos o paradigma poderemos mudar as possibilidades. Quando admitimos novos membros à equipe, estamos admitindo uma nova alma e uma nova personalidade. Precisamos portanto procurar as características apropriadas de ambos. Para fortalecer e moldar o caráter e a direção da equipe, precisamos definir claramente o nível de excelência alcançado pelos seus membros. Queremos também saber se esses membros estão crescendo e evoluindo como seres espirituais, se não são apenas super-realizadores movidos pelo ego.

Toda equipe precisa examinar novos membros para determinar as características de sua personalidade e de sua alma. Existem no mercado centenas de testes de perfis psicométricos para medir aspectos da personalidade; na verdade, dificilmente se pode encontrar quaisquer outros tipos. Tornamo-nos peritos na avaliação da personalidade, mas somos noviços na tarefa de compreender a alma. A *Tela da Alma* apresentada na página seguinte ajuda as equipes a determinar alguns dos critérios que não se identificam facilmente por meio de uma análise da personalidade. Quando incorporamos um novo membro a uma equipe, estamos interessados em saber: "Até que ponto essa pessoa possui qualidades espirituais?" "Como essa pessoa evoluiu?" As cinco primeiras perguntas baseiam-se na roda frontal Mudanças de Valores do Ciclo de Valores discutida no Capítulo 2. Naturalmente, não pretendo sugerir que essas são as características que definem uma pessoa dotada de alma — mas apenas que elas são algumas das questões importantes, que podem apontar para áreas adicionais de investigação e que podem ser mais importantes do que as questões que tratam apenas da personalidade. No mínimo, elas devem indicar se esse novo membro da equipe fomentará as qualidades que você está procurando ao construir o seu Santuário.

Uma equipe é um sistema independente. Por isso, é essencial que cada membro endosse a incorporação de novos membros. Igualmente importante, as equipes devem concordar sobre os critérios para inclusão, especialmente o tipo de Santuário que desejam criar e os padrões espirituais que buscam encorajar. Mais que isso, as grandes equipes planejam conscientememte o seu desenvolvimento espiritual atendendo à atual etapa evolutiva de cada indivíduo e às necessidades de toda a equipe como um sistema. O objetivo é elevar a equipe a um patamar superior.

A Tela da Alma — Novo Membro

Até que ponto o futuro membro da equipe exibe essas características? Responda a cada pergunta numa escala de **0-10**.

1 De MIM para VOCÊ: Uma profunda apreciação do valor de VOCÊ (a outra pessoa) e um reconhecimento de que outras pessoas e suas necessidades são tão dignas como nós. Um compromisso vigoroso com as necessidades dos outros.

2 Das COISAS para as PESSOAS: Maior preocupação com as PESSOAS e com seu valor intrínseco e sacralidade do que com a aquisição, acumulação e administração de coisas materiais.

3 Da Ruptura para o *KAIZEN*: Uma profunda dedicação ao *KAIZEN* (melhoramento contínuo, fazer as coisas melhor) que mais do que iguala o compromisso pessoal de realizar *breakthroughs* (fazer as coisas de um modo diferente).

4 Da FRAQUEZA para a FORÇA: Celebrar e construir a FORÇA em vez de permanecer nas fraquezas, e reconhecer o valor espiritual de fazer isso.

5 Da COMPETIÇÃO e do MEDO para o AMOR: Praticar a AFABILIDADE AMOROSA em cada aspecto da vida, com base na compaixão e na generosidade, no lugar da competição, do medo e da agressão; usar a linguagem do AMOR em lugar da linguagem da guerra.

6 Estar no MOMENTO: Trazer um profundo sentimento de alegria e compromisso com a vida que deriva do prazer de estar no MOMENTO em vez da ânsia constante de algo mais ou diferente, baseada na insegurança.

7 VERACIDADE e CUMPRIMENTO DAS PROMESSAS: Honrar a VERDADE em cada aspecto da vida e apoiar o direito dos outros de fazer o mesmo. Honrar o espírito assim como a letra de todas as PROMESSAS, verbais ou escritas, uma vez feitas.

8 INTEGRIDADE: Procurar a honestidade inerente em todas as coisas e assegurar que todos os atos sejam nobres e virtuosos.

9 FÉ: Gozar de um sentimento de paz interior, baseado numa conexão com um ser ou consciência superior que transcende o universo.

10 Da PERSONALIDADE para a ALMA: Perseverar num caminho espiritual que nutre o desenvolvimento e a evolução pessoal, equilibra yin com yang e auxilia na transição do ego e da personalidade para a ALMA.

Eliminação dos membros da equipe

A excessiva manipulação da permanência dos empregados nas organizações atingiu proporções epidêmicas em toda a América do Norte. De certo modo isso não surpreende, se considerarmos que a maior parte dessas decisões têm-se baseado na personalidade. Administradores tradicionais extremamente pressionados, ante uma escolha entre aceitar objetivos de desempenho novos e exigentes ou encontrar uma nova tarefa, põem-se a criticar e a demitir. Muitos

218 | E os Resultados

empregados fiéis têm sido vítimas dessa tirania, o que tem dado muito trabalho aos psicoterapeutas. O que tornou esses eventos tão penosos para os sobreviventes, assim como para os que foram "cortados", foram a deslealdade e a falta de sinceridade.

Ainda que uma só pessoa se torne uma baixa, todo mundo sabe — mesmo que isso nunca seja admitido — que, quando se rompem relações, mais de uma pessoa é responsável. Sendo parte de uma equipe, os membros aceitam as obrigações do desempenho em grupo e também aderem ao pacto que o acompanha — selecionar e mudar os membros da equipe. Isso inclui um compromisso significativo com o sucesso e o desenvolvimento individual dos membros da equipe. Num Santuário, isso não é o direito de um forasteiro; é uma responsabilidade coletiva da equipe. Se uma equipe chega a um acordo segundo o qual o desempenho global será promovido pela substituição de um dos seus membros, isso acarreta outra responsabilidade — tratar da questão de um modo sagrado. Não estamos simplesmente dizendo adeus a João da Silva, cujo nome teremos esquecido dentro de poucas semanas. Ele é outra alma, e num Santuário cada alma assume compromissos rigorosos para com as outras almas. *Ele não é um peso, é meu irmão.*

Elevamos o padrão de toda a equipe ao tomar consciência das nossas responsabilidades para com a alma e, ao fazê-lo, construímos os nossos Santuários. O modo como tratamos uns aos outros é, portanto, uma das responsabilidades mais importantes no interior das equipes. Se tratamos os trabalhadores como lixo — algo a ser jogado fora tão logo deixe de ser útil —, seremos despojados do nosso espírito. Se tratamos os trabalhadores como mercadorias, a ser trocada ou negociada como *coisa*, seremos tratados da mesma maneira. Se tratarmos os trabalhadores como um espírito em busca de experiência humana, começaremos a operar em um nível inteiramente diverso. Esse é o patamar mais elevado, no qual a confiança, o respeito, a dignidade e a compaixão alimentam a alma e constroem reputações mundiais para grandes equipes. Esses são os Santuários onde a alma é sagrada e onde as pessoas deixam de ter medo. É nesse lugar sagrado que a alma aspira regressar.

A Tela da Alma — Membros que Saem

Até que ponto a equipe cumpriu as obrigações para com o membro que está saindo? Por favor, responda a cada pergunta numa escala de **0-10**.

1 De MIM para VOCÊ: Avaliamos o real valor da outra pessoa e sempre nos empenhamos para atender às suas necessidades tal como procuramos atender às nossas? Estamos atendendo às necessidades da alma? Criamos as oportunidades necessárias ao seu desenvolvimento e aprendizado?

2 Das COISAS para as PESSOAS: Mostramos maior preocupação com o valor e a sacralidade inatos das PESSOAS do que com a aquisição e a gestão de coisas materiais? Estamos pondo a alma das pessoas na frente do seu custo? Estamos fazendo isso agora?

3 Da Ruptura para o *KAIZEN*: Praticamos o *KAIZEN* (ajudar os outros a melhorar conscientemente e a fazer melhor as mesmas coisas) de maneira tão diligente quanto a ruptura (fazer as coisas de um modo diferente)? Estamos fazendo isso agora?

4 Da FRAQUEZA para a FORÇA: Aplicamos de forma coerente a prática espiritual de celebrar e construir FORÇAS em vez de permanecer nas fraquezas? Estamos fazendo isso agora?

5 Da COMPETIÇÃO e do MEDO para o AMOR: Praticamos a AFABILIDADE AMOROSA em cada aspecto de nosso relacionamento, mostrando compaixão e generosidade em vez de competição, medo e conflito? Adotamos a linguagem do AMOR em vez da linguagem da guerra?

6 Estar no MOMENTO: Trouxemos um sentimento de alegria e contentamento à vida, derivado do prazer de estar no MOMENTO em vez de ansiar por algo mais ou algo diferente, baseado na insegurança?

7 VERACIDADE e CUMPRIMENTO DAS PROMESSAS: Sempre honramos a VERDADE em cada aspecto da vida e apoiamos o direito de cada um de fazer o mesmo? Estamos aderindo ao espírito e à letra das nossas PROMESSAS?

8 INTEGRIDADE: Uma honestidade inerente tem estado presente em todas as coisas? Todos os nossos atos têm sido nobres e virtuosos?

9 Fé: Mantivemos no passado e estamos aderindo agora aos padrões inerentes à nossa FÉ?

10 Da PERSONALIDADE para a ALMA: Oferecemos o apoio espiritual necessário para nutrir o desenvolvimento e a evolução pessoal, o equilíbrio entre yin e yang, e auxiliamos na transição do ego e da personalidade para a ALMA?

17 | A Comunidade

Ao longo destas páginas estivemos discutindo o conceito de Santuário — um lugar seguro para a alma, do qual o medo foi banido e onde a inspiração é uma companheira constante. Um Santuário é uma comunidade fechada de almas semelhantes, mas existe numa comunidade maior, aberta. O conceito do Santuário pode salvar a organização e todas as almas que nela se encontram. O conceito de comunidade tem uma aspiração maior, porque pode salvar o mundo.

Se tem de ser feito,
cabe a mim fazê-lo

Só por meio dos *nossos* esforços podemos replanejar o mundo de tal modo que ele inspire a alma — se tem de ser feito, cabe a mim fazê-lo. Podemos continuar a queixar-nos, a dizer que não podemos lutar contra a prefeitura e erguer as mãos em desespero, ou podemos traçar uma linha na areia e resolver que, daqui para a frente, cada um de nós se tornará parte de uma solução. Esse é o meio pelo qual podemos recuperar a alma coletiva que se perdeu nas nossas comunidades.

Não pode haver mudança alguma em nossa comunidade maior enquanto não nos decidirmos a operá-la. Assim, nossa oportunidade é a de liberar o enorme talento latente que reside nas organizações hoje e fazê-lo funcionar de um modo positivo em nosso sistema político. É uma perspectiva emocionante, e há muita coisa a fazer.

No Capítulo 3, "Dizer a Verdade e Cumprir as Promessas", mostramos como as meias-verdades, o que chamamos de *decadência da verdade*, afeta paulatinamente a alma, ferindo-a e enfraquecendo-a de forma progressiva. Podemos reivindicar o patamar superior recusando-nos a nos comprometer com a verdade, reconhecendo que só existe um padrão — a verdade. No Capítulo 9, Espírito Competitivo, afirmamos que a violência funciona da mesma maneira. Existe apenas um padrão — a não-violência —, e mesmo atos menores de violência, como a rudeza, os modos desabridos ou o comportamento ofensivo, estão no mesmo *continuum* da violência extrema — a guerra.

> Não existe Deus superior
> à Verdade.
> MOHANDAS K. GANDHI

Analogamente, as mudanças na comunidade se dão mediante pequenos passos. Curar a alma é um trabalho progressivo e sempre principia com o indivíduo — eu. É tão perigoso considerar a nossa indiferença para com a comunidade quanto é trivial subestimar os perigos da inveracidade e da violência. Não podemos estar meio-grávidos. Cada uma das nossas ações é importante — cada um de nós é poderoso. Quando todos os membros de um Santuário decidem envolver-se, a comunidade também começa a se curar. É a magia progressiva dos números. Pensar em nós mesmos como partes insignificantes é um pensamento newtoniano — pensar como uma alma evoluída e iluminada permite-nos ver o todo, e isso muda a percepção do nosso potencial.

> Os flocos de neve são uma
> das coisas mais frágeis da
> natureza, mas veja o que
> podem fazer quando se
> acumulam.
> VESTA M. KELLY

A mudança ocorre com uma pessoa de cada vez e acontece quando as pessoas resolvem tomar menos e dar mais. Com seu pai falecido e sua mãe perdida para o câncer quando ele contava 12 anos, e seu adorado irmão mais velho morto numa briga doméstica, o garoto de 17 anos, Steven Hines, de Pine Bluff, Arkansas, parecia estar às voltas com um inauspicioso começo de vida. A polícia local via-o como trânsfuga da escola e encrenqueiro, já que tinha passado duas temporadas em escolas para delinqüentes por causa de brigas e roubo.

Quando andava de bicicleta pela parte pobre de seu bairro, numa tarde de 1994, para comprar batatas fritas, Hines notou algumas chamas saindo do teto de um *trailer*. Desceu da bicicleta e entrou em ação. "Bati à porta e gritei, mas ninguém respondeu", lembrava-se ele mais tarde. "Pude ver uns garotos dormindo no sofá e no chão." Sem hesitar um segundo, entrou pela porta e tirou as crianças separadamente e em grupos do meio daquele inferno. "Quando entrei, pude ver as chamas cruzando o teto. Elas se alastravam rapidamente. O calor era intenso. Disse para mim mesmo: 'Preciso tirá-las daqui, antes que o teto desabe.'" Antes de chegar ao quarto do casal mais velho com quem as crianças estavam, Hines salvou doze delas, entre as idades de 4 e 13 anos. "A mulher estava em sua cadeira de rodas, e eu a empurrava com as mãos", disse Hines. "Seu marido tinha de agarrar-se às costas de minha camisa para seguir-nos, porque quase não se enxergava nada."

> Creio que todo direito implica uma responsabilidade; toda oportunidade, uma obrigação; toda posse, um direito.
>
> JOHN D. ROCKEFELLER, JR.

Quando os bombeiros chegaram, souberam que um rapazinho esquálido deixara quietamente a cena, sem dizer uma palavra a ninguém, tendo acabado de salvar catorze pessoas de uma morte certa. Mais tarde Hines explicou: "Você faz o que tem de fazer, e se eu tivesse morrido teria sido em prol de algum bem." Os simpatizantes, entre eles o presidente Clinton, renovaram o ânimo de Hines, reforçaram sua conta bancária e o ajudaram a voltar para a escola e finalmente a entrar para a faculdade. "Vejo que tenho um coração, e vejo que se pode fazer mais na vida quando se faz o bem", diz Hines. "Quero ajudar os outros porque agora eles estão me ajudando. Não quero deixá-los na pior; não quero permitir que eu fique na pior."

> O preço da grandeza é a responsabilidade.
>
> SIR WINSTON CHURCHILL

Eis uma história maravilhosa de uma pessoa que escolheu a senda da generosidade e da compaixão em vez do caminho do egoísmo e da ganância — uma Mudança de Valores *de mim para você*. Exemplos como esses inspiram os outros e, paradoxalmente, atraem reconhecimento para os convertidos, aumentam-lhes a auto-estima e ensinam a eles, assim como a todos nós, sobre a importância de dar mais do que tomamos. O exemplo não se confina aos indivíduos, mas estende-se às nossas organizações.

Muitos líderes empresariais parecem pensar que envolver-se na comunidade política se limita ao *lobby* industrial, em apoiar comitês de ação política, participar de associações político-empresariais. Essa relação superficial e não raro cínica entre organizações e políticas tem levado a uma visão pública negativa de ambos. Nosso desafio é reconhecer o valor que pode advir da renovação de um senso de comunidade que oferece aos trabalhadores uma experiência mais profunda da alma.

Isso pode ser feito quando as pessoas podem colocar suas mãos nas alavancas da autoridade e nos produtos da influência que afetam positivamente a própria vida e as dos que compartilham o mesmo espaço. Saber o que fazemos no trabalho *e* nas nossas comunidades tem um significado real, é uma necessidade fundamental da alma. Num estudo de Harvard relativo a voluntários que usaram altruisticamente o seu tempo livre para ajudar os outros sem nenhuma perspectiva de recompensa material, verificou-se que 98,3 por cento deles vivenciaram um fenômeno conhecido como "paraíso do que ajuda". Os psicólogos descobriram que esse sentimento advinha da alegria de dar — o caminho natural da alma. Quando se vai para a cama à noite, poucas coisas são tão gratificantes para a personalidade e para a alma como a consciência de que os esforços do dia contribuíram positivamente para o bem dos clientes, empregados, fornecedores e da comunidade maior. É com essas diferentes comunidades que passamos a maior parte das nossas horas de vigília.

Quero ressaltar que não estou defendendo aqui nenhuma causa; foi a nossa longa história de interesse egoísta que produziu o karma por que estamos passando hoje — o triunfo da personalidade sobre a alma. A necessidade que a personalidade tem de tomar eclipsou o desejo que a alma tem de dar. Esse é, com demasiada freqüência, o padrão das relações negócios/comunidade. Ao contrário, precisamos tornar-nos embaixadores da comunidade fechada dos Santuários que estamos criando para as comunidades abertas em que vivemos.

Isso é mais que um compromisso financeiro. Precisamos contribuir com algo muito mais valioso do que o dinheiro: nosso compromisso de tempo, energia, vontade, intelecto, amor, colaboração e espírito. Esse compromisso deve repousar na parceria, e não na competição; numa filosofia de abundância, e não de escassez. Deve erigir-se sobre o princípio da circulação, permitindo que os recursos espirituais, intelectuais, materiais e financeiros circulem livremente entre o Santuário e a comunidade. A concepção chinesa de doença como um desequilíbrio de energia se aplica aqui. Estamos sofrendo de uma energia excessiva nas nossas organizações e de uma energia insuficiente nas nossas comunidades.

Como implementar o compromisso com a comunidade

Alguns líderes acreditam que, se os empregados não derem 110 por cento da vida à empresa, trabalhando oitenta horas semanais e sacrificando sua vida pessoal para o bem "da equipe", estarão sendo desleais. Quando uma equipe de programadores de *software* estava projetando um servidor de vídeo para a Oracle Corp. em 1993, eles trabalharam dia e noite durante semanas para criar o produto. Uma sexta-feira, às quinze para a meia-noite, os programadores chamaram Lawrence J. Ellison, fundador e presidente da Oracle, que estava em casa com a esposa. Ellison chegou dali a uma hora, acompanhado da esposa. "Eu queria vê-lo", disse Ellison, "e não podia simplesmente deixá-la em casa."

Mais tarde, quando perguntaram a William Bailey, membro da equipe de desenvolvimento, como a Oracle produziu em dois meses o que demandaria um ano na Microsoft, ele respondeu: "Os programadores da Microsoft precisam de mais sono do que nós."[1] Claro, se nos guardarmos contra esse *workaholism* e nos distanciarmos da personalidade por um momento, compreenderemos que a empresa não é toda a nossa vida, mas *parte* dela. É uma parte muito importante, mas nem por isso deixa de ser apenas uma parte. Não somos apenas empregados, somos também membros de uma família maior — a "equipe Terra".

Sendo assim, como o missionário e o líder espiritual devem relacionar-se com a comunidade? Discutimos anteriormente a necessidade de dedicar dez por cento do nosso tempo à aprendizagem. O argumento apresentado é que isso não é um luxo, mas um investimento imperativo, se quisermos evitar a irrelevância pessoal e empresarial. De modo análogo, tendo criado um Santuário devemos assegurar o seu cenário, pois um Santuário não pode sobreviver sem a comunidade na qual existe — a relação é simbiótica. Essa não é a tarefa de quem quer que seja, mas a *nossa* tarefa, e está na hora de arregaçarmos as mangas e cumpri-la. Embora a necessidade de servir nossa comunidade seja grande e urgente, o momento propício é muito importante; devemos reivindicar um patamar superior em nossa própria organização, praticando e aprimorando as características do Santuário, antes de tentar integrar essas noções na comunidade maior.

> A Lei da Solução de Mooses: Queixar-se faz de você parte do problema. Definir soluções bem-sucedidas faz de você parte da solução.
> THE WAY OF THE TIGER: GENTLE WISDOM IN TURBULENT TIMES

Não raro, os líderes mostram-se relutantes em envolver-se numa política partidária, afirmando que isso é uma questão de consciência. Eles têm um medo injustificado de indispor-se com clientes e empregados se aderirem a um partido ou causa particular. Assim, quem irá fazê-lo? Eles? Quem são "eles"?

Se não nos envolvermos e contribuirmos com nossa *Proficiência*, com nossa *Química* e nossa *Entrega*, como poderemos mudar as coisas para melhor?

Boletim escolar político a médio prazo

Muita gente acredita que um político com valores é um oximoro. Embora isso possa ser verdadeiro em alguns casos, é demasiado cínico para uma visão geral. Precisamos usar todos os nossos imensos recursos de maneira positiva para nos tornarmos instrumentos de mudança. Os princípios do Ciclo de Valores podem ser úteis aqui. Apresentamos a seguir um questionário que minha companhia projetou para uma associação estatal de políticos municipais recém-eleitos. Seu propósito foi produzir um boletim escolar a médio prazo que permitisse aos políticos eleitos ajustar-se às necessidades de seus clientes — os eleitores. Embora tenha sido projetado como uma mala-direta endereçada a uma amostra representativa de eleitores, o Ciclo de Valores podia ser usado com a mesma facilidade para orientar a discussão entre um eleitor e um político, uma reunião com comitês de seleção, uma revisão com assistentes de pessoal etc. O questionário foi precodificado (embora essa informação não seja mostrada no exemplo do receptor) de modo que os dados possam ser tabulados e o *vetor*, calculado (ver Capítulo 2, "Cultura e Valores"). Ele permite medir a eficácia pessoal do político e pode ser usado para a criação de um programa de desenvolvimento pessoal que o ajudará a aprender, a progredir e a servir aos eleitores de maneira mais eficiente.

Questionário para eleitores a médio prazo

Este questionário pretende medir seus sentimentos atuais sobre o seu representante local eleito. Por favor, complete cada pergunta, mesmo que não conheça bem o seu representante.

Se não estiver certo da resposta, por favor, dê a sua opinião — o importante é a *sua* impressão. Este questionário é anônimo, mas gostaríamos de saber quatro coisas sobre você:

1. Em que municipalidade você reside?

_____

2. Você já se encontrou com o seu representante...

☐ NÃO   ☐ SIM, uma vez   ☐ SIM, mais de uma vez

3. Você freqüentou reuniões políticas locais?

☐ NÃO   ☐ SIM, uma vez   ☐ SIM, mais de uma vez

4. Você vê o seu representante como

☐ um delegado (votando como você votaria) ou

☐ um representante (votando segundo o que ele/ela pensa ser o melhor no momento)?

Por favor, responda ao questionário o mais breve possível e devolva-o no envelope anexo, porte pago. Obrigado pela sua cooperação.

226 | E os Resultados

Como está agindo o seu representante? (por favor, use uma escala de 1 a 10)						
A Roda Traseira						
1. Meu representante é sem preconceitos						
2. Meu representante entende os problemas da nossa comunidade						
3. Meu representante identifica-se facilmente com os sentimentos e as idéias dos outros						
4. Meu representante é um bom ouvinte						
5. Meu representante dedica-se a uma tarefa até ela terminar						
6. Meu representante está sempre à disposição dos outros quando ele ou ela é necessário						
7. Meu representante cria fortes vínculos emocionais com as pessoas						
8. Meu representante sempre responde prontamente às perguntas						
9. Meu representante diz sempre a verdade						
10. Meu representante preocupa-se genuinamente com os problemas dos outros						
11. Meu representante compreende os objetivos da nossa comunidade						
12. Meu representante toma boas decisões						
13. Meu representante representa fortemente os interesses dos outros						
14. Meu representante compreende as pessoas						
15. Meu representante é um verdadeiro profissional						
16. Meu representante procura fazer a coisa certa em vez de fazer sempre coisas certas						
17. Meu representante passa muito tempo aprendendo sobre questões relevantes para as suas responsabilidades						
18. Meu representante vai além do imperativo do dever para satisfazer às necessidades dos outros, dentro ou fora do distrito eleitoral						
19. Meu representante é acreditado por seus colegas						
20. Meu representante está sempre à frente de seus projetos						
21. Meu representante cumpre as suas promessas						
22. Meu representante atende aos interesses gerais, e não apenas aos seus interesses pessoais						

23. Meu representante está sempre disposto a ser incomodado se isso ajudar os outros						
24. Meu representante avalia os consultores, os especialistas externos e as opções não-tradicionais						
25. Meu representante trabalha eficazmente como membro da equipe à qual pertence						
26. Meu representante aceita a crítica prontamente						
27. Meu representante procura estabelecer combinações do tipo vencer ou vencer com as pessoas						
28. Meu representante possui padrões excepcionais de habilidades relacionadas com o trabalho						
29. Durante o diálogo, meu representante concentra-se exclusivamente na nossa conversação, nunca permitindo interrupções						
30. Meu representante é uma pessoa zelosa e compassiva						
A Roda Dianteira						
31. Meu representante põe os interesses dos outros antes dos seus						
32. Meu representante põe as pessoas antes dos resultados e metas colimadas						
33. Meu representante acredita que fazer a mesma coisa melhor (*kaizen*) é tão importante quanto fazer as coisas diferentemente (ruptura)						
34. Meu representante constrói forças em vez de concentrar-se nas fraquezas						
35. Meu representante produz resultados por meio da compaixão e da parceria, e não por meio do medo e do poder						

Orientação aos representantes para o preenchimento e a interpretação do vetor do ciclo de valores

1. Some as respostas às perguntas como se segue, colocando a soma do seu escore no *box* apropriado:

   PROFICIÊNCIA: Some as perguntas 5, 12, 15, 20 e 28 dividido por 5 — coloque o seu escore no *box* Proficiência abaixo

   Aprendizagem: Some as perguntas 2, 17, 22, 24 e 26 dividido por 5 — coloque o seu escore no *box* Aprendizagem abaixo

   QUÍMICA: Some as perguntas 7, 9, 14, 19 e 27 dividido por 5 — coloque o seu escore no *box* Química abaixo

228 | E os Resultados

Enfatizar: Some as perguntas 3, 6, 10, 25 e 30 dividido por 5 — coloque o seu escore no *box* Enfatizar abaixo

ENTREGA: Some as perguntas 8, 16, 18, 21 e 23 dividido por 5 — coloque o seu escore no *box* Entrega abaixo

Escutar: Some as perguntas 1, 4, 11, 13 e 29 dividido por 5 — coloque o seu escore no *box* Ouvir abaixo

Os Valores Básicos	Escore 1-10	Os Aceleradores	Escore 1-10	Vetor
PROFICIÊNCIA Empreendo tudo o que faço com os mais altos padrões de que sou capaz.		**APRENDIZAGEM** Procuro e pratico o conhecimento e a sabedoria.		
QUÍMICA Relaciono-me tão bem com os outros que eles procuram ativamente associar-se comigo.		**ENFATIZAR** Considero os pensamentos, sentimentos e perspectivas dos outros.		
ENTREGA Identifico-me com as necessidades dos outros e atendo a elas.		**OUVIR** Ouço e compreendo as comunicações dos outros.		

2. Subtraia cada escore de Valores Básicos do escore de Aceleradores correspondente e coloque o resultado no *box* Vetor.

3. Verifique os escores absolutos e a ordem de classificação de seus *Valores Básicos*. Note que quanto mais alto o escore (a partir de um 10 possível) mais você valoriza e pratica o *Valor Básico*. Esta lista, portanto, indica a ordem em que você tende a classificar os *Valores Básicos* em si mesmo e nos outros. Sugiro que, se tivesse de escolher entre os três, você escolhesse a ordem preferencialmente descendente mostrada.

4. Verifique os escores absolutos e a ordem de classificação de cada um dos seus *Aceleradores*.

5. Sabendo em que ordem você classifica e pratica os *Valores Básicos* e os *Aceleradores* são apenas metade da história. Você também há de querer saber se está crescendo ou declinando em cada um desses *Valores Básicos*. O crescimento pessoal é indicado quando o nível de energia atribuído ao *Acelerador* é maior do que o número equivalente para o *Valor Básico*. Números positivos indicam que você está passando por um crescimento num *Valor Básico*, enquanto números negativos indicam o inverso. Assim, por exemplo, se você está passando por um crescimento em *Proficiência*, o número para *Aprendizagem* será maior do que para *Proficiência*. Essa relação é denominada Vetor.

6. Note o escore que você marcou para as suas *Mudanças*.

7. O passo final é validar essa informação. Ela corresponde ao que você compreende atualmente sobre você mesmo? Que direção ela lhe sugere? Que lições existem para você nessa informação e como você se certificará de que está crescendo em cada um dos seus *Valores Básicos?* Como você aprenderá com as *Mudanças?*

Como transformar comunidades em Santuários

A alma busca encorajamento. Todos sabemos que as coisas não são como gostaríamos que fossem e aspiramos mudá-las, mas falta-nos o encorajamento necessário para nos envolvermos ativamente na criação dessa mudança. Nossa alma vê a necessidade, porém não o suporte. Assim, nosso papel, consiste em dar suporte a esse encorajamento — moral, financeiro e, o que é mais importante ainda, espiritual. Os empregados bem-dispostos e capazes devem ser encorajados a concorrer a cargos políticos e receber o tempo livre apropriado, assim como o capital, o treinamento, a tecnologia e os instrumentos necessários para que se eleja e trabalhe eficazmente para os seus eleitores e a comunidade.

Faith Popcorn escreveu sobre o encasulamento — a tendência a tornar-se tão desencantado e temeroso de nossas comunidades que nos voltamos para nós mesmos, transformando nossa casa em centro de entretenimento fortificado. Essa é uma filosofia do desespero e da desesperança. Se cedermos nesse terreno, estaremos acabados como raça humana. O dr. Dean Ornish, especialista californiano em doenças das coronárias e conselheiro médico do presidente Clinton, escreve em *Dr. Dean Ornish's Program for Reversing Heart Disease*: "[...] tudo o que promove um senso de isolamento leva ao *stress* crônico e não raro a enfermidades como cardiopatia. Inversamente, tudo o que leva a uma intimidade real e a sentimentos de união pode ser terapêutico no verdadeiro sentido da palavra: unificar, curar. A capacidade de ser íntimo vem sendo há muito tempo uma chave para a saúde emocional; creio que ela é essencial também à saúde do nosso coração."

> Nenhum floco de neve numa avalanche sente-se responsável.
> STANISLAW JERZY LEE

É tão irrealista abandonar a esperança quanto esperar uma mudança milagrosa da noite para o dia. A posição sensata é assumir os nossos papéis de novos missionários, ter fé e servir. A fé e o serviço deterão a tendência ao desespero e utilizarão a energia da alma para curar as nossas comunidades. Mas precisamos de todas as almas para aceitar esse desafio, e não apenas de algumas delas. Todos estamos necessitados no trabalho de reconstruir as nossas comunidades; afinal, reivindicar um patamar superior é tarefa para todas as almas.

> Todo mundo fala sobre o tempo, mas ninguém parece fazer muita coisa a respeito.
> MARK TWAIN

Recentemente eu estava trabalhando numa empresa de utilidade pública de 2600 empregados na cidade de Green Bay, Wisconsin. Pedi ao presidente para considerar a possibilidade de solicitar a cada uma daquelas 2600 pessoas que contribuísse com dez por cento anuais para a comunidade de Green Bay, envolvendo-se ativamente em sua política e infra-estrutura. A princípio isso poderia parecer um pedido irrealista, especialmente quando ele se acrescenta aos dez por cento de cada ano já comprometidos com o aprendizado. Mas considerem-se os benefícios espirituais e materiais que poderiam advir dessa política visionária. O impacto seria incrível. Com uma população de cem mil habitantes, Green Bay ganharia anualmente cerca de treze mil horas ou 250 pessoas/ano de conhecimento, serviço, amor, inteligência, sabedoria e espírito. Green Bay é hoje uma linda cidade, mas com a energia prática desses voluntários servindo à sua comunidade ela seria ainda mais enriquecida.

Considere-se agora como Green Bay poderia ser transformada se cada organização na área fizesse o mesmo. A liberação de alguns dos melhores talentos existentes na comunidade, dedicados a uma visão compartilhada, aceitando a liderança, resolvendo problemas, criando um sentimento maior de comunidade e qualidade de vida, seria surpreendente. Os impostos diminuiriam e os serviços aumentariam em decorrência desse novo influxo de sabedoria e talento. As organizações veriam seu relacionamento com a comunidade deixar de basear-se na coexistência para basear-se na sinergia. Outros ouviriam falar do espírito renovado de Green Bay e procurariam tornar-se parte dele. Isso atrairia novos investimentos e novos talentos, porque a alma ama a afinidade e aspira a pertencer a uma comunidade com espírito. Esses novos adventícios se fundiriam com os cidadãos existentes numa parceria revigorada de amizade e boa vontade — uma comunidade de almas desejosas de participar e viver numa atmosfera vencer/vencer, numa comunidade regenerada.

Agora, faça uma pausa e reflita sobre o impacto que um compromisso semelhante teria na sua própria comunidade. Esse surto de energia e renovação transformaria a área onde você trabalha e vive e também o relacionamento entre as pessoas, as organizações e o governo. Seria uma dádiva formidável para a alma.

Na lenda arturiana, o Rei Peixe é uma triste figura porque seu domínio foi transformado na Terra Desolada. Ele é tanto um símbolo da devastação como da causa desta. Como Percival, temos a oportunidade de fazer a pergunta que quebrará esse encantamento: "A quem serve isso?" Mas será que temos a resolução e a responsabilidade espiritual para fazê-la? Fazer as perguntas certas quebrará o encantamento — restaurando a Terra Devastada das nossas comunidades na sua liberalidade original.

18 | **Lucro com Honra**

O lucro, como a riqueza, é um desejo legítimo da alma. Posso alimentar tanto a personalidade como a alma. Todavia, isso só pode ser feito se os nossos lucros forem adquiridos com graça.

No meu trabalho com executivos associados, encontro amiúde declarações de missão que incluem a afirmação ritual de que o propósito da personalidade da empresa é ter lucro. O economista Milton Friedman gravou isso na nossa mente e os acionistas nunca deixam de reforçar a mensagem.

> O lucro é como o oxigênio: é essencial para a nossa sobrevivência, mas não é o cerne da nossa existência.
>
> THE WAY OF THE TIGER: GENTLE WISDOM FOR TURBULENT TIMES

Mas o propósito básico de uma organização *não* é realizar um lucro. É ajudar os seres humanos a crescer, a expressar a sua criatividade, a contribuir para a sua fonte de vida e a tornar o mundo um lugar melhor. Acima de tudo, o papel de uma organização é ser um meio eficiente de distribuir conhecimento e melhorar a condição e a felicidade do ser humano.

Embora necessário para a realização humana e a libertação da alma, o lucro não é, de modo algum, suficiente em si mesmo. Na verdade, a maioria dos empresários não começou os seus negócios visando ao lucro. Começaram-nos para concretizar o seu sonho de fazer algo melhor do que se fizera antes e acreditavam que, se conseguissem realizar o seu sonho, eles se tornariam muito lucrativos. O lucro, em certa medida, é o padrão de medida material que permite medir a nossa capacidade de atender às necessidades dos outros.

Lucro: dólares ou valor?

Quando nos referimos ao lucro, estamos querendo dizer fazer dinheiro ou criar valor? Existem diferentes tipos de lucro. Por exemplo, quando medimos o lucro da maneira tradicional — deduzindo despesas da renda —, devemos acrescentar todos os lucros gerados pelas vendas de todas as organizações, independentemente da *qualidade* desses lucros. Usando esse critério, devemos incluir os reparos feitos às pessoas, infra-estrutura e automóveis resultantes de batidas na estrada; o absenteísmo causado pelas doenças ligadas ao *stress*; os custos de saúde causados pelo tabaco e pelo abuso de outras substâncias; a indenização e a ajuda exterior aos países onde o uso de armas militares resultou em morte e destruição; o crime, a espionagem, a prostituição e o contrabando. De fato, devemos incluir qualquer atividade que explore as fraquezas e a vulnerabilidade humanas. Mas não haverá um outro lado para equilibrar a folha? Não deveremos calcular mais do que o lucro advindo da derrubada de velhas árvores na selva amazônica e incluir os custos ocultos para o planeta, que alguns estimam em vinte vezes o preço no varejo da madeira proveniente das florestas tropicais? Se não fizemos os nossos cálculos desse modo, insistindo em que todos os nossos lucros emanaram da graça, deveríamos repensar as nossas ações. Se continuarmos a calcular os lucros da maneira convencional, seremos levados à crença falaz de que podemos gerir os negócios da forma usual para sempre.

Pensar no interior do Santuário requer um enfoque diferente, que nos obriga a reservar uma porção adicional dos nossos lucros para pagar às pessoas e ao planeta os cultos ocultos da nossa busca de mais lucro. Esses cálculos mais exatos, determinados pelos líderes dos Santuários, afigurar-se-iam muito diferentes daqueles aos quais estamos acostumados.

Além dos 20 trilhões de dólares de derivativos que estão nos lucros dos bancos e corporações internacionais, os especuladores financeiros internacionais dividem diariamente entre si cerca de 1 trilhão de ienes, libras, marcos e francos. No mesmo período, o total de todos os bens manufaturados no mundo não perfaz mais que 30 bilhões. Diariamente, 1,3 trilhão de dólares passa pela Bolsa de Valores de Wall Street em Nova York — o maior centro financeiro do mundo. Isso equivale a todo o produto mundial que passa por Nova York a cada três semanas. Tanto as transações "reais" como as especulativas dão lucro, mas haverá uma diferença qualitativa e mensurável entre ambas? Será que a alma distingue entre elas? Acredito que Anita Roddick, Thomas Chappel (fundador do Tom's do Maine) e Ben Cohen (fundador do Sorvete Caseiro Ben and Jerry's) dormem melhor do que Gordon Gekko, Ivan Boesky ou The Donald. No final das contas, isso aparece muito claramente na linha de base.

Contrariamente à opinião popular, o negócio socialmente responsável não é um oximoro — mas maximizar o valor das ações de um modo socialmente responsável é. A opinião de muitos líderes corporativos pode resumir-se no recente comentário de Robert Goizueta, presidente da Coca-Cola: "Sinto-me gratificado em tornar os proprietários da Coca-Cola cada vez mais ricos. Tudo o mais é secundário." Inspirar as pessoas é mesmo secundário? Integridade, veracidade, autenticidade, respeito, colaboração e alegria são mesmo secundários? O líder moderno "ganha" por ser "insosso e medíocre", ou há também espaço para a benevolência e o afeto?

O lucro é vital para a nossa sobrevivência, mas todos temos de fazer uma escolha: ele será o nosso amo ou o nosso servo? Os objetivos empresariais da Service-Master Company põem o lucro e os valores em seu contexto próprio. Essa organização global, fundada em 1947 por Marion Wade, fornece aos consumidores e à indústria, entre outras coisas, serviços de limpeza e manutenção, assistência jurídica, serviços alimentares e serviços de controle da peste. O leitor do relatório anual da firma capta a mensagem rapidamente — *na primeira página*, constam as palavras: "Sirvamo-nos uns aos outros, cada um conforme o dom que recebeu, como fiéis administradores da graça multiforme de Deus" (I Pedro, 4-10). Os valores da empresa estão declarados com a mesma clareza na mesma página. O presidente Bill Pollard e sua equipe administrativa querem que todos saibam que o compromisso com esses valores é permanente e, por isso, os esculpiram numa parede de mármore curva de trinta metros de comprimento por seis de altura, que saúda os visitantes quando eles entram no saguão da sede da empresa em Downer's Grove, no Illinois:

1. Honrar a Deus em tudo o que fazemos
2. Ajudar as pessoas a se desenvolverem
3. Buscar a excelência
4. Crescer lucrativamente

Não é preciso ser mais claro. Os dois primeiros são os *objetivos* e os dois últimos os *meios* de alcançá-los. Diz Pollard: "O lucro é um meio no mundo de Deus a ser usado e investido, e não um fim a ser adorado." Para os empregados, clientes, sócios e fornecedores, essa dedicação ao serviço de Deus e da humanidade é palpável e praticada diariamente. A noção de *Entrega* — serviço aos outros — se traduz em seu *marketing*: *1-800-NÓS-SERVIMOS*. Claro, o paradoxo é que um compromisso de serviço aos outros dá dinheiro — nos últimos 25 anos, a Service-Master gerou um crescimento anual de 23%, com vendas de $4,5 bilhões em trinta países e duzentas mil pessoas servindo seis milhões de

234 | E os Resultados

consumidores. *Esse é o valor dos valores.* Diz Pollard: "Para nós, o vínculo comum entre Deus e o lucro são as pessoas."

A força do coração e da mente no balanço

Vemos o ganho como a linha de base, mas há também uma *de cima*. Peter Barnes, presidente da empresa de telecomunicações Working Assets Long Distance, sediada em San Francisco, descreve a *linha de cima* como a promoção de mudança independentemente de qualquer lucro e cita como exemplo o sucesso de sua própria empresa. Fundada em 1985, em 1993 sua receita totalizou 35,8

> Se não fizer com excelência, não faça. Porque, se não houver excelência, não haverá lucro nem divertimento, e se você não está no negócio para se divertir ou ter lucro, que diabos você está fazendo lá?
> ROBERT TOWNSEND

milhões de dólares, com lucros de 2,7 milhões. Barnes inclui os custos de responsabilidade social em seu negócio, quer a sua empresa tenha ou não lucro.

Outro exemplo é a Dayton Hudson Company, a empresa varejista de 21 bilhões de dólares que investe um tempo substancial e cinco por cento de sua renda federalmente tributável nas comunidades em que ela opera. Ela faz isso por meio de uma ação social e de programas artísticos, e o diretor-presidente da Dayton acredita que essas comunidades são por isso mesmo mais fortes e que essas iniciativas criaram uma vantagem para sua empresa no mercado — nas vendas, nas compras e nos recrutamentos. Isso ajudou inclusive, acredita ele, a fortalecer a defesa da companhia numa recente e malsucedida tentativa de aquisição da empresa.

As Olimpíadas Especiais, consideradas "a caridade mais acreditada da América do Norte" pelo *Journal of Philantropy*, constituem o maior programa internacional dedicado a crianças e adultos com retardo mental. Concebidas há 25 anos por Eunice Kennedy Shriver e Sargent Shriver e financiadas pela Fundação Joseph Kennedy, existem hoje mais de um milhão de atletas mentalmente deficientes treinando e participando em 23 esportes olímpicos em 140 países. A missão das Olimpíadas Especiais é proporcionar a esses atletas especiais treinamento e eventos atléticos durante todo o ano; e eles são chamados de "especiais" por uma boa razão. A expressão do rosto deles diz tudo.

Quando recebem suas medalhas, quando ajudam um adversário caído, quando celebram o triunfo de sua vontade sobre seus desafios mentais e quando abraçam as famílias, os técnicos e os amigos, as ondas de alegria que lhes inundam o coração, embora evidentes, podem ser apenas imaginadas pelos outros. O coração dos voluntários e patrocinadores também explodem de orgulho e de amor com a mesma força. Para os Atletas Especiais, não existem advogados contratados, nem doações multimilionárias, nem acessos de raiva, nem egos — apenas grandes corações e belas almas.

Como presidente do Conselho Consultivo dos Jogos Mundiais de Inverno de 1997, tive o privilégio de assistir aos Jogos Mundiais de Verão de 1995 em New Haven, Connecticut, o maior evento multiesportivo do planeta daquele ano. Durante as cerimônias, nas quais John Scott e eu recebemos a bandeira das Olimpíadas Especiais do ex-governador de Connecticut, Lowell P. Weicker Jr., aprendi uma lição sobre coração generoso e altruísmo recíproco de Jean-Pierre van Rooy, presidente da Otis Elevator. Uma divisão da United Technologies, a empresa é o maior produtor de elevadores do mundo, que emprega 66 mil pessoas em 1700 escritórios internacionais. A United Technologies participa há dezessete anos dos Jogos Olímpicos Especiais de Verão de Connecticut, e quando J. P. van Rooy foi transferido da Europa para assumir a presidência da Otis pediram-lhe para assistir aos eventos dominicais de pista e campo patrocinados pela empresa. Ele descreveu esse dia como um dos melhores de sua vida e assumiu um compromisso pessoal de que no futuro participaria todos os anos.

Em 1994, a United Technologies fez um compromisso financeiro com as Olimpíadas Especiais de 1 milhão de dólares, dos quais a Otis participou com 250 mil. J. P. não estava procurando uma oportunidade de ajudar uma obra de caridade — estava procurando um parceiro que envolveria todos os empregados internacionais da Otis como voluntários numa empresa digna e nobre. Um ano depois, essa ambiciosa iniciativa resultou na "Equipe Otis", abrangendo quatro mil empregados das operações em 38 países que estavam profundamente empenhados em colaborar nos jogos — ministrar treinamento, levantar fundos, dar assistência a atletas, encontrar patrocinadores e administrar eventos. Além do suporte empresarial, outros 350 mil dólares foram levantados graças às contribuições dos empregados, e muitas operações nacionais da Otis arcaram com os custos dos atletas dos diversos países, permitindo que a Malásia, por exemplo, participasse dos jogos pela primeira vez. Mais de cem empregados da Otis, provenientes de 27 países, muitos dos quais viajaram com a equipe olímpica especial de sua nação, juntaram-se aos seiscentos voluntários de New Haven, onde trabalharam dia e noite, criando entre si uma camaradagem ímpar e celebrando os talentos de atletas mentalmente deficientes. Como J. P. me disse depois, a Otis tem participado de numerosos programas de criação de equipes e liderança, mas nenhum deles igualou os resultados da parceria entre a Otis e as Olimpíadas Especiais. Ela ultrapassou todas as fronteiras de raça, país, credo, função e divisão; as hierarquias desapareceram e líderes antes desconhecidos emergiram.

Como avaliar o impacto dessa empresa na linha de base? Talvez seja melhor não tentá-lo. As lições aprendidas por meio da cooperação, do compartilhar de uma visão, do ajudar os outros a realizar os seus sonhos, da formação de novas amizades e da participação sem competição foram imensas para a Otis. O fortalecimento da moral interna e as lições de liderança e gerenciamento estão rendendo benefícios crescentes e duradouros para todos — dentro e fora do trabalho. A equipe da Otis está tão satisfeita com essa experiência que assumiu um compromisso a longo prazo de parceria com as Olimpíadas, criando um legado que afetará milhões de pessoas no próximo século. Com isso, eles estão lucrando hoje e continuarão a lucrar tanto no balanço financeiro quanto na alma. Esses são os resultados.

Anita Roddick, fundadora da Body Shop, diz: "Tudo o que fazemos são produtos para a pele e o cabelo, e não podemos levar a sério um creme umectante. O que levamos a sério, porém, é como usamos os ingredientes, onde os encontramos, como fabricamos e o que fazemos com os lucros. Sabemos instintivamente que a raça humana sabe que seu espírito se elevará se suas necessidades materiais básicas forem atendidas com dignidade."[1] Nessa perspectiva, como devemos avaliar o lucro? Como diz Anita Roddick: "Se eu lançar uma campanha de creme de flores, venderei bilhões de dólares em produtos. Não vendo bilhões de dólares em xampus quando estou fazendo campanha pelos direitos humanos, mas minha alma se sente melhor, meu pessoal fica mais feliz e isso é o que importa."[2]

> Quando se alcança o objetivo, deve-se visar um pouco além dele. Toda flecha que voa sente a atração da terra.
>
> HENRY WARDSWORTH LONGFELLOW

A experiência da Body Shop respalda a minha opinião de que algo mais sutil está acontecendo. Se as pessoas se identificam com a última causa de Anita Roddick, isso pode atraí-las — algumas pela primeira vez — para a Body Shop. Elas podem raciocinar que, embora não haja nenhuma diferença considerável entre os produtos para a pele que estão comprando de outra companhia e os da Body Shop, a diferença dos valores que a companhia defende justifica a mudança. Se as pessoas percebem uma diferença no modo como as empresas se relacionam com a alma, e se acham que a única grande diferença entre os produtos de uma empresa e os de outra é, por exemplo, a causa atual de Anita Roddick, isso pode levá-las a mudar a sua preferência. Se os consumidores podem fazer uma declaração social ao comprar na Body Shop, sem nenhuma perda para a sua personalidade, isso representa para a alma uma rara oportunidade de vencer também. Desse modo, valores, integridade, talento, honestidade e paixão estão prestando um duplo serviço — como instrumento para curar o planeta e como uma eficaz estratégia de *marketing*. As vendas daí resultantes se traduzirão em lucros.

Sabe-se muito bem que os lucros auferidos com cupidez e desonestidade gratificam a personalidade, não a alma, de todos os envolvidos — consumidores, empregados e fornecedores. Quando combinadas, as duas doenças gêmeas da alma — a cupidez e a desonestidade — têm uma força letal sobre a linha de base. Por outro lado, os lucros criados com integridade inspiram a alma de todos os envolvidos e lançam as bases para um futuro aumento dos lucros.

Uma empresa é mais do que um veículo que propicia empregos e lucro. É uma das formas mais elegantes de dar uma contribuição sagrada para cada um de nós e para o planeta. Há dois modos de avaliá-la: calculando o retorno financeiro derivado do nosso esforço e medindo até que ponto inspiramos a alma. O lucro não é apenas uma medida do que tomamos. É uma medida do que damos em troca. É um índice espiritual e um índice econômico que deve satisfazer tanto a personalidade quanto a alma.

O custo por trás do lucro

A International Gizmos Inc. acaba de ter o seu melhor ano. Os lucros subiram como nunca e os acionistas estão extasiados. O diretor-presidente é um herói e foi recompensado com um grande prêmio. A empresa declara um dividendo recorde e anuncia ambiciosos planos de expansão. Fala-se de uma aquisição e cogita-se de uma expansão para o exterior. A imprensa celebra o feito da empresa e gurus consultores aumentam-lhe a fama exaltando-lhe a qualidade e a excelência do serviço em vídeos de programas de treinamento.

Nos bastidores, porém, alguns dos fornecedores estão murmurando que o sucesso da empresa foi realizado às ocultas. Dizem que foram impiedosamente massacrados em seus esforços para diminuir os custos e baixar os preços, e, embora sejam gratos por ter negócios com uma firma tão bem-sucedida como a International Gizmos, as margens nunca foram mais exíguas e se prevê um declínio contínuo. Por isso não se sentem nem prósperos nem realizados, e seu sucesso nos negócios se afiguram estranhamente diminuto.

Os funcionários da International Gizmos também estão achando que ficaram fora da festa. Seus orçamentos foram cortados, contas importantes foram reduzidas e exigiu-se que produzissem ainda mais no ano seguinte com menos recursos. Conseguir a aprovação de orçamentos está se tornando mais difícil e aumenta a competição interna por recursos. Um novo programa de qualidade está para ser introduzido e as duas fábricas menos produtivas da empresa devem fechar no próximo ano. Há um medo crescente de que isso provocará mais dispensas. Os empregados estão cansados e ressentidos.

Os fornecedores estão começando a atrasar as entregas e a qualidade está diminuindo. O absenteísmo e outros abusos estão aumentando na empresa. Esses e outros custos ocultos estão sendo mascarados pelo recente lucro recorde da International Gizmos. Paradoxalmente, a conta de lucros e perdas não conta a história total, já que é mais um quadro histórico que

> Um negócio que só faz dinheiro é um mau tipo de negócio.
> HENRY FORD

um barômetro do futuro. Quais são as chances de que o seu notável desempenho financeiro nesse ano possa repetir-se no ano seguinte? Que tipo de declínio no desempenho é representado pelos custos ocultos de ressentimento, desmoralização e *stress*? E, mais insidioso que tudo, como poderá a empresa, sendo tão impregnada de personalidade, aprender sobre a alma e depois reverter as defecções que ela causou? Como poderá recuperar-se do esgotamento de sua fonte de vida, sem a qual quaisquer aspirações sobre a lucratividade futura não passam de castelos no ar?

Embora os nomes sejam fictícios, o exemplo é real.

Não se medem os lucros unicamente pelo dinheiro. No lucro existem elementos yin e yang. O yang define-se por critérios financeiros; o yin, pela alma. O yang do desempenho organizacional se mede pela declaração financeira, o yin pela sua alma. Se bem que a alma esteja freqüentemente subordinada à personalidade, ela não pode durar muito tempo assim. O desencanto da alma acaba infectando a personalidade.

Um amigo meu dirige uma das maiores organizações de serviços da América do Norte. Um cliente varejista que respondia por 30% de suas rendas recompensou as personalidades de suas equipes com excelentes lucros, mas puniulhes as almas com um comportamento tóxico e desagradável. O varejista exigia implacavelmente mais serviços e resultados, mas não estava disposto a pagar por eles. O relacionamento era abusivo, profano, insultuoso e desonesto. O varejista zombava da integridade e acusava o pessoal de meu amigo de incompetente. Muitas organizações sofrem afrontas semelhantes de aviltamento da alma na crença falaz de que esse é o preço que devemos pagar por recompensar a personalidade.

Meu amigo percebeu que a dor que esse cliente causava aos seus empregados era grande demais e, seguindo o código do Santuário, convocou uma reunião com eles para discutir a questão levantada por esse cliente e desenvolver uma estratégia futura. Por que o relacionamento era tão difícil? Quais eram os problemas? Esses eram legítimos? O que era necessário para resolvê-los? Desenvolveu-se um plano para melhorar a comunicação e fez-se uma visita de alto nível ao varejista para discutir abertamente o relacionamento entre ele e os empregados. Juntos, estabeleceram uma estratégia e assumiram compromissos para melhorar o relacionamento; mais uma página parecia ter sido virada.

Porém, o relacionamento não melhorou, e a importunação e o abuso continuaram. Os empregados de meu amigo achavam que seu cliente tinha pouco respeito por seus próprios clientes e empregados e, a longo prazo, sua virulência poderia levar a um colapso no relacionamento e, enfim, a um completo fracasso empresarial. Esse risco, juntamente com a implacável punição infligida à alma, era considerado injusto para a equipe. Meu amigo convocou outra reunião e fez uma sugestão radical — renunciar à conta. Discutiu-se abertamente o impacto dessa decisão sobre cada um deles. Renunciar à conta podia redundar na perda de um terço dos negócios e em riscos pessoais e dispensas. Por outro lado, o cliente receberia quase um aviso prévio e durante esse tempo a empresa envidaria todos os esforços para oferecer oportunidades em algum outro setor da organização aos que estivessem correndo risco. A princípio, os membros da equipe ficaram receosos e apreensivos, mas um por um eles optaram pelo patamar superior. Durante essa reunião emocional, um empregado refletiu por um momento e depois perguntou ao meu amigo: "O que é que o levou tão longe?"

Tendo assegurado sua lucrativa conta apenas cinco anos antes, foi com o coração compungido que o meu amigo escreveu uma carta ao cliente, informando-o de que a cultura e os valores das duas companhias estavam em tão extremo conflito, que elas já não podiam trabalhar juntas.

A princípio, o cliente ficou furioso. Ofereceu melhores termos e incentivos financeiros. Nessas situações, é tentador ouvir as exigências da personalidade e ignorar as necessidades da alma. A personalidade está com medo — ela pensa no ego e no dano potencial à segurança, no balanço financeiro e na imagem. Mas meu amigo manteve-se resoluto. O negócio foi administrado normalmente enquanto decorria o período do contrato do cliente, e durante esse tempo a atitude do varejista melhorou, o comportamento ofensivo e de abuso declinou e a toxicidade diminuiu. Na firma do meu amigo, as pessoas sentiam-se bem com a decisão, nenhum emprego se perdeu, o negócio foi substituído lentamente e as almas pelas quais ele zelava no Santuário já não eram forçadas a transigir ou a pedir desculpas. O yin e o yang estavam em harmonia.

A alma pode desfrutar de lucros tanto quanto a personalidade, e é perfeitamente justo criar lucros que agradam à alma estabelecendo o tipo de prática que encontramos num Santuário. Este é um lugar onde o lucro é valorizado e o processo de geração de lucros é legítimo e sagrado. À medida que o lucro aumenta, cada pessoa e cada coisa são tratadas com graça. A alma é promovida, de modo a nivelar a parceria e a personalidade, de sorte que ambas participam dos benefícios proporcionados pelo lucro.

No fim deste capítulo há algumas questões que o leitor pode achar úteis ao testar a qualidade de alma dos lucros da organização. Essas questões não pretendem ser definitivas, mas, antes, sugerir as perguntas que devemos fazer sobre lucros a fim de produzir um balanço financeiro satisfatório para a alma — e quebrar o encantamento sob o qual, como Parsifal, tantos de nós nos encontramos. O leitor pode achar esse questionário útil como uma base para a formulação de novas questões.

A lucratividade erigida sobre os alicerces da graça e das ações sagradas da firma atrairá novos clientes, fornecedores, empregados e investidores, porque também eles vivem com graça e consideram a vida sagrada. A chegada dessas novas almas é saudada pela nossa própria alma e nós vibramos ante a perspectiva de sua contribuição. Os lucros que realizamos por meio da graça são, assim, a nossa propaganda básica, porque eles conquistam a atenção de outras almas talentosas que procuram juntar-se ao nosso santuário e ajudá-lo a se expandir. Ao acolhê-las como novos membros da nossa equipe, nosso Santuário pode evoluir e desenvolver o nosso trabalho anímico. No devido tempo, nossa equipe estará apta a estabelecer uma reputação para a criação de um Santuário — um patamar superior onde as almas são inspiradas. Dessa forma, o nosso Santuário atrairá mais almas, que procurarão ajudar e apoiar ainda mais o nosso "trabalho da alma". E, assim, um milagre acontece entre os não-crentes. Primeiro, mudamos a nós mesmos, depois à nossa organização, depois à nossa comunidade — e depois o mundo.

Lucro com Honra | 241

O Questionário Sagrado do Lucro (0-10)

1. De MIM para VOCÊ: Nossos lucros foram gerados sem explorar as pessoas ou a alma delas? Graças a eles todas as almas que contribuíram para o nosso lucro foram enriquecidas material e não-materialmente? Atendemos às necessidades da alma dos que contribuíram para os nossos lucros e deles se beneficiaram?

2. Das COISAS para as PESSOAS: Mostramos mais preocupação pelo valor e sacralidade inatos das **PESSOAS** do que pela aquisição e acúmulo de lucros? Continuamos a fazê-lo?

3. Da Ruptura para o *KAIZEN*: Nossos lucros resultaram de *KAIZEN* (ajudar os outros a melhorar continuamente e a fazer melhor as mesmas coisas) e de ruptura (ajudar os outros a fazer as coisas de forma diferente)?

4. Da FRAQUEZA para a FORÇA: Nossa busca do lucro ajudou-nos a celebrar e a construir a nossa FORÇA? Evitamos o uso de incentivos negativos que penalizam as fraquezas no nosso esforço para produzir mais lucros?

5. Da COMPETIÇÃO e o MEDO para o AMOR: Nossos lucros resultaram de gentileza, compaixão e generosidade? Rejeitamos o uso da competição, do medo, do conflito e da agressão como métodos para estimular mais lucros? A criação do nosso lucro depende da linguagem do AMOR, e não da linguagem da GUERRA?

6. Estar no MOMENTO: Nossa lucratividade traz um senso profundo de alegria e contentamento na vida de nossos sócios, clientes, empregados e acionistas, derivado do prazer de estar no MOMENTO, não de um anseio baseado na insegurança, que freqüentemente nos impele a ganhar mais?

7. VERACIDADE e FIDELIDADE: Asseguramo-nos de nunca comprometer a VERDADE em nossa busca de lucros? Aderimos ao espírito e à letra das PROMESSAS que fizemos aos empregados, clientes e sócios, independentemente da pressão para gerar mais lucros?

8. INTEGRIDADE: Nossos lucros foram gerados com honestidade? Foram realizados por meio de atos nobres e virtuosos?

9. FÉ: Nossos lucros foram produzidos de modo compatível com os padrões inerentes à nossa FÉ?

10. Da PERSONALIDADE para a ALMA: Asseguramos que os nossos lucros não fossem realizados a expensas do suporte espiritual necessário à manutenção do desenvolvimento pessoal, do equilíbrio entre yin e yang e da assistência na transição do ego e da personalidade para a ALMA?

Epílogo

Algumas Reflexões sobre a Construção de um Santuário e Perguntas sobre os Missionários Dotados de Alma

Sempre que dirijo seminários ou *workshops* públicos sobre a transformação de organizações em Santuários que nutrem a alma, os participantes de diferentes empresas contam-me como eles também aspiram à regeneração que irá transformar seus locais de trabalho em lugares cheios de alma. Alguns falam sobre o modo como alcançaram um notável sucesso na criação de um Santuário, e suas histórias são emocionantes de ouvir. Outros falam do seu anseio por mudança, da disfuncionalidade, da dor ou da ira que permeiam suas organizações e de como detestam seu trabalho e o dano que está sendo infligido à própria alma deles. Em geral, eles dizem: "Eu gostaria que o nosso administrador-chefe tivesse vindo ouvir isso." Depois me explicam por que a sua organização não está pronta para ter mais "alma".

Há pouco tempo eu estava falando numa palestra em que outro conferencista também se apresentara. Famoso futurista, ele falou do intrigante desenvolvimento de uma tecnologia que está à frente do começo do próximo século. No final de meu discurso, uma mulher da platéia disse-me que gostara da palestra do futurista, mas que, durante as apresentações deste, ela escrevera em seu caderno de anotações as palavras: "Onde está a *alma*? Onde está a *alma*? Onde está a *alma*?" Eu lhe disse que precisamos cuidar tanto da personalidade quanto da alma, e que a sincronicidade a levara a endossar o discurso dele — e também o meu.

As pessoas tornam-se ansiosas quando consideram a perspectiva de introduzir mudanças significativas nos valores vigentes em sua própria organização. As tarefas de regeneração e renovação organizacional e pessoal muitas vezes parecem demasiado desencorajadoras. Em certos casos isso pode ser verdade, e a resposta pode ser a de que só uma passagem para outro local de trabalho, mais cheio de alma, irá oferecer esperança. Para a maioria, contudo, as chances de sucesso não são tão remotas quanto podem parecer à primeira vista. Na verdade, elas são muito boas.

Aqui estão algumas idéias sobre como implementar a renovação e a mudança espiritual. Espero que em seu novo papel de missionário da alma, moderno Parsifal, você as ache animadoras.

Congruência

A confiança e a integridade constituem bons exemplos de palavras que são mais largamente usadas do que praticadas. Isso causa um sentimento de incongruência no coração das pessoas. Alguns gerentes tradicionais dizem que respeitam as pessoas, mas depois mostram a superficialidade de suas crenças ao encerrar operações e dispensar empregados sem aviso prévio. Se pedirmos às pessoas para dizerem a verdade, precisaremos estar certos de que estamos fazendo a mesma coisa. O melhor ensinamento não se realiza falando, mas modelando.

> Não adianta caminhar até algum lugar para pregar, se a própria caminhada não for uma pregação.
> SÃO FRANCISCO DE ASSIS

O comportamento que revela uma ausência de compromisso e coerência deixa as pessoas nervosas. No trabalho da alma, é vital que sempre caminhemos como falamos. Por exemplo, é essencial cumprir as promessas feitas, enquanto se introduz o conceito de cumprimento de promessa. Tenho visto muitos programas fracassarem porque as palavras e a música não se alinharam.

Maturidade emocional

Existem numerosas palavras e emoções que algumas pessoas acham inoportunas. Entre elas incluem-se: amor, medo, solidão, por favor, muito obrigado, fracasso, espiritualidade, morte e fim. Leva tempo adquirir uma medida de maturidade emocional, e precisamos assegurar uns aos outros a consecução do nosso trabalho interior. À medida que crescemos, tornamo-nos mais evoluídos. Como missionários, é nossa responsabilidade mútua experimentar, cometer erros, parecer tolos e receber críticas vindas de fora do Santuário, enquanto prosseguimos, ainda que de maneira inábil, em nosso desenvolvimento espiritual. Nós o alcançamos tateando.

244 | Epílogo

Como administrar com graça o poder, o controle e o medo

A presença da alma é uma ameaça para a pessoa não-evoluída. Quando o poder vem sendo a droga da escolha durante tanto tempo, é difícil desfazer-se do hábito do poder sem sofrer graves sintomas de abstinência. Os mais úteis antídotos de que dispõe a revolução da alma são a graça e a coragem. O estilo de uma pessoa que prospera no poder consiste em intimidar e ameaçar, mas a graça dissolverá sua agressão. Tente não responder à ira com sua própria ira — a agressão depende das leis da mecânica: ela não é gratificante quando não tem nada com que lutar, como todo valentão sabe. Mas os que usam o poder para atingir os seus fins são desonestos, e a coragem será necessária para assegurar o bom êxito de seus planos em prol da alma. Exatamente quando tudo parece desesperador, quando ninguém parece estar ouvindo e quando não aparecem paladinos para a sua causa — é então que o missionário apaixonado terá necessidade de cavar fundo e retirar um último átomo de coragem.

Introduzir a alma em organizações é um teste de estima e fé — os que dispõem de reservatórios de coragem mais profundos emergirão revitalizados e renovados com uma força que não sabiam estava dentro deles. Para os momentos mais difíceis, lembre-se de que todos querem mais amor — não medo — na vida e anseiam por deixar a alma voar — só não sabem como fazê-lo com segurança. Sua missão é ensiná-los como. Eles também sabem que querem dirigir sua vida para uma senda mais espiritual, mas com muita freqüência não sabem como articular os seus desejos. Têm o mesmo senso de alarme e necessidade de esperança que nós temos, mas não sabem expressá-lo em palavras. Você também tem essa missão.

Escutar

A regeneração — transformação organizacional e renovação espiritual — às vezes é vista pelos administradores tradicionais como irrelevante para as necessidades da personalidade das pessoas e das empresas. Há uma resposta para isso: escutar quais são os objetivos dos administradores tradicionais e depois adaptar os seus objetivos a eles. Se, por exemplo, há exigências de maior produtividade, ligue seus objetivos cheios de alma a esses alvos, mostrando como o seu trabalho não ameaçará essas metas e poderá inclusive ajudar a alcançá-las. Forme uma parceria com o administrador tradicional, obtenha a sua ajuda e expresse o seu reconhecimento pela contribuição que ele dá. O objetivo é escutar e usar a informação para realizar o propósito da alma. Renunciar ao crédito é um pequeno preço a pagar pelo sucesso. A discussão quase sempre é improdutiva porque o administrador tradicional controla a implementação de programas de renovação e mudança demanda tempo, e o fracasso é causado invariavelmente por cronogramas irrealistas e exigências impacientes. Não se deixe levar pela última novidade administrativa que aparece de repente e ameaça abolir o trabalho da alma porque promete resultados num espaço de tempo menor. Ela sempre tenta distrair a atenção dos construtores do Santuário. Estabeleça prazos razoáveis para o seu trabalho espiritual e depois triplique o tempo estimado para a conclusão. Construir um Santuário é uma jornada, não um destino.

Ponto de referência

É difícil medir o progresso na criação de um Santuário. Há poucos modelos. A prática é a única régua significativa por que as pessoas precisam passar pela experiência da energia e da emoção da condição plena da alma a fim de aquilatar os benefícios. Instrumentos tais como balanço financeiro, folhas de balanço, pesquisas de atitude e coeficientes de dinheiro movimentado nos negócios só oferecem pontos de vista limitados no ato de calibrar a alma. Tente resistir às tentativas de racionalizar e medir tudo com instrumentos-padrão enraizados na personalidade. Algumas coisas apenas existem, e não se submetem aos rigores da quantificação.

Paciência

Um Santuário é uma coisa intemporal. Não se torna uma prática de operação-padrão em noventa dias, e talvez não tenha um impacto positivo sobre o balanço financeiro do próximo trimestre. É necessário tempo para implementar programas de renovação e mudança, e o fracasso é invariavelmente causado por horários irreais e por exigências impacientes. Acautele-se quanto a ser posto de lado pela mais nova mania do gerenciamento, que de repente aparece e ameaça relegar a um segundo plano o "trabalho da alma" [*soul-work*], pois que promete resultados num prazo mais curto. Os adeptos dessa mania sempre tentam distrair a atenção dos que constroem um Santuário. Estabeleça prazos razoáveis para o seu trabalho da alma, e então triplique o tempo estimado para a finalização. Construir um Santuário requer paciência, e o trabalho espiritual tem seus próprios ritmos, como as estações e a colheita.

Veja como o bambu cresce. Depois que a semente cai no chão, ela é regada pelas chuvas e alimentada pelos nutrientes do solo. Durante o primeiro ano, nada acontece. As chuvas e a terra continuam a fazer seu bom trabalho duran-

246 | Epílogo

te o segundo ano, mas de novo nada acontece. Esse padrão se repete durante o terceiro e o quarto anos; ainda aqui, nada acontece. De repente, no quinto ano, durante um período de não mais que seis semanas, o bambu cresce três metros. Será que ele cresceu três metros em seis semanas ou em cinco anos? Se a nature-

> Os rios sabem disto: não há pressa, um dia chegaremos lá.
> A. A. MILNE, WINNIE-THE-POOH

za tivesse sido impaciente, abandonando o seu dever de nutrição num momento qualquer durante esses cinco anos, o bambu teria morrido. Procuremos resistir à tentação de abandonar a jornada antes de alcançarmos a nossa destinação. Se desenterrarmos o bambu para ver se ele está crescendo, ele morrerá. O bambu cresce três metros em cinco anos, mas, durante os quatro primeiros, ao olho destreinado parece que nada está acontecendo. A natureza nos oferece lições maravilhosas sobre a paciência.

Coragem

Em poucos anos, implementar as idéias descritas neste livro parecerá fácil. Hoje, especialmente nos lugares onde a alma nunca teve permissão para entrar, isso pode afigurar-se impossível. Quero pedir-lhe para ter coragem. Deixe-me partilhar minhas experiências com você. Como o ex-diretor-presidente de uma empresa que passou de zero a cem milhões de dólares,

> Sabemos muito e sentimos pouco. Pelo menos, sentimos poucas emoções criativas, das quais brota uma boa vida.
> BERTRAND RUSSELL

muitas vezes eu olho saudosamente para trás e tento compreender por que o que fizemos funcionou tão bem. Cheguei à conclusão de que descobrimos as vantagens de se construir um Santuário há muito tempo, mas não usamos essas palavras, provavelmente porque não entendemos realmente a sua magia. Se tivéssemos, banqueiros, advogados, consumidores, fornecedores e empregados provavelmente teriam pensado que estávamos loucos. Assim, nós simplesmente o fizemos sem falar sobre o assunto.

Estranhamente, é muito mais fácil praticar a graça, a afabilidade e a veracidade do que ensiná-las aos outros. Se você está desanimado, pense no meu dilema. Sou conhecido pelo meu trabalho em cultura empresarial, renovação, estratégia, valores e liderança pessoal e organizacional. Muitas vezes, quando começo a falar sobre amor, integridade, cumprimento de promessa, graça e alegria, as pessoas se põem a olhar para mim como se eu fosse uma ave rara. Mas eu simplesmente digo a verdade.

Posso dizer-lhe que nunca falo a grandes platéias sobre a criação de um Santuário sem primeiro cobrar coragem. Sei que estamos descrevendo a próxima fronteira do pensamento sobre a liderança, mas penso nas pessoas da platéia e no lugar de onde elas vêm, no que estiveram vivendo e no quanto lutaram para sobreviver. Como me disse um cliente certa vez: "Também queremos chegar ao domingo, mas hoje é segunda e temos de chegar à terça primeiro."

Como colegas missionários, você e eu corremos muitos riscos quando estabelecemos programas de renovação espiritual baseados na passagem de personalidade gratificante para o desenvolvimento de uma ética que enfatiza a alma. Mas ambos devemos ter em mente que transformar as pessoas e suas organizações não é um trabalho sem importância. Você e eu devemos compreender, talvez de um modo que ninguém mais é capaz de entender,

> Nada mais difícil de ter em mãos, nada mais perigoso de conduzir ou mais incerto no seu sucesso do que assumir a liderança na introdução de uma nova ordem de coisas.
>
> MAQUIAVEL, O PRÍNCIPE

que somos pioneiros — seres humanos em evolução — numa missão cujo fim é transformar o mundo num lugar melhor. Seu lugar no mundo é o seu laboratório, e sua missão aqui é ajudar a extirpar o sentimento de vazio que acomete a alma dos seus companheiros. *Jogue para ganhar.*

Você está empenhado na construção de um Santuário. As pessoas do seu estado espiritual estão prestes a ser transformadas. Seu objetivo é usar toda a sua *Proficiência, Química* e *Entrega* para criar uma nova cultura dentro do seu Santuário, de sorte que a sua equipe pulará da cama de manhã, abrirá as janelas e exclamará para o sol: "Quero ir trabalhar; adoro o que faço; adoro as pessoas com quem trabalho; meu trabalho é uma parte especial da minha vida; estou me divertindo."

Você será criticado: os cínicos escarnecerão do seu sonho. Quando o fizerem, lembre-lhes apenas da ineficácia de continuar fazendo o que fizemos antes — MOTS,* e lembre-as de que "a pessoa medíocre é aquela que parou de subir". Estamos destinados a galgar o mais alto patamar, porque é lá que iremos inspirar a alma.

> "Venham para a beira", disse ele.
> Eles responderam: "Temos medo".
> "Venham para a beira", disse ele. Eles vieram. Ele os empurrou... e eles voaram.
>
> — Guillaume Apollinaire

---

* MOTS: *More of the same.* Ver pág. 14.

248 | Epílogo

UM NÍVEL ACIMA
Construindo organizações que estimulem a excelência

Por favor, responda SIM ou NÃO a cada questão.

1. Sou suficientemente corajoso para fazer as perguntas certas no trabalho? _____
2. No trabalho, honro os meus valores mais profundos? _____
3. Digo toda a verdade em tudo o que faço no trabalho? _____
4. Cumpro as minhas promessas no trabalho, mesmo as menores delas? _____
5. No fim do dia, ao deixar o trabalho, fiquei em paz com todos os colegas? _____
6. O medo e a competição foram banidos do meu trabalho
   e da minha vida pessoal? _____
7. Gosto das pessoas com quem trabalho? _____
8. Eu me divirto no trabalho? _____
9. Meu trabalho enche a minha vida de alegria? _____
10. Meu trabalho recompensa e enriquece a minha alma? _____
11. Minha alma é inspirada pelo meu ambiente físico de trabalho? _____
12. Eu ajudo os meus competidores a prosperar? _____
13. Quando venço, ninguém perde? _____
14. Tenho toda a informação e autoridade de que preciso no trabalho? _____
15. A confiança é muito difundida na minha empresa? _____
16. Estou livre da burocracia e da hierarquia no meu trabalho? _____
17. Sou capaz de usar todo o meu potencial criativo no meu trabalho? _____
18. Minha empresa investe 10% do seu tempo em envolvimento
    e serviço comunitário? _____
19. Nossos funcionários empregam 10% do seu tempo em envolvimento
    e serviço comunitário? _____
20. Cada dólar ganho pela minha empresa deixa a minha alma orgulhosa? _____

Como Avaliar a Tela da Alma

Some todos os números de Sim na coluna da direita, cheque o seu escore contra os números abaixo e leia a interpretação que mais se ajusta a você.

0-4: A Alma da nossa empresa corre perigo. 5-8: A Alma da nossa empresa está começando a se animar — encoraje-a. 9-12: Nossa empresa está fazendo um Trabalho Espiritual valioso. Há muita coisa a fazer, mas você está no caminho certo. 13-16: Parabéns! Seu local de trabalho está se tornando um Santuário — uma comunidade de Almas afins. 17-20: Em sua empresa, o trabalho é uma prática espiritual. Estimule-o!

© 1996 The Secretan Center Inc. R.R. #2. Alton. On. L0N 1A0, Canada.

Tel.: (519) 927 5213. Fax: (519) 927 3909

E-mail: CompuServe@70032.3575; World Wide Web: http://www.secretan.com

Algumas Reflexões | 249

Os Valores Básicos	
Proficiência	Empreendo cada tarefa tão bem quanto posso? Estou usando plenamente o meu talento? Estou extraindo o máximo da minha alma e da minha personalidade?
Química	O que eu faço é bom para as pessoas? É verdadeiro? O que eu faço respeita a alma? É corajoso? Está imbuído de Graça? Honra as energias masculinas e femininas?
Entrega	Eu atendo às necessidades da personalidade e da alma dos outros? Minha energia é positiva? Respeito o que há de sagrado nas outras pessoas e nas coisas?
Os Aceleradores	
Aprendizagem	O que devemos aprender para conseguir mais Proficiência? O que a minha alma pode me ensinar? Como posso me desenvolver? Quem é o mentor? O processo de aprendizagem está levando à auto-estima? Quais são as lições que a minha vida está me ensinando?
Empatia	Estou praticando a empatia? Meu trabalho é suficientemente empático? Com quem eu devo desenvolver mais empatia para criar uma química superior?
Ouvir	Como posso ouvir melhor? A quem devo ouvir? Estou ouvindo a alma e a personalidade dos outros? Tenho ouvido a minha própria alma?

As Mudanças (*shifts*)	
De Mim para Você	As necessidades espirituais das outras pessoas estão sendo colocadas antes das necessidades da minha personalidade?
Das Coisas para as Pessoas	Atribuo mais valor às pessoas e à alma delas do que às coisas e ao dinheiro? Essa é a prática com respeito a todos os meus colegas de trabalho?
De Ruptura para *Kaizen*	Empenho-me em alcançar o melhor resultado e também um resultado diferente? Minha vida e cada uma das minhas atividades melhoram dia a dia? Convido minha alma a dirigir a melhora?
Da Fraqueza para a Força	Crio forças em vez de corrigir as fraquezas? Fortaleço em vez de criticar? Encorajo a alma?
Do Medo para o Amor	Eu encorajo o amor em vez de criar o medo? Minhas ações inspiram alegria e cura em vez de hostilidade e competição? Eu venço sem criar perdedores?

250 | Epílogo

Observações sobre a terminologia

Várias palavras têm um sentido especial em *Um Nível Acima*. Para facilitar ao leitor, algumas delas são definidas abaixo. Primeiro, apresento a definição do dicionário, ou formal; em seguida, acrescento algumas notas de interpretação pessoal.

Alma: *Entidade considerada como a parte imortal ou espiritual da pessoa; a energia vital; a essência vital de um ser humano; o ser ou a natureza mais íntima; nobreza de espírito ou sua expressão desejada.*

Para mim, a alma é a nossa parte imortal ou espiritual. É a nossa essência, nossa fibra moral e emocional, nosso calor e nossa força. É a nossa parte vital, que transcende nossa efêmera existência. É a nossa psique, que é a palavra grega para *alma*. Somos alma com corpo, e não corpo com alma. Nossa mente é obrigada a lidar com possibilidades, porém nossa alma é capaz de ir além do tradicional, do mágico e do sonho ricamente elaborado. O que a mente limitada considera como milagre, a alma considera possível. A alma é o que há de "mais" essencial no nosso trabalho, no nosso jogo, nos nossos amigos, nas nossas famílias, no nosso ambiente, nos nossos objetos materiais e em todas as atividades da vida. Esse "mais", essa magia que inspira a alma, é o que eu afirmo estar faltando no nosso trabalho e, portanto, na nossa vida.

Aprendizagem: *Buscar e praticar o conhecimento e a sabedoria.*

A *aprendizagem* é o Acelerador para a *Proficiência* no Ciclo de Valores. Os que estão comprometidos com a aprendizagem dão muito valor aos orientadores, professores e a um relacionamento do tipo mestre-discípulo. Têm relações duradouras com seus professores e orientadores. Dedicam uma parte do tempo acima da média à leitura, ao estudo, à prática e ao aperfeiçoamento, mantêm-se constantemente abertos a novas idéias e estão sempre alertas para as oportunidades-de progresso. Asseguram-se de que os que estão ao seu redor tenham os instrumentos corretos para a aprendizagem e para o seu trabalho, introduzindo melhoramentos sempre que as finanças ou as circunstâncias o requerem. São incansáveis em sua busca de conhecimento e, sempre insatisfeitos com o nível corrente de sabedoria, estão sempre buscando. Estabelecem opções, cronogramas e orçamentos que atendem aos objetivos de aprendizado e, por isso, podem ter mais compreensão e, portanto, mais Proficiência.

Capacitação: *Pessoas confiantes.*

Confiar nas pessoas e dar-lhes toda a informação, treinamento, incentivo e autoridade de que precisam para tomar a decisão certa para o cliente.

Cliente: *Um cliente é alguém que vem até nós com uma necessidade. Assim, qualquer pessoa é um cliente, mas existem três tipos diferentes:*

Empregado: Uma pessoa que presta serviços à companhia numa base de tempo parcial ou integral e que empreende atender algumas responsabilidades ligadas ao trabalho em troca de um conjunto de recompensas materiais e espirituais.

Cliente: Um cliente externo que é uma pessoa ou uma organização que busca atender às suas necessidades mediante o uso dos produtos ou serviços que fornecemos.

Observações sobre a terminologia | 251

Parceiro: Pessoa ou organização que fornece serviços ou produtos. Graças à sua bem-sucedida utilização e ao relacionamento humano que desenvolvem com os clientes, os parceiros ajudam as organizações desses últimos a atender às suas necessidades.

Na nossa vida profissional, os *clientes* existem em muitos papéis: sindicatos, reguladores, gerentes de banco, firmas de contabilidade, chefes, colegas, chefe de escritório, outras empresas na nossa indústria, associações comerciais e muitos outros. Na nossa vida pessoal também temos inúmeros *clientes*, tais como um cônjuge ou parceiro, pais, filhos, parentes, amigos, vizinhos e todos aqueles com quem temos um relacionamento baseado na interdependência.

Empatia: *Levar em consideração os pensamentos, sentimentos e perspectivas dos outros.*
Ser *empático* é o Acelerador da *Química* no Ciclo de Valores. As pessoas empáticas colocam-se aos pés dos outros, caminham com seus mocassins e sabem que esse é o fator essencial na criação de relacionamentos. Procuram ver as coisas do ponto de vista da outra pessoa e estão vivamente interessadas nos desafios e aspirações dos outros. Sua visão do mundo é altruísta, compassiva, benévola e generosa. Estão mais preocupadas com a cooperação, a colaboração e a participação do que com a competição, o conflito e o poder. A pessoa capaz de Empatia é chamado de *empático*.

Entrega: *Identificar a necessidade dos outros e atendê-la.*
A *Entrega* é um dos Valores Básicos do Ciclo de Valores. As pessoas com *Entrega* respeitam as necessidades dos outros e empenham-se em atendê-las. Seu foco nas necessidades alheias é motivado pelo interesse pessoal e altruísmo esclarecidos. Põem o atendimento das necessidades do cliente acima do lucro a curto prazo, certos de que os lucros decorrem dessa filosofia. Desenvolvem e implementam negócios e relações "vencer/vencer", tratam os clientes como parceiros, não como adversários, estão preocupadas mais em fazer a coisa certa do que em fazer coisas certas e medem seus padrões pessoais de desempenho por meio dos resultados que obtêm com seus empregados, parceiros e clientes.

Evoluída (pessoa ou organização): *Aberta e flexível: processo de desenvolvimento, como o de uma forma simples para uma forma complexa, ou de mudança gradual, progressiva, como numa estrutura social ou econômica.*
Pessoas evoluídas são as que descobriram, mercê do seu aprendizado, que as questões da vida raramente são encontradas em respostas meramente superficiais ou materiais. Sabem também que as perguntas corretas são mais importantes do que as respostas. A pessoa evoluída desafia a lógica tradicional, tenta alinhar crenças e práticas com suas próprias crenças e práticas ou seu código de integridade, tenta encontrar a conexão entre espiritualidade e trabalho e procura o significado mais profundo da vida. As pessoas evoluídas respeitam as diferentes visões do mundo, compreendendo que o significado da vida deve ser buscado em toda parte. São francas, estão sempre aprendendo e se desenvolvendo, evitam juízos ou críticas prematuras e estão sempre prontas para ouvir idéias que podem melhorar a condição dos seres humanos e do nosso planeta. Uma pessoa evoluída sabe que só existe uma verdade, mas que existem muitas e diferentes maneiras de vê-la.

252 | Epílogo

Graça: *Beleza ou encanto de forma, constituição, movimento ou expressão; qualidade, característica ou maneira atraente; senso do que é certo e apropriado, decência; consideração para com os outros; boa vontade.*

As pessoas com graça apreciam a elegância natural dos relacionamentos humanos. Transformam toda comunicação e relacionamento em bela música. Usam o encanto e a integridade para manter a simetria em todos os seus relacionamentos. Buscam integrar-se com as pessoas com as quais interagem. Nossa missão pessoal é estar em estado de graça com todos aqueles com quem estivemos em contato quando nossa alma deixa este planeta.

Kaizen: *Melhoramento contínuo da vida pessoal, da vida familiar, da vida social e da vida profissional, envolvendo todas as pessoas.*

O *kaizen* é uma das Mudanças de Valores da roda dianteira do Ciclo de Valores. A tradução japonesa literal de *kaizen* é "caminho melhor". É a arte de fazer a mesma coisa de maneira melhor em vez de fazer as coisas de modo diferente (ruptura); *kaizen* é a prática de operar pequenas melhoras no *status quo* por meio de esforços contínuos e persistentes. É uma filosofia baseada na solução, não no problema. O *kaizen* incorpora o *warusa-kagen* (que significa "coisas que ainda não são um problema, mas que ainda não são totalmente certas"). O *warusa-kaigen*, se for deixado de lado, pode acabar levando a problemas significativos. Os que praticam o *kaizen* buscam constante melhoria em sua vida profissional, social, pessoal e espiritual, daí estarem sempre se desenvolvendo.

Ouvir: *Ouvir e compreender as comunicações das outras pessoas.*

Ouvir é o Acelerador para *Entrega* no Ciclo dos Valores. Os que sabem ouvir têm a capacidade de fazer calar a "tagarelice mental" e de dar plena atenção aos outros. Conhecem o valor, quando escutam, de procurar uma variedade de sinais além das palavras, tais como linguagem corporal, entonação e expressão. Têm a capacidade de "ouvir tanto as palavras como a música", tendendo a "fazê-lo abertamente e do modo mais eficaz possível" a fim de compreender, sem serem defensivos nem manipuladores. Escutar não é fácil, e compreender sua plena significação torna-se mais simples quando se sabe que as palavras *LISTEN* [escutar] e *SILENT* [silencioso] têm as mesmas letras em inglês.

Proficiência: *Empreender tudo o que você faz segundo os padrões mais altos de que é capaz.*

A *Proficiência* é um dos valores básicos do Ciclo de Valores. As pessoas com *Proficiência* têm um compromisso no sentido de fazer com que tudo o que empreendem atinjam os mais altos padrões. Visam a fins ambiciosos, dedicando-se a um contínuo melhoramento na vida pessoal e profissional (ver *kaizen*), e buscam constantemente a excelência. Em geral, possuem talento, competências e práticas altamente desenvolvidos e são extremamente proficientes em suas áreas de especialização, estando geralmente entre os melhores no seu campo de atividade. Mantêm um respeito permanente pelo conhecimento e não raro são abençoados por um mentor. A Proficiência está baseada em competências, tarefas, conhecimentos, aprendizado, ensinamento e desenvolvimento profissional, talento, perícia, sistemas de informação e tecnologia, ciência, eficiência, realização, técnica, engenho e sofisticação.

Química: *Relacionar-se tão bem com os outros, que eles buscam ativamente associar-se com você.*

A *Química* é um dos valores básicos do Ciclo de Valores. As pessoas com *Química* possuem características e atitudes que favorecem a criação de relacionamentos fortes;

Observações sobre a terminologia | 253

atribuem muito valor à associação harmoniosa; tomam a iniciativa de reparar, mantêm e criam relacionamentos; procuram ligações que vão além do superficial. Estabelecem amizades profundas, unem-se a outros num nível emocional e criam parceiros vencer/vencer. Confiam nos outros e gostam de sua companhia, preferindo colaborar a operar sozinhos. São gregários e fáceis de conviver. No mundo comercial, as pessoas com *Química* desenvolvem profundos relacionamentos que não raro resultam em transações duradouras e profundamente compensadoras e em amizades pessoais. Desenvolvem ligações materiais e não-materiais com empregados (e seus parceiros), fornecedores, clientes, associados industriais e parceiros de alianças estratégicas. A *Química* resolve problemas de comunicação ao criar relacionamentos baseados na confiança que decorre da veracidade, da confiabilidade, da energia, da honestidade, do respeito, da compaixão, da integridade e do amor.

Sagrado: *Santificar; consagrado ou pertencente a Deus; encarado com o mesmo respeito e reverência dedicados às coisas sagradas; venerado; abençoado; protegido, como por um senso de justiça, contra qualquer difamação, violação ou intrusão; inviolado.*

A questão é: Se é sagrado, podemos ofendê-lo? Tudo quanto é santo há de ser sagrado e protegido. Todos somos sagrados; sagrados são o planeta e todas as criaturas da Terra. Nosso espaço pessoal é sagrado, como sagrados são todos os nossos Santuários. Podemos designar qualquer coisa ou qualquer pessoa como sagrada. Nossa jornada é sagrada, a verdade e o nosso propósito positivo na vida são sagrados. Todas as coisas vivas e tudo o que favorece a condição humana, as gerações anteriores e vindouras e a nossa biosfera são sagrados. A violação das coisas sagradas é violação da alma.

Santuário: *Do latim* sanctus, *santo,* lugar sagrado, *como uma construção erigida para a adoração de um deus ou de deuses;* lugar de refúgio ou proteção, abrigo.

Um *Santuário* não é tanto um lugar quanto um ambiente seguro, um estado mental. Podemos ou não ser capazes de mudar o mundo ao nosso redor, mas podemos mudar a nós mesmos. Desse modo, embora o mundo ao redor possa ser louco ou perigoso, no Santuário de nosso próprio espaço estamos seguros. Um *Santuário* é como um escudo que repele a toxicidade que existe em derredor. Porém, um *Santuário* é muito mais que um lugar físico — é uma atitude. Os santuários costumam ser formados por grupos de indivíduos de mentes afins que raramente se reúnem, mas que partilham valores, amor, confiança e respeito mútuos, dispondo de um código comum. Um *Santuário* é um lugar sagrado, um lugar onde prestamos reverência a todas as pessoas e coisas que ali se encontram. É um lugar onde praticamos um código sagrado, vivendo com graça e todos os outros modos espirituais descritos em *Um Nível Acima*.

Notas

Introdução
1. M. Hammer e J. Champy, *Reengineering The Corporation*, Nova York, Harper Collins, p. 32.
2. "The Straining of Quality". *The Economist*, 14 de janeiro de 1995, 55.
3. Stratford Sherman, "Big Blue Shows Signs of Life", *Fortune*, 6 de fevereiro de 1995, 16.
4. Christopher A. Barden e Sumantra Ghoshal, "Changing the Role of Top Management: Beyond Sistems to People", *Harvard Business Review*, maio-junho de 1995, 132-42.
5. Peter Russell, "Who's Kidding Whom? Is Western Civilization Compatible with Sustainable Development?", *World Business Academy Perspectives* 8, nº 1 (1994): 7-4.
6. B. Joseph Pine II, Don Peppers e Martha Rogers, "Do You Want to Keep Your Customers Forever?", *Harvard Business Review*, março-abril de 1995, 103-04.

Capítulo 1
1. "Improving Executive Thinking!", *For CEOs Only*, 12, nº 2: 2.
2. Thomas Moore, *Care of the Soul*, Harper Collins, 1992, xi.
3. John D. Hull, "The State of the Union", *Time*, 6 de fevereiro de 1995, 42-43.
4. *Idem, ibidem*.
5. "CEO Interview", *Fortune*, 6 de fevereiro de 1995, 24.
6. Diane Brady, "The Roots of Chaos", *Macclean's*, 19 de novembro de 1990, 46-48.
7. "From Catastrophe to Crisis", *The Economist*, 12 de maio de 1990, 85-86.
8. Dan Lavin, "Millionaires@Work", *Fortune*, 3 de abril de 1995, 20-21.
9. "The Business of Business?", *Utne Reader*, setembro-outubro de 1993, 72.
10. Patricia Galagan, "Bringing Spirit Back to the Workplace", *Training and Development Journal*, setembro de 1988: 37.

Capítulo 2
1. Donald Krause, *The Art of War for Executives*, Perigree.
2. Russell Michell & Michael O'Neal, "Managing by Values", *Business Week*, 12 de setembro de 1994, 38-43.
3. Os leitores desejosos de explorar o conceito do Ciclo de Valores com mais profundidade en-contrarão um amplo tratamento em *The Way of the Tiger: Gentle Wisdom for Turbulent Times*, Toronto, The Thaler Corporation, 1989.

Capítulo 3
1. Weston Kosova, *Washington City Paper*, 16 de agosto de 1991.
2. Lance H. K. Secratan, *Managerial Moxie*, Prima Publishing, 1993.

Capítulo 4
1. Marjorie Kelly, "Michael Novak: The Theology of Business", *in The New Paradigm of Business*, Michael Ray & Alan Rinzler (orgs.), Jeremy P. Thatcher/Perigree Books, 1993, 197-98.
2. Hal F. Rosenbluth, *The Customer Comes Second and Other Secrets of Exceptional Service*, William Morrow, 1992.
3. Ronald Henkoff, "Finding, Training and Keeping the Best Service Workers", *Fortune*, 3 de outubro de 1994, 110-22.
4. Hal F. Rosenbluth, *The Customer Comes Second and Other Secrets of Exceptional Service*, William Morrow, 1992.
5. Andres Kupfer, "Success Secrets of Tomorrow's Stars", *Fortune*, 23 de abril de 1990, 77-84.

Notas | 255

Capítulo 5
1. Al Reis & Jack Trout, *Marketing Warfare*.
2. Jon Franklin, *Molecules of the Mind*, Nova York, Dell, 1987, 25.
3. Norman Cousins, *Head First*, New E. P. Duron, 1989.
4. *Idem, ibidem*.

Capítulo 6
1. *Utne Reader*, janeiro-fevereiro de 1994, 64.
2. Stephan Rechtschaffen, *Psycology Today*, novembro-dezembro de 1993.
3. Kathryn Leger, "Peladeau's Poker: All Guts and Gall", *The Financial Post*, 27 de maio de 1995, 16-17.
4. Mark Sutcliffe, "Racket Scientist", *Canadian Business*, junho de 1995, 52-58.
5. Tamsen Tillson, "The Last Patriot", *Canadian Business*, julho de 1995, 26-30.
6. Elizabeth G. Conlin, "A House Divided", *Inc.*, fevereiro de 1995, 72.
7. Lance H. K. Secretan, *Living the Moment*, Toronto, The Thaler Corporation Inc., 1993, 56.
8. Thomas Moore, *Care of the Soul*, Nova York, Harper Collins, 1992, xvi.
9. Brian Dumaine, "Why Do We Work?", *Fortune*, 196-204.

Capítulo 7
1. Brian O'Relly, "The New Deaw: What Companies and Employees Owe One Another", *Fortune*, 13 de junho de 1994, 44-52.
2. Mary Kay, *Mary Kay Director's Guide* (org. por Kay Cosmetics), 1993, 3-4.

Capítulo 8
1. Palestra no 31º Congresso da Câmara Internacional do Comércio, México, 1993.

Capítulo 9
1. Jaclyn Fierman, "When Genteel Rivals Become Mortal Enemies", *Fortune*, 15 de maio de 1995, 90-100.
2. Brian Dumaine, "Why Do We Work?", *Fortune*, 26 de novembro de 1994, 196-204.
3. Cynthia Joba, Herman Briant Maynard Jr & Michael Ray, "Competition, Cooperation and Co-creation: Insights from the World Business Academy", in *The New Paradigm in Business*, Nova York, Jeremy P. Tarcher, 1993, 53.

Capítulo 10
1. Jay Finnegan, "Everything According to Plan", *Inc.*, março de 1995, 78-85.
2. George Gendron, "The Roots of Evolution", *Inc.*, junho de 1995, 11.
3. Russell Mitchell, "Managing by Values", *Business Week*, 12 de setembro de 1994, 43.
4. D. Dreher, citado em *The Tao of Inner Peace*, Harper Perennial, 1991, 186-87.

Capítulo 11
1. Rita Koselka and Randall Lane, "What Matsushita Left on the Table", *Forbes*, 3 de julho de 1996, 46-48.
2. "Corporate Reputations", *Fortune*, 6 de março de 1995, 56.
3. *Idem, ibidem*.
4. Rulf Osterberg, *Corporate Renaissance: Business as an Adventure in Human Development* (Mill Valley, CA: Nataraj Publishing, 1993), 139.

Capítulo 12
1. Christopher A. Bartlett e Sumantra Ghoshal, "Changing the Role of Top Management: Beyond Systems to People", *Harvard Business Review*, maio-junho de 1995, 132-42.

2. "The Horizontal Corporation", *Business Work*, 20 de dezembro de 1993, 44-49.
3. Christopher A. Bartlett e Sumantra Ghoshal, "Changing the Role of Top Management: Beyond Systems to People", *Harvard Business Review*, maio-junho de 1995, 132-42.
4. "Corporate Reputations", *Fortune*, 6 de março de 1995, 57.

Capítulo 14
1. "Corporate Reputations", *Fortune*, 6 de março de 1995, 56.
2. Mihaly Csikszentmihalyi, Flow: *The Psychology of Optimal Experience*, Nova York, Harper and Row, 1990.
3. Brian O'Reilly, "The New Deal: What Companies and Employees Owe One Another", *Fortune*, 13 de junho de 1994, 44-52.

Capítulo 15
1. "Redraw the Line between the Board and the CEO", *Harvard Business Review*, março-abril de 1995, 153-65.

Capítulo 16
1. Mary Teresa Bitti, "McGarry Queen of the Xeroids", *The Financial Post Magazine*, junho de 1995, 18.
2. Jaclyn Fierman, "Winning Ideas from Maverick Managers", *Fortune*, 6 de fevereiro de 1995, 66-80.

Capítulo 17
1. Richard Brandt, "Can Larry Beat Bill?", *Business Week*, 15 de maio de 1995, 38-46.

Capítulo 18
1. "Anita Roddick: Eco-business", *Utne Reader*, setembro-outubro de 1990, 47.
2. *Idem, ibidem.*